ALL ABOUT HISTORY 萤火虫 REFLY

塑造世界的 21 位统治者

KINGS & QUEENS

[英] 菲莉帕·格里夫顿 编著

尹翎鸥 侯雅楠 译

中国画报出版社·北京

图书在版编目（CIP）数据

塑造世界的21位统治者 /（英）菲莉帕·格里夫顿编著；尹翎鸥，侯雅楠译. -- 北京：中国画报出版社，2021.11（2024.7重印）

（萤火虫书系）

书名原文: BOOK OF KINGS & QUEENS

ISBN 978-7-5146-2022-1

Ⅰ.①塑… Ⅱ.①菲… ②尹… ③侯… Ⅲ.①统治阶级－历史人物－生平事迹－世界－通俗读物 Ⅳ.①K811-49

中国版本图书馆CIP数据核字(2021)第166231号

Articles in this issue are translated or reproduced from All About History: Kings & Queens, Twelfth Edition and are the copyright of or licensed to Future Publishing Limited, a Future plc group company, UK 2018. Used under licence. All rights reserved. All About History is the trademark of or licensed to Future Publishing Limited. Used under licence.

北京市版权登记局著作权合同登记号： 01-2021-2482

塑造世界的 21 位统治者

[英] 菲莉帕·格里夫顿 编著 尹翎鸥 侯雅楠 译

出 版 人：于九涛
责任编辑：廖晓莹
助理编辑：郭小轩
责任印制：焦　洋
营销编辑：孙小雨

出版发行：中国画报出版社
地　　址：中国北京市海淀区车公庄西路33号　邮编：100048
发 行 部：010-88417418　010-68414683（传真）
总编室兼传真：010-88417359　版权部：010-88417359

开　本：16开（787mm×1092mm）
印　张：14.25
字　数：213千字
版　次：2021年11月第1版　2024年7月第5次印刷
印　刷：三河市金兆印刷装订有限公司
书　号：ISBN 978-7-5146-2022-1
定　价：68.00元

欢迎阅读本书

  纵观历史，有帝王实现了国家统一大业，也有君主让国家四分五裂，但无论如何，他们都对世界产生了重大影响。有人子承父业，继往开来，也有人捍卫自己应得的权力。有国王发动战争，以显示自己的强大实力足以征服世界，也有王后巾帼不让须眉，协助夫君开创国家的未来。通过本书，你将了解史上最具影响力的21位统治者。从克莱奥帕特拉到"狮心王"理查，从查理曼大帝到阿基坦的埃莉诺，亨利八世是如何发动战争的，真实的尼禄大帝其人，英国在位时间最长的伊丽莎白女王二世，等等。

目　录

- 6　　亚历山大大帝
- 12　　克莱奥帕特拉七世
- 23　　尼禄
- 37　　芝诺比娅
- 42　　拜占庭皇后狄奥多拉
- 52　　查理曼大帝
- 58　　威廉一世
- 65　　阿基坦的埃莉诺
- 80　　"狮心王"理查
- 89　　卡斯蒂利亚的伊莎贝拉
- 102　亨利八世
- 116　查理一世
- 125　苏莱曼大帝
- 139　伊丽莎白一世
- 160　瑞典女王克里斯蒂娜

172　路易十四

179　叶卡捷琳娜二世

190　维多利亚女王

206　海尔·塞拉西一世

212　爱德华八世

218　伊丽莎白二世

公元前336年—公元前323年

亚历山大大帝

无论朋友还是敌人，都对这位帝国的缔造者心存畏惧

从公元前356年出生的那一刻起，马其顿的亚历山大就注定要成就一番伟业。他能征善战，凭借强大的军事实力、精明的外交手腕和十足的个人魅力，统治着史上为数不多的庞大帝国。

亚历山大从小就坚信，自己的一生注定不平凡。因为母亲奥林匹亚斯经常向他灌输这样的理念："你是神，你天生就是攻无不克、战无不胜的。"亚历山大出生时，马其顿日益强大，为他日后成就伟业奠定了坚实的基础。

据当时的编年史学家记载，亚历山大的父亲，马其顿的菲利浦，即腓力二世，带领马其顿步入文明社会。但事实并非如此，早在多年前，马其顿帝国就已经是文明社会了。公元前336年，腓力二世遇刺身亡，于是年仅20岁的亚历山大继承了王位。腓力二世留下的宝贵遗产是他训练有素、骁勇善战的军队。对于年轻的统帅来说，这支强大的军队至关重要。当时的政治环境也有利于帝国开疆拓土，这一切也许都是上天对亚历山大的偏爱。

此时，希腊日益衰落，这意味着征服的时机已经成熟。同时，昔日强大的波斯帝国也已陷入困境。波斯帝国不甘失去对埃及的控制权，于是谋划重新夺回尼罗河三角洲。在这样一个乱世之秋，亚历山大趁机扩张领土，成就伟业，也就不足为奇了。

亚历山大早年从他母亲的亲戚伊庇鲁斯的利奥尼达斯那里学习了一些作战策略。他学会了徒手搏斗、驾驭战马和强行军，这使得他后来深受部下爱戴。菲利浦让儿子接受战斗训练，同时也教导儿子和平之道，并为亚历山大请

> 亚历山大打败了大流士三世，最终使阿契美尼德帝国走向灭亡。

亚历山大大帝
希腊，公元前356年—公元前323年

简介　在父亲被杀后，亚历山大成为了马其顿国王，并带领希腊与强大的波斯帝国开战。凭借其个人魅力和狡黠的手段，亚历山大缔造了一个强大的帝国，领土沿利比亚一直延伸到印度。同时，他也使希腊文明步入了一个黄金时代。

▲ 在海达斯河战役中，大象给马其顿人造成巨大的伤亡

来了当时大名鼎鼎的亚里士多德做他的老师。这位希腊哲学家培养了年轻的王子对文学和阅读的爱好，使其受用终生。当时，神话和历史交织在一起，界限模糊。荷马文学史诗中的阿基里斯等伟大英雄被视为英雄和美德的化身，以激励读者效仿。据说，亚历山大出征时都要随身携带《伊利亚特》，因为他认为自己可以与阿基里斯相媲美，自己就是阿基里斯的化身。

相对于在军事方面的果断，亚历山大也有温和的一面。但这种温情无法满足他日益增长的强烈欲望，也不能释放他的激情。亚历山大嗜酒如命，酒后情绪失控，盛怒之下，甚至焚毁了波斯波利斯的宫殿和城市。后来，他最信任的伙伴和朋友赫菲斯汀去世，更使得他这种反复无常难以控制。

帝国疆界不断扩大，亚历山大也越来越坚信自己的成功是命中注定的。他经常从母亲那里听到传说，认为自己是宙斯和阿基里斯的子孙。关于亚历山大的出生，有一个传说。据说，他出生时以弗所神庙毁灭，一颗明亮的星星点亮了整个夜空。除此以外，人们对他的早期生活知之甚少。但确信的是，他曾参加喝酒比赛（这在马其顿文化中很常见），并由此结识了一生的挚友，卡桑德、

> 亚历山大大军在海达斯河取得决定性胜利后，对征战已经厌倦了。

▲ 亚历山大在高加米拉战役中获胜，以胜利者的姿态进入巴比伦

托勒密和赫菲斯汀。这些人后来都成为了他的得力干将，与他并肩作战。

尽管亚历山大战无不胜，但他从未想过要把希腊文化强加给他的俘虏。这是他从亚里士多德那里学到的。他允许臣民保持自己的信仰，而不必担心遭到报复。与此相对，亚历山大对叛乱进行了残酷的镇压。虽然没有把自己的文化强加给被征服的民族，但亚历山大却逐渐接受了波斯文化，这让马其顿臣民很不高兴。其中亚里士多德的侄孙卡利斯提尼和一个名叫克利托斯的人，更是公开反对亚历山大。虽然亚历山大在击败敌人和统治人民时显得非常老练和圆滑，但他不能容忍不同的声音，即使是亲密朋友也不例外。而酗酒使他更加暴躁。在一次酒后争吵中，亚历山大扔出标枪，刺死了克利托斯。卡利斯提尼的命运稍好一点，被投入了监狱，最终因禁致死，另一种说法是他被钉死在十字架上。

亚历山大生性冷酷无情，这使他在战争中不会轻易接受失败。其中最著名的一次战役，发生在公元前332年，亚历山大对腓尼基海岸外的岛屿城市泰尔进行围攻。由于前期的几次进攻都被击退，因此，亚历山大下令建造一个巨大的堤道，或称地道，使他的

> 赫菲斯汀由于发烧突然去世，亚历山大悲痛万分。

▲ 据说，亚历山大因谋杀克利托斯而被判有罪

胜，一举击败大流士，有效巩固了亚历山大的军事实力。这两场战役都是敌众我寡，但亚历山大以少胜多，击败强敌。此后，在听说波斯国王在撤退时被他的一位将军贝索斯出卖并杀害时，亚历山大勃然大怒。

作为对手，亚历山大非常尊敬大流士。他在波斯波利斯为死去的波斯国王举行了隆重的葬礼，追捕贝索斯，并残忍地将他处决。

亚历山大野心勃勃，一直向东进军，远征印度北部。一些统治者听说他要打来了，根本不敢反抗，而另外一些部落则进行了激烈的反抗。公元前326年，亚历山大在海达斯河战役中打败了保罗瓦国王波卢斯。胜利后，他又一次展示了自己的宽宏大量。因为欣赏波卢斯与马其顿军队作战时的英勇，亚历山大继续让其当国王，还扩大了他的疆土。

亚历山大对外扩张到达印度后受阻，因他的部队再不愿东进。亚历山大原计划渡过恒河，但将士们发现，河对岸有成千上万的敌军，因此他们坚持回家。回国后，亚历山大发现许多官员腐败透顶，滥用职权。他秉公办理，下令将他们处决，连同那些亵渎塞勒斯大帝陵墓的卫兵也一并被处决了。这显示了亚历山大对波斯文化的认同，因为塞勒斯是波斯人心目中的伟大英雄，也是亚历山大钦佩的人。马其顿士兵疲惫不堪，思乡心切，亚历山大下令将他们的债务一笔勾销，并允许年老或受伤的士兵回家。但他们拒绝了国王的好意，以此

攻城战车能够到达城墙。这项巨大的工程使得这场战役成为了历史上最著名的城市攻坚战之一，也是现在泰尔与大陆相连的原因。地道完成后，亚历山大的军队便攻占了这座城市。军队毫不留情地将2000名顽抗者钉死在十字架上，之后又屠杀了6000名男子，并将妇女和儿童贩卖为奴隶。这就是反抗亚历山大所付出的代价。

在波斯，即现代的伊朗，亚历山大直面自己的劲敌大流士三世。在伊索斯和高加梅拉两场战役中，腓力二世当年训练的马其顿军队大获全

亚历山大在击败敌人和统治人民时显得非常老练和圆滑。

表达他们对亚历山大的爱戴。后来国王要用波斯人取代他们，他们才让步。国王为他们举办了一次盛大的宴会，并在宴会上为每位马其顿高级将领许配了一位波斯新娘。但后来，许多婚姻都没有维持到一年。事实证明，亚历山大融合两种文化的尝试以失败告终。

亚历山大于公元前323年去世，时年33岁。关于亚历山大究竟是如何患病的，死因到底是什么，流传着不同的说法。有人说他死于酗酒；有人说他被人投毒；还有人说他是被其他手段害死的。众说纷纭，莫衷一是。这一切至今都是个谜，恐怕永远无人知晓。

亚历山大的帝国地域广阔，包括马其顿、希腊城邦、安纳托利亚、黎凡特、埃及、前波斯帝国和印度部分地区。但在他不明不白地去世后，这个庞大的帝国也旋即土崩瓦解。他最亲密的伙伴——迪亚多奇把大片土地据为己有。失去了亚历山大的指挥，国家很快陷入了激烈的内斗和冲突。随着帝国的分裂，新的势力和国家崛起，其中最显赫的是埃及的托勒密王朝，以托勒密将军命名。

虽然帝国已不复存在，但希腊文化已在这片土地上扎下了根，使得亚历山大的影响延续多年。

亚历山大大帝极富人格魅力与感召力，这使人民对他无比忠诚。而对于被征服国家的人民，他也同样表现得宽宏大度。但亚历山大又是一位残忍的暴君，他大肆杀戮，也在酒后暴怒。因此，无论朋友还是敌人，都对他心存畏惧。

公元前51年—公元前30年

克莱奥帕特拉七世

斗争、密谋、引诱,她无所不用其极。这样一个受人鄙视的法老次女,最终却成为埃及最著名的统治者之一

公元前81年,敢于将亚历山大大帝的金棺熔化的法老托勒密九世去世。一系列血腥和暴力的家族纷争剥夺了他的王朝中任何一个合法的男性继承人的继承权,因此他深受爱戴的女儿伯尼斯三世成为了女王。按照家族传统,她嫁给了同父异母的哥哥——托勒密十一世。但婚礼结束后仅19天,新郎就谋杀了新娘,并将王位据为己有。亚历山德里亚港的居民非常愤怒,一群愤怒的暴民迅速抓住了新法老,并对他处以私刑。这使得埃及群龙无首,几乎失去了控制。

作为军队的指挥官和上帝的化身,法老的存在对防止埃及的大规模叛乱是至关重要的。因此,王位被授予了托勒密九世的私生子,托勒密十二世。他是一个臭名昭著的好色之徒,嗜酒如命,根本不配做法老。但国家此时正处于水深火热之中,需要法老像一盏明灯一样指引人民走出黑暗深渊。很快,人们给这个法老取了一个绰号——"私生子"。托勒密十二世至少有5个合法的孩子。克莱奥帕特拉七世是排在她姐姐贝蕾妮斯四世之后的第二个。

年轻的公主聪明伶俐,求知欲强,对知识的渴求近乎永无止境。她学习成绩优异,甚至

> 克莱奥帕特拉受过高等教育。据说,她会说十几种不同语言。

年轻的公主聪明伶俐,求知欲强。

克莱奥帕特拉

埃及托勒密王朝，
公元前 69 年—公元前 30 年

简介 作为托勒密王朝最后一位活跃的法老，克莱奥帕特拉在她的统治期间不得不与尤利乌斯·恺撒相抗衡。克莱奥帕特拉自称是女神伊希斯转世。恺撒遇刺后，她受到了屋大维的挑战。她的丈夫马克·安东尼在亚克兴战役中战败，自杀身亡，克莱奥帕特拉也自杀了。

人满意就能确保自己的王位。他给尤利乌斯·恺撒（当时罗马最重要的人物之一）送去了大量的金钱，得到了罗马人的支持，但这却使他在纳税人的眼中成了罪人。公元前58年，他被迫带着他才华横溢的小女儿流亡。

3年后，在奥留斯·加比尼乌斯将军率领的罗马军队支持下，托勒密十二世返回了埃及，却发现自己的长女贝蕾妮斯已经篡夺了王位。他草率地处决了自己的女儿，这也体现出他们整个家族的残暴无情。随后，他重登王位，直到公元前51年去世。他的女儿克莱奥帕特拉继承了王位和所有的债务。

18岁的克莱奥帕特拉并不像一些人想象的那样天真，且没有能力统治一个处于战争边缘的王国。相反，在她父亲统治的最后几年里，她一直履行王后的职责。克莱奥帕特拉从出生起所受的教育都是为了把她塑造成一个能干的女王。不是国王，不是法老，而是女王。依照当时的法律，所有埃及女王必须与一位男性统治者为伴，共同执政，统治埃及。克莱奥帕特拉只能遵照祖制，与自己10岁的弟弟——托勒密十三世结婚，作为副摄政王共同执政。

摄政委员会由野心勃勃的男人们组成，代替她弟弟统治国家，他们由克莱奥帕特拉亲自领导。她冷酷无情，缺乏耐心，却又聪明过人。她把丈夫推到后台，使自己成为国家唯一的君主。这很危险。亚历山德里亚的朝臣们围在易受影响的年轻国王身边，密报他姐姐各种独断专行的做法。如果克莱奥帕特拉更耐心，更细心，也许能把弟弟培养成一个有能力、顺从的共同统治者，一个能帮助她统治的人，而不是一个被废黜的国王。但这根本不是托勒密王

连德高望重的学者都对她的语言天赋感到惊讶。她能与任何外国客人交谈，无论他们是埃塞俄比亚人、希伯来人、特洛伊人、阿拉伯人、叙利亚人、米底亚人还是帕提亚人。她在富丽堂皇的宫廷中生活，在知识的海洋中遨游。而在宫廷之外，国家正面临分裂的危险。

法老托勒密十二世陷入了困境。他的父亲曾得到罗马的许诺——罗马人会帮助他统治埃及，但罗马元老院却不愿意履行这个承诺，至少此时还没有履行。尽管如此，托勒密十二世很聪明，他认为让罗马

> 她分别和两任丈夫——恺撒和马克·安东尼，生育了4个孩子，但只有克莱奥帕特拉·塞莱娜长大成人。

室的处事方式。她有着典型的托勒密作风：大胆、有野心、具致命性。克莱奥帕特拉把弟弟的头像从硬币上去掉，把他的名字从官方文件上抹去。以她的能力、干劲和计谋，无疑是统治埃及的完美人选。在克莱奥帕特拉看来，埃及国王的位置理应由她独享。

在统治的最初几年，对克莱奥帕特拉来说是一场考验，国家仍为偿还她父亲执政时欠下的债务而挣扎，而且多年罕见的尼罗河洪水导致了大范围饥荒。放眼周边，克莱奥帕特拉感到了由于罗马大军日益迫近而带来的威胁，而埃及军队根本无法与之抗衡。此时，罗马人认为夺取埃及政权的时机已经成熟了。在埃及，大量饥饿的农民拥入城市，国家一片混乱，克莱奥帕特拉的声望一落千丈。她不断颁布政令，似乎只是为了取悦罗马而牺牲埃及利益，这让人们想起了她那让人鄙视的父亲。

在这场政治动乱中，克莱奥帕特拉发现自己熟悉的对手——她的弟弟回来了。在众多监护人和摄政王的帮助下，他现在已经变成一个邪恶和无情的国王，誓把克莱奥帕特拉从这个国家和历史上抹去。他将姐姐的名字从所有官方文件中完全抹去，宣布恢复他的君主地位，声称自他父亲去世后，他是唯一合法的统治者。此时克莱奥帕特拉的声望已经一落千丈。愤怒的暴民马上就要冲进宫殿杀了她，看起来她的命运会像她许多贪婪和不幸的前任一样。眼见大事不妙，女王逃离了这座从她出生开始就一直生活的城市。

克莱奥帕特拉不仅失去了国民的支持，也失去了她曾经坚信属于自己的统治地位。她带着一小撮忠诚的亲信逃到了叙利亚。克莱奥帕特拉没有放弃自己的野心，着手组建军队，以夺回她的王位。这位女王在叙利亚集结军队，而此时，她年仅13岁的弟弟正密切关注着罗马内战，对她无暇顾及。在法萨罗惨败给恺撒之后，罗马军事领袖庞培大帝逃往一个他确信能得到庇护的地方——他的老盟友——埃及。

庞培的妻子和孩子在远处紧张地注视。庞培下了大船，登上一艘小渔船，向岸边驶去。埃及少年法老托勒密坐在岸边的宝座上，这是专门为这种场合设计的宝座。他仔细观察着庞培，脸上显出戒备的神情，难以捉摸。他的属下张开双臂，笑容可掬地喊道："万岁，陛下！"直到船靠岸，庞培才意识到自己落入了圈套。他还没来得及叫一声，就被剑刺穿了身体，后背被捅了一刀又一刀。曾经伟大的执政官被斩首，残缺不全的尸体被扔进大海。此时，托勒密并没有从宝座上站起来。这是个阴谋。恺撒的一个敌人死了，托勒密认为杀了庞培对自己更有利。

4天后，恺撒到达亚历山德里亚港，看到了

一个丈夫和两个情人

**托勒密十三世
西奥斯·菲洛帕托尔**
马其顿，公元前62年—公元前47年
他们是怎么在一起的？
托勒密和他姐姐的婚姻是包办的，这是埃及皇室的传统。
是真爱吗？
他们的联合统治演变成了一场残酷的内战，所以这对姐弟之间几乎没有什么爱。没有证据表明他们有事实婚姻。
结局如何？
恺撒大帝和他的姐姐兼妻子克莱奥帕特拉宣布胜利，托勒密被迫逃离亚历山德里亚。据记载，他因试图过河逃跑而溺水身亡。

尤利乌斯·恺撒
罗马，公元前100年—公元前44年
他们是怎么在一起的？
克莱奥帕特拉和她的弟弟都需要恺撒的支持。克莱奥帕特拉在他们约定的会面时间之前会见了恺撒，并用计谋赢得了他的支持。
是真爱吗？
尽管这一结合最初是由双方的政治利益促成的，而且罗马法律禁止两人结婚，但克莱奥帕特拉似乎对恺撒忠贞不渝，并为他生了孩子。
结局如何？
恺撒在3月15日遇刺身亡，他们的爱情也就戛然而止了。

马克·安东尼
罗马，公元前83年—公元前30年
他们是怎么在一起的？
安东尼召见克莱奥帕特拉，看她是否会信守诺言，在与帕提亚人的战争中支持安东尼。据记载，她在这次会面中迷倒了安东尼，也许就像她迷倒恺撒一样。
是真爱吗？
尽管可能是出于政治目的，但他们有3个孩子。安东尼为了和他的埃及王后在一起，不惜一切代价。
结局如何？
亚克兴战役大败之后，安东尼误以为克莱奥帕特拉已经死了，就自杀了。克莱奥帕特拉很快也自杀了。

敌人庞培的头颅。然而，托勒密的顾问们很快就意识到他们似乎犯了错误，恺撒完全被眼前这一幕惊呆了。他当众失声大哭，而后带领军队前往亚历山德里亚的皇家宫殿。他看到埃及民怨沸腾，内战已经爆发，双方要把国家彻底分裂。他需要亚历山德里亚的税收来提供财富，而增加税收的唯一方法就是保持政局稳定。于是，他做出了一个决定，内战必须结束。他下令召见克莱奥帕特拉和托勒密。这对托勒密来说很容易，因为他可以迅速前往亚历山德里亚。但对克莱奥帕特拉来说则很困难，她必须使出浑身解数，才能活着进入这座城市。

由于托勒密的船只封锁了港口，克莱奥帕特拉只好离开自己的军队，深夜乘小船沿海岸航行。这段旅程很艰辛，完全不适合埃及法老——这位女王。但想要取得最后的胜利就需要做出牺牲。她相信，这里的街道和水域很快就会再次属于她。要进入皇宫区很不容易，但这一晚如果冒险成功，她将与世界上最有权势的人面对面。

她的弟弟托勒密只会卑躬屈膝，杀死恺撒的敌人，对恺撒阿谀奉承，希望获得他的支持。托勒密全无君主风范，手足无措，急于取悦恺撒，又害怕激怒他。她的弟弟太愚蠢了，没看出罗马需要埃及就像埃及需要罗马一样。而克莱奥帕特拉看清了这点，并借此来为自己谋利。

那天晚上，克莱奥帕特拉去见罗马将军。她潜入宫殿，成功进入恺撒的居室。她迫不及待地躬身施礼，为自己辩护。

在罗马，人们称恺撒为"永远的独裁者"。他高高在上，气势完全凌驾于这个矮小的女人之上。女人马上感觉到了他的气息。她身材矮小，必须抬起头来才能看着恺撒的眼睛。恺撒比年轻勇敢的埃及女王年长许多。恺撒虽已过壮年，但他刚刚取得辉煌的胜利。这是克莱奥帕特拉第一次见到这位举世闻名的罗马名人。她的弟弟还是个孩子，不过是个傀儡，只会在那些腐败的顾问们的指挥下任意胡为，但克莱奥帕特拉继承了其先祖的魅力、智慧和野心。她在她弟弟毫无觉察的时候抢先获得恺撒和罗马的支持。她以自己独有的魅力轻而易举地获得成功，而她的弟弟却只能在这场斗争中败下阵来。

第二天，年轻的托勒密十三世一觉醒来，根本没想到他那可怕的姐姐已经与恺撒会面了。他发现姐姐不仅在恺撒那里，而且还在一夜之间引诱恺撒加入了她的阵营，这让他彻底绝望了。他尖叫着逃离了宫殿，扯下头上的王冠，跪倒在地。如果他姐姐再次与他共同执政，他完全不可能摆脱他姐姐，即使大批民众前去抗议，恺撒也不会动摇。恺撒下令执行克莱奥帕特拉父亲的遗嘱，由克莱奥帕特拉和托勒密十三世共同执政。

> 克莱奥帕特拉并没有放弃她的野心，而是着手组建军队来夺回王位。

表面上的和平没有持续多久。托勒密自幼被教导得野心勃勃，于是他与反叛的妹妹阿西诺四世联手，聚集了一支埃及大军，足以挑战克莱奥帕特拉和恺撒。埃及为此付出了巨大代价。公元前48年12月，著名的石城亚历山德里亚被放火焚烧，不仅造成数百名市民丧生，也毁掉了藏有无数珍贵手稿的世界著名图书馆。恺撒的援军从佩加穆涌入城内，托勒密的军队最终被击败。年轻冲动的国王试图乘坐一艘超载的船从尼罗河逃离，但船沉了，他身着精心制作的金色重甲沉入水中。

一个托勒密已经死了，但另一个还活着。克莱奥帕特拉13岁的弟弟托勒密十四世，在哥哥死后立即成为姐姐的丈夫，与她共同执政。

克莱奥帕特拉虽然得到了恺撒的支持，但传统必须遵从，一个单身女人无法统治埃及。她与恺撒建立了牢不可破的亲密关系，埃及实际上成了罗马的领土。在一次盛大的新联盟巡游活动中，由罗马和埃及船只组成船队护卫华丽的皇家游艇，沿尼罗河航行，克莱奥帕特拉和恺撒在游艇上并肩而坐。

埃及虽然已和罗马联合，但克莱奥帕特拉仍然觉得不安心，因为有另一个托勒密与她分庭抗礼，而这个托勒密长大后必定也会野心勃勃、阴险狡诈。她不能让另一个弟弟重蹈覆辙，受奸人驱使而反对她。只要托勒密十四世还活着，她的

▲ 银币上的克莱奥帕特拉长着鹰钩鼻

揭开她的5大谜团

她是用毯子裹进来的
"埃及艳后"克莱奥帕特拉被毯子裹着偷运进皇宫，蓬头散发，满脸通红。恺撒脚下的波斯地毯上摊开后，她从里面出来。上图出自希腊传记作家普鲁塔克的笔下，但很难证明其真实性。作为世界上最有权势的人之一，恺撒似乎不太可能会欢迎一个可疑的包裹进入他的房间。即便如此，她完全有理由早点出现，以一个更优雅的姿态出现。

她是个蛇蝎美人
克莱奥帕特拉在很多有权有势的男人之间游刃有余，引诱他们，利用他们，她肚子里的孩子不知是哪个男人的。这些不实言论都是自古以来罗马官员对她的诽谤。事实上，有证据表明，她只和两个男人在一起过——尤利乌斯·恺撒和马克·安东尼。

她是埃及人
她是有史以来最著名的埃及法老之一，但其实她根本不是埃及人，而是希腊人。她是托勒密家族的一员，先祖托勒密是亚历山大大帝的将军之一。尽管她的家族在埃及生活了300多年，她仍然被认为是希腊人。克莱奥帕特拉会说埃及语，这在希腊人里不多见，她的许多前任都不会说埃及语。

她戴着假胡子
埃及女王戴假胡子的说法源于埃及人对奥西里斯神大胡子的信仰，所以，埃及法老也戴着假胡子，以确立自己与神一样的地位。但在克莱奥帕特拉的时代，这一传统几乎已不复存在，也没有关于她戴假胡子的记录。事实上，哈特谢普苏特是唯一一位戴过面具的女法老。

她死于毒蛇咬伤
有一幅画作描绘了克莱奥帕特拉在去世时将蛇抱在怀里。然而，对这一事件的描述有一些疑问，主要是因为毒蛇不像报道的那样，导致她快速死亡。更有可能的是她喝了多种毒药。认为毒蛇咬了她的胸部的说法当然是错误的，因为所有的资料都表明毒蛇咬了她的手臂。

家庭成员

跟随克莱奥帕特拉的家谱，
你会发现托勒密王朝成员关系是多么紧密……

埃及的托勒密王朝可以追溯到他们的祖先托勒密一世索特。他是亚历山大大帝的希腊将军，在公元前323年成为埃及的统治者。亚历山大大去后，他的高级将领们瓜分了他的大片领土。托勒密家族完全没有意识到近亲结婚的危害，他们习惯与兄弟姐妹通婚。这对他们来说很方便，因为这不仅确保了女王可以从出生起就接受训练，而且还将她们确立为远离群众的精英阶层，高不可攀，就像受人尊敬的埃及众神与她们的姐妹一样。

- **托勒密八世** 公元前182年—公元前116年
- **克莱奥帕特拉三世** 公元前161年—公元前101年
  - （叔叔娶了侄女）
- **克莱奥帕特拉四世** 公元前138年—公元前112年
- **托勒密九世** 公元前143年—公元前81年
  - （姐姐嫁给弟弟）
- **克莱奥帕特拉·赛琳娜** 公元前135年—公元前69年
  - （妹妹嫁给哥哥）
- **托勒密十世** ？—公元前88年
- **托勒密十一世** 公元前115年—公元前80年
- **贝雷妮斯三世** 公元前115年—公元前80年
  - （表哥娶了表妹）
- **托勒密十二世** 公元前117年—公元前51年
- **克莱奥帕特拉五世** 公元前95年—？
  - （叔叔与侄女、继父与继女结婚）
- **阿尔西诺伊四世** 公元前？—公元前41年
- **贝雷妮斯四世** 公元前77年—公元前55年
- **托勒密十三世** 公元前62年—公元前47年
  - （姐姐嫁给弟弟）
- **克莱奥帕特拉七世** 公元前69年—公元前30年
  - （姐姐嫁给弟弟）
- **托勒密十四世** 公元前60年—公元前44年
- （叔叔娶了侄女）

▼ 克莱奥帕特拉既是一位激情澎湃的斗士,又是一位知识分子和学者

她写了一本书——《化妆品》,关于脱发和头皮屑等疾病的药物治疗。

统治就会受到威胁。克莱奥帕特拉很聪明，明白埃及永远不会接受一位单身女王独立统治，但有一个好办法可以确保她大权独揽——她不仅得到了恺撒的政治支持，而且还怀孕了。公元前47年，她生下了恺撒的孩子。众神保佑，是个男孩。克莱奥帕特拉给孩子取名恺撒利翁，也就是"小恺撒"，他就是王位继承人。此后3年，克莱奥帕特拉加强了对埃及王国的控制，慢慢赢得了亚历山德里亚反抗者的支持，而这些反抗者之前还一直在尖叫着要杀了她。为了躲避有关她儿子生父的流言蜚语，她带儿子一起去了罗马，住在恺撒的乡间别墅里。克莱奥帕特拉没有压制那些流言，因为她儿子是恺撒的继承人这一点，对她非常有利。

公元前44年3月15日，恺撒被暗杀，克莱奥帕特拉离开罗马回到亚历山德里亚。如果有独揽埃及大权的机会，那就是现在。因为失去了强大的罗马情人，她需要一个能保证她统治的盟友，一个不会反抗她的人。克莱奥帕特拉知道，兄弟们是不可信的。当年年底，最年轻的托勒密被发现死于中毒。人们的悲痛情绪遭到压制。托勒密之死，无论多么年轻，在埃及都很常见，国家有新的法老来代替他，那就是年幼的恺撒利翁，她的儿子，一个婴儿，做了名义上的法老。克莱奥帕特拉终于成功了，可以在埃及大权独揽了。

一个时代的终结

克莱奥帕特拉幸存下来的孩子被奥克塔维亚收养。他们成了罗马公民，很快就默默无闻了。埃及此时是罗马的一个省，由一位长官统治。希腊语仍然是官方语言。亚历山德里亚继续繁荣昌盛，成了许多宗教和军事起义的发源地。269年，残暴的帕尔米拉女王芝诺比娅征服埃及，亚历山德里亚被另一个女人占领。芝诺比娅是克莱奥帕特拉的崇拜者，她很快就将她憎恨的罗马敌人斩首。她统治埃及直到274年，她被罗马皇帝奥勒连劫为人质。具有讽刺意味的是，当奥勒连在罗马庆祝胜利时，芝诺比娅戴着金锁链现身。希腊—罗马时代的埃及遗迹仍然存在，比如，沿尼罗河建造的一系列宏伟的庙宇，其中包括丹德拉的哈索尔神庙。在那里，克莱奥帕特拉和恺撒大帝神话般的形象仍然留在那里的墙壁上。埃及和罗马文化的微妙融合可以在许多希腊—罗马时期的木乃伊肖像上看到，二者的对比在绘画和雕塑中也很明显。传统的埃及肖像与罗马符号是成对出现的。罗马与埃及的结合、古代与现代的结合、安东尼与克莱奥帕特拉的结合，在多种艺术形式的遗迹中都有所展现。

尼禄

罗马，37年—68年

简介 尼禄被叔叔克劳狄乌斯收养后成为王位继承人。在他执政的13年间，以政治腐败、压迫人民和残暴统治而臭名昭著。他杀死了自己的母亲，或许也杀死了同父异母的兄弟。一场叛乱迫使尼禄逃离罗马并自杀。克劳迪安王朝就此结束。

54年—68年

尼禄

他屠杀基督徒，谋杀亲人，可能还把罗马烧成一片火海。
在这些传说的背后，可怕的尼禄皇帝到底是什么样的人呢？

尼禄快要死了。元老院下令处决他，而他所拥有的最后一点权力，就是亲自宣布自己的死刑。尼禄来回踱步，一遍遍地念叨着同样的话："一位艺术家要死了。"

尼禄众叛亲离，是邪恶与阴暗使他落得如今这个下场。而他却至死都不肯承认这个事实。尼禄觉得，自己不是一个无情的杀手，他只是被误解了，他是一个艺术家。世界失去这样一位杰出的艺术家是多么遗憾。尼禄听见远处传来了马蹄声：他们要来杀死他，但他不想死。他们说他贪婪、轻浮、放纵，但这些对他来说都无关紧要了。他的命是他自己的，不是元老院的，也不是篡权者的。现在尼禄手里只剩下自己的生命了。

37年12月15日，尼禄出生。此时，罗马帝国已经被朱里亚·克劳狄王朝统治了50多年。循着养父的族谱，尼禄的先祖可以追溯到著名的尤利乌斯·恺撒。恺撒自从死后，近乎就被封了神，而他的后裔是唯一被认为有资格统治他的王国的人。尼禄原名卢修斯·多米蒂乌斯·阿亨巴伯斯。有学者认为，他后来的野蛮本性也源自他的出身。尼禄的父亲格纳斯以暴力著称，被指控叛国罪、通奸罪和乱伦罪。据说，当他儿子出生，众人前来祝贺时，他宣称这个孩子将是一场"灾难"。

尼禄还没来得及记住父亲的模样，格纳斯就死了，而母亲是他一生中对他最有影响力的人。格纳斯有理由怀疑妻子阿格里皮娜对他不忠，这是因为阿格里皮娜是从水深火热的环境中成长起

> 尼禄按父亲的血统称马克·安东尼为祖先；按母亲的血统称卡利古拉为祖先。

奥古斯都王朝

恺撒大帝
元老院希望控制著名的将军恺撒,因此,与恺撒进行了一场激烈的内战。最终,恺撒取得了胜利,并声称拥有至高无上的权力。

奥古斯都
恺撒在遗嘱中宣布他的曾侄子奥古斯都为他的养子和继承人。他成为帝国的第一个皇帝,但实际上,他也是一个军事独裁者。

提比略
提比略虽然不是奥古斯都的亲生儿子,但奥古斯都对他视如己出。他还让提比略娶了自己的长女大朱莉娅,这种关系维持了30年。

卡利古拉
卡利古拉是儒略—克劳狄王朝建立初期的另一位皇帝。他是提比略的侄子和养子,后来成为了提比略的继承人。

克劳狄乌斯
克劳狄乌斯因耳聋和跛行被排斥在强大的家族之外。然而,由于卡利古拉被暗杀,他成了家族中最后一名男性,因此被加冕为皇帝。

尼禄
尼禄是儒略—克劳狄王朝的最后一位皇帝。他被叔祖父克劳狄乌斯收养,后来成为他的继承人。尼禄涉嫌密谋杀害克劳狄乌斯。

来的。她眼睁睁地看着她的母亲老阿格里皮纳和她的两个兄弟被逮捕、流放、饿死。她被迫嫁给了一个她憎恨的可恶男人。此外，她还被自己的兄弟卡利古拉流放。她像皮球一样被丢来丢去，因此为了生存，阿格里皮娜强迫自己变得如钢铁般坚强。她想主宰自己的命运，而这一切都是从嫁给克劳狄乌斯开始的。阿格里皮娜是个狡猾的女人，深谙罗马宫廷的微妙之处。她利用政治婚姻，嫁给了克劳狄乌斯，尽管克劳狄乌斯是她的叔叔。

克劳狄乌斯还很年轻，但在一个高死亡率的社会里，他无法保证死亡不会降临到自己的头上。虽然克劳狄乌斯有自己的儿子布里坦尼科斯，但他还是指定13岁的尼禄成为自己的继承人。阿格里皮娜自己不能当皇帝，毕竟她是个女人，但她可以控制皇位继承人，帮儿子登上王位。尼禄只是一个经验不足的年轻人，很容易屈从母亲的意愿。为了进一步巩固儿子的地位，她让儿子娶了克劳狄乌斯的女儿奥克塔维亚。然而，不久之后，克劳狄乌斯开始动摇，他似乎后悔把女儿嫁给了尼禄，并开始更加关注自己的亲生儿子，想让他继承王位。为了让儿子顺利继位，阿格里皮娜必须迅速采取行动。有资料显示，她用一盘蘑菇毒死了丈夫；而有的资料却显示阿格里皮娜与克劳狄乌斯的死无关。然而，皇帝的死亡时间也太巧合了，自然死亡似乎不太可能。

54年，克劳狄乌斯还没正式恢复自己儿子的继承权就去世了，王位落到尼禄手中。至今都无法确认尼禄是否参与了这起毒杀事件，也不清楚他是否知道其中细节。但有一点比较可疑，自那时起，尼禄就宣称蘑菇是"神的食物"，不再吃蘑菇了。

为了取悦民众，尼禄施行了一系列改革。事实上，他统治的早期被誉为"黄金时代"。尼禄痴迷于个人声望，他最想要的就是受人欢迎。早年，他废除了死刑，降低了税收，给予奴隶更多的权利，并援助其他城邦。尼禄热爱艺术，举办奢华的比赛、音乐会、战车比赛和锦标赛。在人们看来，尼禄似乎是真心想成为一个好皇帝，但他很可能仍然担心克劳狄乌斯的亲生儿子威胁他的王位。所以尼禄认为，如果民众喜欢他，就不太会支持他的对手布里坦尼科斯。因此，对尼禄来说，声望就意味着权力。

然而，情况并不稳定。尼禄登基时只有17岁，是当时最年轻的王位继承人。登基不仅让尼禄成了皇帝，还使他成为了一个男人。虽然他母亲的阴谋和影响在争取继承权的斗争中起了很大作用，但他现在是统治者了，他有自己的雄心和抱负，这些都与母亲无关。但让这位雄心勃勃的年轻人感到沮丧的是，母亲是如此强势和专横；而令母亲非常恼火的是，儿子开始更多地依赖顾问的建议。尼禄的顾问明确指出，阿格里皮娜不值得信任。

随着二人关系恶化，尼禄故意与母亲对立。长期以来，他一直对与奥克塔维亚的政治婚姻深恶痛绝，便开始与一名奴隶有染。母亲发现后非常愤怒，勒令他们一刀两断，结果尼禄反而让那个女人以妻子的身份和自己生活在一起。这是一个非常直白的信息，尼禄不再是孩子了，母亲不能再控制他了。尼禄很快把母亲赶出了宫殿，撤销了禁卫军对她的保护，禁止她看角斗比赛。

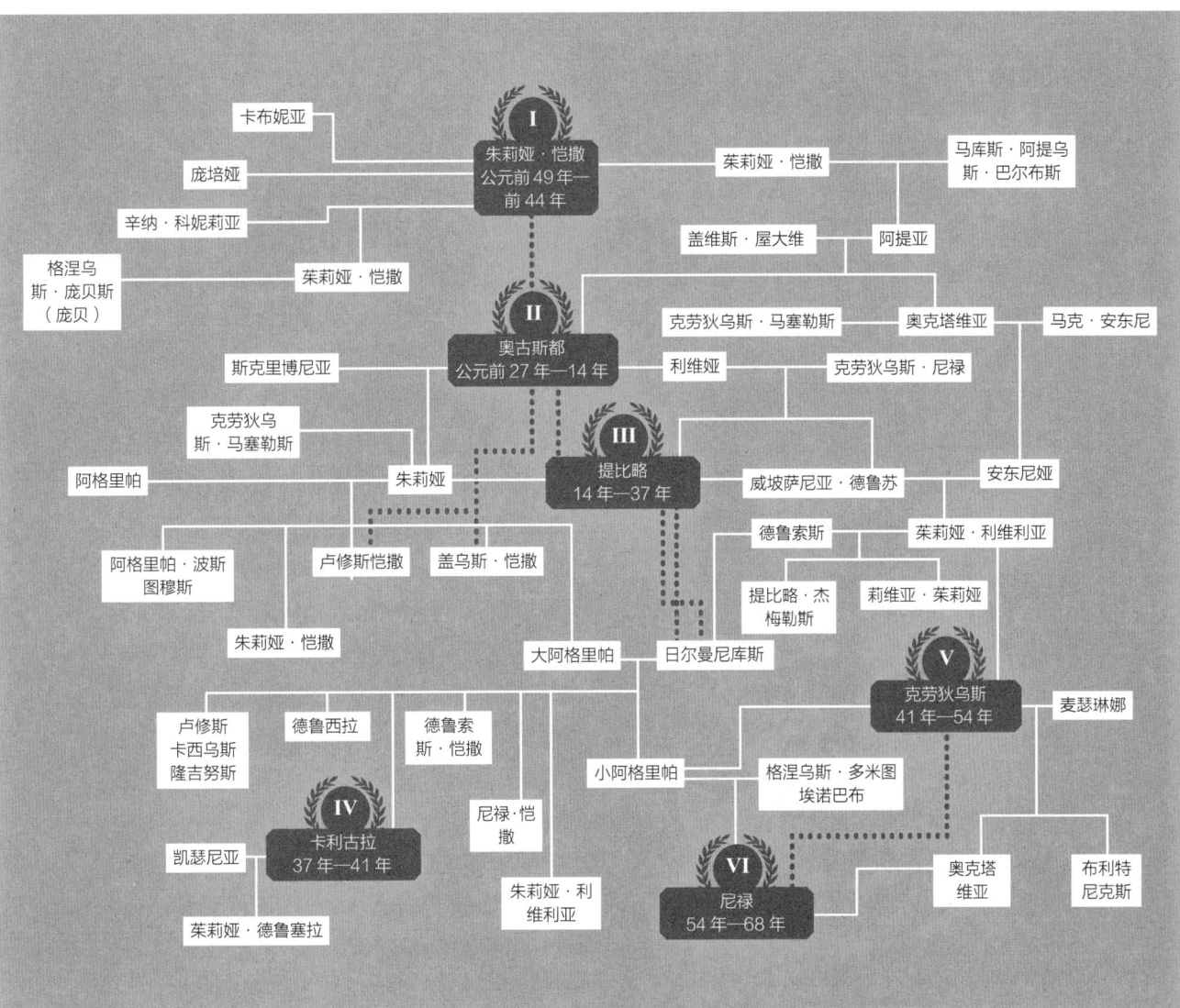

然而，阿格里皮娜并不是个安分的人。她意识到自己已经完全失去了对儿子的控制，而这个儿子继承了她的无情野心。她把注意力转向了其他地方，转向了另一个可以继承王位并能恢复她权力的人——布里坦尼科斯。但布里坦尼科斯还是一个未成年人。55年，就在即将宣布成年的前一天，他突然死在一次宴会上。阿格里皮娜曾经教过她的儿子两件事：一是如何获得成功；二是如何杀人。如今，她的儿子在这两方面都成了大师。

58年，尼禄终于决定结束他那没有爱情的婚姻，并宣布他希望娶另一个人——波帕埃·萨比娜。然而，母亲也不想继续保持沉默了，她要让罗马民众清楚地意识到她反对尼禄离婚，而民众也不希望尼禄和奥克塔维亚离婚。尼禄感到自己正逐渐失去民众的支持，最终到了崩溃的边缘。于是他决定要彻底摆脱爱管闲事的母亲。

尼禄想杀死母亲的决定并不是突然出现的，而是经过深思熟虑和周密策划的。起初，他想请专家制作一个装置，贴在她的天花板上，然后趁她睡觉时将她压死。后来觉得这个太麻烦，于是，他弄沉了母亲乘坐的船。然而，阿格里皮娜居然游到了岸边，没有溺死。无可奈何之下，他只好用最传统的办法，将她刺死。

▲ 阿格里皮娜的影响力可以从这枚硬币上看出。在这枚硬币中，她和她的儿子在一起，这是非常罕见的

阿格里皮娜被谋杀后不久，尼禄性情大变。也许因为他杀死自己的母亲这件事一直萦绕在心头。可能是他内心的负罪感或者某种兽性被释放了，受人民爱戴的、善良的、公正的统治者尼禄似乎在一夜之间消失了。尼禄一向是个放纵的人，但此时他的挥霍无度达到了极致，连以前拥戴他的人也开始厌恶他。

尼禄追求享乐，在艺术追求上挥金如土，并开始公开表演，这一行为被许多古代历史学家批评为可耻。尼禄禁止任何人在他表演的时候离开。如果尼禄只是一个享乐主义的统治者，就不会那么可怕了。他一向慷慨大方，渴望得到人们的注意，但他变得残酷了。这种残忍是对他的妻子而言的，因为他认为这个女人是他最后的眼中钉。

现在，没人敢反对他了，于是，尼禄与深受民众爱戴的奥克塔维亚离婚了，并以不孕为由驱逐了她。这样他就可以自由地娶波帕埃，此时她已经怀孕了。这件事最终引起公众抗议，尼禄向公众鞠躬致歉，并允许奥克塔维亚暂时回来。这时，官方却宣称奥克塔维亚已死于自杀，但事实被掩藏了起来——尼禄下令处决了她。奥克塔维亚的声望太高，因此，尼禄只能除掉她。她的死使公众对尼禄非常反感。人们悼念她，而皇帝却把她的头作为礼物送给了他的新婚妻子。

奥克塔维亚的突然死亡和皇帝的迅速再婚使许多人怀疑是尼禄谋杀了她。有人指控皇帝叛国，但他没有因为这个警告变得低调，相反，变得更加恶毒。这个废除了死刑的人开始处决任何可能阴谋反对他的人。最终，范围扩大到那些说他坏话的人。一名指挥官甚至因为在派对上发了几句牢骚就被处决。据说，尼禄对他谋杀母亲和妻子的事情一直耿耿于怀。这种内疚使他变成了一只嗜血的畜生，肆无忌惮地滥杀无辜。尽管他的行为可以归结为愤怒和猜疑，但这确实意

5位最凶残的皇帝

那些以恐怖、鲜血和死亡统治罗马的人。

尼禄

37年12月15日至68年6月9日
♛ 54年10月13日至68年6月9日

　　尼禄暴虐的名声是他应得的。他不仅把屠刀挥向无辜的基督徒,对他们开始了长达数百年的酷刑折磨和迫害,而且还杀害了一些与他关系最密切的人。

著名的谋杀案

母亲
姓名:阿格里皮娜
理由:干涉他的私事。
执行方法:未知,但一般认为是尼禄下令暗杀她。

提比略

公元前42年11月16日至37年3月16日
♛ 14年9月18日至37年3月16日

　　对提比略凶残的描述各不相同,但据一些资料显示,在他的统治下,只有4名无辜者死亡。然而,也有人把他描绘成一个残忍的皇帝:他杀害了任何他怀疑的人。他的身后留下一堆尸体。

著名的谋杀案

继子
名称:阿格里帕·普托马斯
理由:有强大实力夺取王位。
执行方式:由卫兵执行,但没有证据表明提比略是幕后黑手。

卡利古拉

12年8月31日至41年1月24日
♛ 37年3月18日至41年1月24日

　　卡利古拉从小就被死神包围,几乎全家都被提比略杀光了。众所周知,卡利古拉对权力有着贪得无厌的欲望。虽然无法核实,但确实有许多关于他凶残暴政的故事。

著名的谋杀案

养子
姓名:提比略·杰梅勒斯
理由:涉嫌密谋对抗卡利古拉。
执行方式:由军事法庭执行。

康茂德

161年8月31日至192年12月31日
♛ 177年至192年12月31日

　　康茂德不是一个无情的暴君,他经常被描绘成懦弱的样子,很容易受到阴谋家的影响。由于频繁被人计划暗杀,使他疑心很重,便经常无缘无故地杀人。

著名的谋杀案

姐姐的情人
姓名:马库斯·乌米迪乌斯、德拉图斯·安宁思
理由:阴谋反对康茂德的统治。
执行方式:和他的儿子一起被执行死刑。

塞维鲁

145年4月11日至211年2月4日
♛ 193年4月14日至211年2月4日

　　塞维鲁通过血腥手段夺取了王位,推翻了前任皇帝,并发动了战争。很快,他的残忍行为就使他出名。他为自己赢得了一个绰号——"迦太基苏拉",意思是"臭名昭著的独裁者苏拉"。

著名的谋杀案

前任皇帝
姓名:迪迪乌斯·尤利安努斯
理由:由于他的王位是买来的,塞维鲁拒绝承认他的王权。
执行方式:由士兵在宫殿内执行。

▲ 尼禄敬爱的导师塞内卡被卷入皮索尼安的阴谋。皇帝被迫命令他自杀

味着一件事——尼禄的对手们一个接一个地被消灭了。

尼禄似乎已经决定,如果不能通过声望来获得权力,那么就通过统治来获得。在此期间,他渐渐剥夺了参议院的权力。尼禄曾承诺给予他们相当于共和国统治时期的权力,但仅仅10年之后,他就几乎剥夺了元老院的权力。对皇帝来说,这意味着更多的权力。但元老院里到处都是危险人物,他们野心勃勃,尼禄对他们的忽视最终导致了自己垮台。

64年,比尼禄的暴怒更具破坏性的事件分散了罗马民众的注意力。一场大火烧毁了这座城市:3个区被摧毁,7个区被破坏,成千上万的市民无家可归。火灾在当时并不罕见,但很快就有传言说是尼禄为了给他的豪华建筑金色圣殿腾出场地而纵的火。虽然无法确定起火的原因,但他的臣民都相信是尼禄为了一己私利而纵火。这证明曾经受人爱戴的皇帝已经堕落到了什么程度。

尼禄很快公开推卸责任,把矛头指向基督徒,并由此开始对基督徒进行多年的折磨和迫害。在罗马各地,基督徒被逮捕,被狗咬,被钉在十字架上烧死。

有一件事人们没有看错,尼禄确实想要建造他的大别墅,而新空出来的土地是完美的地点。然而,皇帝在对艺术的追求上花了大笔钱财之后,他的资金就快用完了。为了支付他那雄心勃勃的建筑工程费,尼禄把政府高级官位进行公开拍卖,提高税收,从寺庙里拿钱。尼禄的挥霍无度导致帝国历史上第一次出现通货膨胀。为了重振经济,他恢复了一项政策——国家可以没收那些涉嫌叛国罪的人的财产。

对许多人来说,这是压垮他们的最后一根稻草。65年,有人策划暗杀尼禄,想让贵族皮索接替他的位置。然而,这一阴谋在实施之前就被发现了。许多参与密谋的人都是尼禄以前的顾问和密友。尼禄大开杀戒,将他们全部处死。如果

就是这个废除了死刑的人,开始处决任何可能阴谋反对他的人。

说，处死敌人这个做法效果很好，但那仅限于他只有几个对手的时候。现在，几乎整个罗马都恨他，而他不能把所有人都杀了。

3年后，总督盖乌斯·朱利叶斯·维德克斯公开反对尼禄严苛的税收政策。很快，另一位州长塞尔维乌斯·苏尔皮丘斯·加尔巴也加入了他的行列。尽管盖乌斯的军队被镇压，盖乌斯被处死，但加尔巴仍然活着。作为对抗尼禄的主要力量，他很快获得了民众的支持。尼禄宣布他为国家公敌，但这似乎只会增加他的追随者。甚至，尼禄的禁卫军长官也宣布效忠加尔巴。许多以前因为害怕而不敢公开反对皇帝的人也都站出来，反对尼禄的贪婪和暴行。加尔巴的追随者越来越多。

尼禄虽然任性专横，但并不愚蠢。他知道该逃跑了。尼禄决定逃往东部那些仍然忠于他的省份。然而，甚至连大臣也拒绝帮助他。他们引用了维吉尔的《埃涅伊德》中的"死亡是一件很可怕的事情吗？"让尼禄逃跑太便宜他了。对于一个杀戮成性的皇帝来说，只是羞辱，对他来说太仁慈了，杀死他才是罗马人民最希望看到的。

尼禄别无选择，只能逃回到宫殿——他最后的避难所。他勉强睡着了。然而，当尼禄醒来时却发现卫兵也抛弃了他。他焦虑不安，惊慌失措，匆忙送信给他的朋友，但没有回音。他们也抛弃了他。尼禄失去了一切——他的安全、他的王国和他所珍视的声望。他命令卫兵结束他的生命，但是没有人回应。尼禄的喊声在空荡荡的宫殿里回荡："我既没有朋友，也没有敌人吗？"

皇帝和4个对他效忠的自由民设法逃到了距城6千米的一座别墅里，命令他们为他挖一个坟墓。坟墓还没有挖完，消息传来：尼禄被宣布为公敌，元老院要用毒打的方式处决他。但这种情况不太可能发生，毕竟，他们对儒略-克劳狄家族还是忠诚的，而尼禄是他们家族的最后一位皇帝。

然而，尼禄没有认识到这一点。他被所有人抛弃，失去了一切，他肯定自己会被处死。首先，他请求手下杀了他，但他们拒绝服从。后来，当骑兵接近宫殿时，他别无选择，只能结束自己的生命。他甚至连自杀的勇气都没有，因此，他强迫秘书杀了他。骑兵进入宫殿时，尼禄还活着。直到人们帮他止血时，他才说了最后一句话："忠诚来得太晚了！"68年6月9日，在奥克塔维亚逝世一周年之际，儒略-克劳狄家族的最后一位成员去世了。当加尔巴到达罗马时，他已经登基了。尽管加尔巴很受欢迎，但他的统

大火是尼禄放的吗？

米里亚姆·格里芬就读于纽约巴纳德学院和牛津大学圣安妮学院。她在萨默维尔学院担任了35年古代历史导师，直到2002年。退休后，她编辑了古典季刊。2008年，格里芬成为佛罗里达州立大学朗福德杰出学者。她著有大量关于塞内加和尼禄的书籍，以及关于罗马哲学的著作。

尼禄要为那场大火负责吗？

关于尼禄要为64年的大火负责的谣言可以追溯到他的统治时期，因为一年后，一个密谋反对他的人在被审问时说是尼禄干的。事实上，如果历史学家塔西佗说的对，尼禄是为了粉碎那个谣言，才试图把责任推到基督徒身上的。罗马经常发生火灾，但这次显然是例外，火灾持续了6天，之后又复燃了3天，城市三分之二以上的区域被毁。多米提安皇帝将在受影响地区的边缘为尼普顿建造祭坛。纵火不太可能，因为在火灾后两天，即64年7月17日，月亮正处于满月状态，拿着火把的人在月光下很容易被人看到，选在这一天夜里纵火实在很不明智。尼禄纵火的可能性特别小，因为大火并没有在金色圣殿建造的区域燃起，甚至没有重新燃起。大火毁掉了尼禄在帕拉丁山和奥皮安山上的新住所，显然他仍然喜欢那些住所，因为他剥去了那里的大理石墙壁，准备用在他的新宫殿中。

尼禄真的像历史描绘的那样可怕吗？

在他去世的500年后，一位希腊作家说："即使是现在，他的臣民也希望他还活着，大多数人也认为他还活着。"假冒的尼禄实际上出现在69年、79年和88年—89年，这些人都很年轻，都弹奏七弦琴。这是尼禄在东部时，在所有重大节日上表演节目时的形象，表现出他对希腊艺术的品位。罗马和意大利都认为伟大的统治者不应该是艺术家，所以尼禄的表演，甚至他对艺术的赞助，都只能体现出他的奢侈和残忍，而不能减少人们对他的敌意。然而，有一种传统认为，在他统治的前5年，尼罗尼斯时期，他的黄金时期，一些优秀的顾问试图将他引向正确的方向，这一点从55年哲学家塞内加写给尼禄的关于仁慈的著作就可以看出。但是，62年，尼禄杀害了布里坦尼科斯和他的母亲阿格里皮娜，而他的另一位顾问伯勒斯也去世了，这严重削弱了塞内加对他的影响。他的学生着手除掉剩下的竞争对手及其亲属。尼禄的去世标志着儒略－克劳狄王朝的结束，而新的统治者声称要取代邪恶的暴君，以证明他们夺取权力是正义的，而这进一步败坏了尼禄的名声。

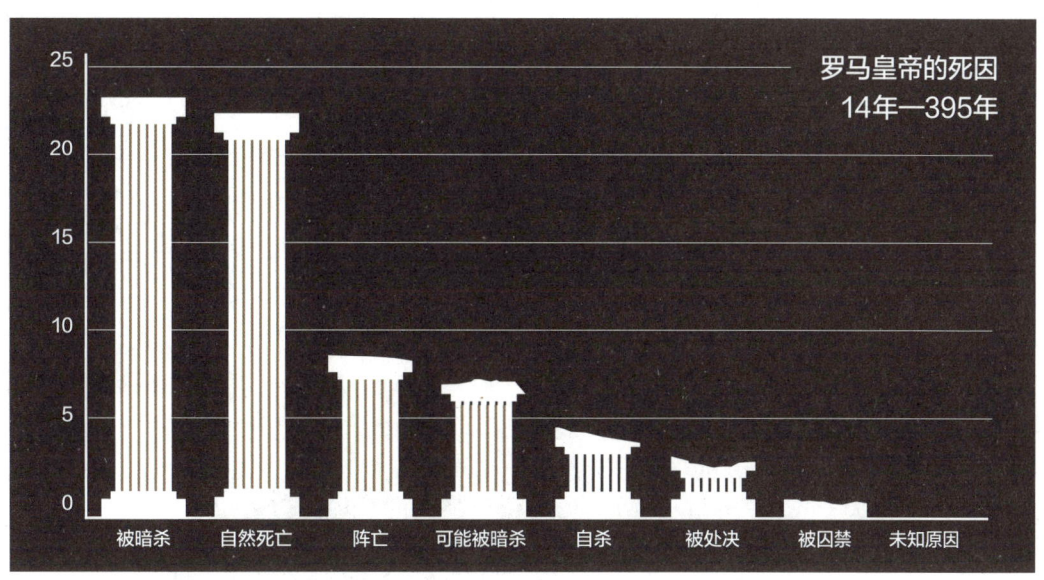

治却很短暂且动荡。一年后他就去世了。尼禄并不是一个好皇帝，而且他的家族统治也日渐衰落，城市陷入混乱，战争开始。然而，尼禄的影响延续了千年。尼禄认为，基督教义让自己陷入痛苦深渊，因此迫害基督徒。有传言说尼禄根本没有死。在他去世后的几百年中，甚至到5世纪，至少有3个冒名顶替者以他的名义起义，但均以失败告终。诸如此类的传说太多了，因此谁也不能准确地描述哪个是传说中的尼禄，哪个又是历史上真实的尼禄。今天，每当人们谈论起他时，都说他是个超级恶棍，而且人们越加相信他就是这样的人。尼禄的幽灵，以及他给人民带来的痛苦，直到今天也没有消失。

> 尼禄的名字被从纪念碑上抹去。许多肖像被重新加工以代表其他人。

罗马城

尼禄的放纵并不是什么秘密。他的臣民在受苦受难，而他却没有因为在自己身上花费大量钱财而有所收敛。64年的大火烧毁了大片土地，尼禄觉得这是个好机会，于是在那里建造了世界上最宏伟的宫殿。尼禄占领了这片实际上属于几个贵族的土地，开始建造他梦想中的家园——金色圣殿。

著名建筑师塞维鲁和工程师塞勒帮尼禄建造了一座无与伦比的游乐宫殿。这个巨大的建筑群包括园林、一个巨大的人工湖和一个拥有150间装饰华丽的房间的皇家静修处。工程完工后，宫殿中装饰的精美金叶、宝石和象牙闪闪发光。尼禄宣布："现在我可以像人一样生活了。"

仅仅4年后，尼禄自杀，湖被抽干，宫殿的

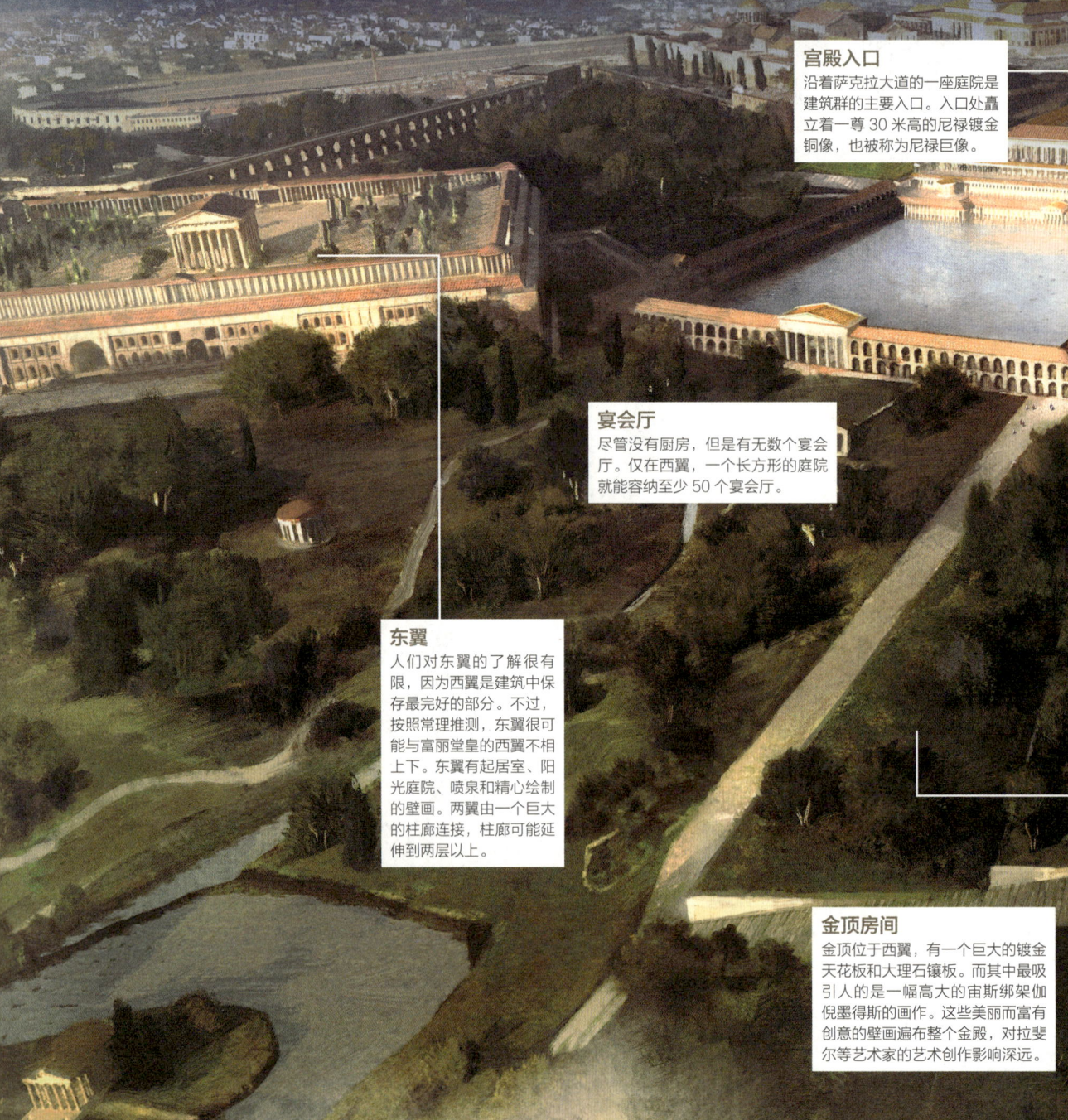

宫殿入口
沿着萨克拉大道的一座庭院是建筑群的主要入口。入口处矗立着一尊30米高的尼禄镀金铜像，也被称为尼禄巨像。

宴会厅
尽管没有厨房，但是有无数个宴会厅。仅在西翼，一个长方形的庭院就能容纳至少50个宴会厅。

东翼
人们对东翼的了解很有限，因为西翼是建筑中保存最完好的部分。不过，按照常理推测，东翼很可能与富丽堂皇的西翼不相上下。东翼有起居室、阳光庭院、喷泉和精心绘制的壁画。两翼由一个巨大的柱廊连接，柱廊可能延伸到两层以上。

金顶房间
金顶位于西翼，有一个巨大的镀金天花板和大理石镶板。而其中最吸引人的是一幅高大的宙斯绑架伽倪墨得斯的画作。这些美丽而富有创意的壁画遍布整个金殿，对拉斐尔等艺术家的艺术创作影响深远。

大片区域被维斯帕先拆掉，并在湖所在的地方建造圆形大剧场。此后，这里又建起了一座浴室。文艺复兴时期，人们又开始对这些遗迹感兴趣，许多著名画家探索了这些遗迹，对其美景惊叹不已，并从中得到灵感，创作出很多作品。

尼禄巨像
尼禄要建一座巨大而威严的青铜雕像，作为这座金色圣殿最辉煌的代表性建筑。这座由希腊建筑师泽诺多罗斯设计的巨大艺术品耗时 4 年建成。关于这座雕像的真实高度，众说纷纭。但可以推测它至少 30 米高。尼禄去世后，人们为了表达对这位暴君的痛恨，将他的雕像移到罗马圆形大剧场旁边，并把他的脸改成太阳神的脸。康茂德皇帝后来将其改成了自己的脸。在他去世后，人们又给改了回来。今天，这座雕像只剩地基。昔日那高大的雕像早已不知所踪。

浴室
这座豪华的浴室的特点是冷热水可以交替喷出。水的运用是整个建筑群的一个主要特征。瀑布沿着墙壁流下，装饰性的喷泉和水池建在地板上。

娱乐室
建筑群包含 300 多个房间，却没有卧室、厨房或厕所。由此可以推断，这座宫殿不是为了生活，而是为了娱乐。一些宴会厅甚至在客人进入时，会向他们撒花瓣和香水。

园林
宫殿周围有一个占地 50 公顷的美丽园林。园林包括耕地、葡萄园、牧场和林地。根据记载，当时园林中还散养着家畜和野生动物。

八角形房间
八角形房间有一个巨大的混凝土圆顶，上面覆盖着玻璃马赛克。据说，这个圆顶日夜不停地旋转。最新的考古研究表明，这个圆顶随太阳变化而旋转，由水力或奴隶推动。

奥古斯塔的史册中记载，芝诺比娅常常徒步行军数英里①，走在队伍的最前面。

芝诺比娅
巴尔米拉，240年—274年

简介 拥有塞琉西血统的芝诺比娅自称是埃及艳后克莱奥帕特拉的后裔。与古代地中海沿岸的多数女性不同，她不仅骑术精湛，还是著名的学者。不止于此，她还精通军事战术和经济战略。她曾决心统治埃及，但最终失败了。

① 1英里约为1.6千米。

267年—272年

芝诺比娅

凭借遗传自祖先克莱奥帕特拉的勇敢和美丽，芝诺比娅领导中东人民反抗罗马人的奴役

要怪就怪威廉·莎士比亚或伊丽莎白·泰勒，是他们让克莱奥帕特拉给古代所有强壮、狡诈、美丽的女王都蒙上了阴影。在埃及艳后克莱奥帕特拉统治埃及3个世纪后，她的后代在叙利亚东部的巴尔米拉绿洲掌权。芝诺比娅的勇气和美貌与其祖先不相上下。她的丈夫是个英雄，但遭人暗杀。3世纪，罗马帝国开始衰落，芝诺比娅控制了这个处于罗马帝国边缘的富裕城邦。从罗马独立后，她带领忠诚的军队穿越埃及和巴勒斯坦，短暂地统治了一个庞大而稳定的王国。但是她的王国最终被罗马皇帝奥雷利安征服。

芝诺比娅的传奇流传了几个世纪，而事实也被这些传奇的迷雾所笼罩。最早的史料来自4世纪的《奥古斯塔的历史》，但这是一部传奇色彩丰富、以事实为依据的虚构作品，极不可靠。18世纪的历史学家爱德华·吉本在他的著作《罗马帝国的衰亡》中，对奥古斯塔时代的芝诺比娅进行了大量的描写，并描绘出了巴尔米拉女王的浪漫形象。

追溯她的祖先，历史学家们认为，芝诺比娅可能有阿拉马人，甚至犹太人的血统。

吉本写道："现代欧洲出现了几位杰出的女性，她们用杰出的光辉点亮了帝国。""但是……芝诺比娅也许是唯一一位才华出众的女性。她颠覆了人们认为女性懒惰而具有奴性的传统思想。她声称自己是埃及马其顿国王的后裔，在美貌方面与她的祖先克莱奥帕特拉不相上下，而在贞操和勇敢方面远远超过了那位女王。芝诺比娅被认为是女性中最可爱、最英勇的一位。"

现代历史学家从早期的基督教文献、考古铭

不可阻挡的奥雷利安

在3世纪的帝国危机之后，罗马帝国的重新崛起要归功于杰出的军事家奥雷利安。他出生在罗马帝国巴尔干半岛附近多瑙河省一个贫寒的农民家庭，成年后加入了一支纪律严明的军队。在帝国历史上最混乱的时期，奥雷利安因为严于律己和意志坚定而声名鹊起。268年，加里耶努斯皇帝遭到"三十暴君"攻击。"三十暴君"是罗马军事和政治领袖，他们的目标是推翻王位。奥雷利安和他的同胞克劳狄乌斯一起平定了叛乱。因在暗杀加里耶诺斯的行动中出了力，克劳狄乌斯继任为皇帝，但他仅仅在位18个月后就去世了。严肃认真的奥雷利安继承了王位。他迅速重组了罗马军团，带领他们向侵略者进军。侵略者包括哥特人、汪达尔人、阿勒曼尼人和朱顿基人，他们威胁着罗马在意大利北部的主权。而此时，芝诺比娅已经成为东方女王，统治着巴尔米拉帝国。奥雷利安并不介意去打败一个女人。奥雷利安对她最后通牒，要求她放弃王位并投降，但被她拒绝了。奥雷利安攻破城池，将她俘虏到罗马，捣毁了她的整个集团。仅仅两年，这场叛乱就被镇压了。

决定性时刻

刺杀奥达那托斯
266 年

芝诺比娅的丈夫奥达那托斯死在远离战场的地方。一种说法称，他和一个粗鲁的侄子——马奥尼乌斯一起去打猎时两人发生冲突。马奥尼乌斯被奥达那托斯惩罚，把他的马夺走，还锁了他几个晚上。年轻的马奥尼乌斯觉得受到了侮辱，便在一次聚会上杀死了巴尔米拉国王。而其他记载称，罗马与这起谋杀案有关。另有一种说法认为，芝诺比娅是主谋，奥达那托斯和他的长子一起被杀，王位便由芝诺比娅的儿子瓦巴拉瑟斯继承，并受她控制。

大事年表

240年

● **芝诺比娅出生**
克莱奥帕特拉声称自己是伊希斯的后裔，而芝诺比娅则将克莱奥帕特拉视为偶像。她的家族是巴尔米拉的统治者。她自幼学习语言、哲学、骑马和狩猎等。
240 年

● **她的婚姻伴侣**
芝诺比娅成为了奥达那托斯的第二任妻子。奥达那托斯作战勇敢、足智多谋，而年轻的新娘雄心勃勃、身手不凡。他们真是天生的一对。
258 年

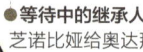

● **等待中的继承人**
芝诺比娅给奥达那托斯生了一个儿子，名叫瓦巴拉瑟斯，但巴尔米拉王座的第一继承人海兰是奥达那托斯的第一任妻子所生的孩子。在芝诺比娅的时代，妻子们为了让自己的儿子登上王位相互竞争，甚至相互残杀。
259 年

● **占领埃及**
在罗马军队忙于与哥特入侵者和利比亚海盗作战的时候，芝诺比娅进军埃及，所向披靡。埃及人民将她视为伟大的埃艳后的合法继承人。
269 年

埃及的罗马总督反抗芝诺比娅入侵，但很快就被她斩首了。

文和古钱币中拼凑出了一部更可靠的芝诺比娅传记。但从她的血统和种族开始，她的大部分生活故事仍有争议。芝诺比娅声称自己与克莱奥帕特拉是亲戚，这在很大程度上是依据她母亲那边是著名的塞琉西血统。她的父亲统治着巴尔米拉，是罗马人的后代，也是罗马皇帝卢修斯·西弗勒斯颇具影响力的皇后朱莉娅·多姆纳的皇室后裔。

虽然这些家谱的真实性无从考证，但有一点可以肯定，芝诺比娅出身显赫，家里有钱有势，在巴尔米拉城首屈一指。这座城市位于沙漠中部，在幼发拉底河流域和地中海之间。地下水使这片土地成为肥沃的绿洲，是丝绸之路上的重要一站。丝绸之路上的贸易路线把香料和纺织品从充满异国情调的东方带到熙熙攘攘的罗马市场。巴尔米拉的军队为过往的商队提供保护，而政府征收进口税——每头骆驼所载货物的25%，以充实巴尔米拉的金库。

据吉本描述，芝诺比娅拥有橄榄色皮肤，会说亚拉姆语、希腊语、拉丁语、阿拉伯语和古埃及语。她不像罗马那些娇弱的贵妇不戴面纱、不坐马车就不出门。她擅长骑骆驼和骑马，她和她的丈夫一样喜欢捕猎狮子和黑豹。

> 芝诺比娅的首席顾问卡修斯·朗吉努斯是一位著名的学者、柏拉图式的哲学家，同时也是一位文学评论家。

决定性时刻
围攻巴尔米拉
274 年

根据奥古斯塔史书中的描述，奥雷利安对芝诺比娅最后一次进攻险些失败。罗马军团从埃梅萨出发后，遭到叙利亚强盗的追击，还成为波斯人的目标。他的军队在两次大战中筋疲力尽。奥雷利安试图与芝诺比娅达成协议，承诺保证她的生命安全和城中人民的自由，来换取巴尔米拉和平投降。但芝诺比娅称，她和克莱奥帕特拉一样，宁愿死也不愿意失去尊严，而且会向波斯请求增援。此后，奥雷利安围困了巴尔米拉几个月，迫使其屈服。

- **硬币的上的形象**

芝诺比娅命令亚历山大造币厂生产新的硬币，上面刻有她的侧影和铭文"S.Zenobia Aug"——"东方女皇芝诺比娅"的缩写。
270 年

- **面包男爵夫人**
芝诺比娅更进一步激怒了罗马——她切断了埃及对罗马帝国首都的小麦出口。罗马统治者一直用免费面包和马戏团来获取民众支持。如果她要挑起事端，那么她做到了。
271 年

- **东方帝国**
在鼎盛时期，芝诺比娅的巴尔米拉帝国占据了整个地中海东岸，从尼罗河一直延伸到黑海。她征服的大部分领土上的民众都对这位新女王心悦诚服。
272 年

- **奥雷利安的还击**
奥雷利安在征服了哥特人后，将注意力转向东部的巴尔米拉帝国。这位以严酷著称的将军一反常态，在攻下城市后放过了巴尔米拉的居民。他希望有更多的人和平投降。
273 年

274年

芝诺比娅是奥达那托斯的第二任妻子，而奥达那托斯是巴尔米拉的统治者，也是罗马在东方的重要盟友。在奥达那托斯统治期间，巴尔米拉是罗马和波斯萨珊帝国之间重要的缓冲地带。罗马允许巴尔米拉保持独立，以换取其在该地区的战略中立。260年，波斯人俘虏了罗马皇帝瓦勒里安，并占领了东罗马人的据点安提阿。由于害怕波斯人向巴尔米拉扩张，奥达那托斯发动了第一次进攻，在波斯军队从安提阿凯旋而归时，率军击败了他们。后来，他在帕尔玛林战役中又把波斯人一路赶回至他们的首都。这些胜利为奥达那托斯赢得了罗马的赞誉和加封，使他幻想成为皇帝。

不过奥达那托斯没有机会去实现这一切。没过多久，在一次狩猎中，因国王与侄子发生了争执，国王和前妻所生的儿子海兰，都被侄子谋杀了。奥达那托斯的死让芝诺比娅的小儿子瓦巴拉瑟斯成为了王位继承人。由于瓦巴拉瑟斯还不到10岁，因此，芝诺比娅担任了摄政王。很快，她又无可争议地成为了巴尔米拉政治和军事领导人。考古学家在奥达那托斯被谋杀几年后发行的硬币上发现，硬币的正面是瓦巴拉瑟斯的脸，背面是芝诺比娅的脸。很快，两人位置就被互换了。

作为巴尔米拉的实际统治者，芝诺比娅继承了丈夫的遗志，实现了其建立巴尔米拉帝国的梦想。历史学家们对芝诺比娅的动机和政治目的争论不休。3世纪，罗马帝国遭受了一系列危机和灾难，在30年间经历了19位皇帝，其中大多数皇帝都被野心勃勃的将军或禁卫军杀害。英格兰和高卢先后脱离了帝国的统治；哥特人从北方入侵；各省天花肆虐；海盗破坏了利比亚沿岸的贸易。在罗马帝国岌岌可危之时，芝诺比娅看到了机会，但她是想做罗马帝国的伙伴还是征服者呢？

269年，在战无不胜的扎达斯将军的支持下，芝诺比娅率领巴尔米拉军队进军埃及，并声称自己的祖籍是埃及。埃及的罗马总督反抗芝诺比娅入侵，但很快就被她斩首了。芝诺比娅授予自己埃及女王的头衔，并下令编写了十卷本的《埃及艳后史》以纪念胜利。罗马皇帝克劳狄乌斯对此表示反对，但他忙于与哥特人的战争，无暇顾及这位埃及的新贵女王。

在没有罗马人干预的时候，勇敢的女王芝诺比娅将领土扩展到叙利亚、黎巴嫩和巴勒斯坦。在其势力范围最大的时候，芝诺比娅的帝国从尼罗河向南延伸，穿过西奈半岛和巴勒斯坦，北至黑海，西至土耳其的安卡拉。大约在这个时候，芝诺比娅又一次改变了硬币的图案——在自己的肖像旁边加上了"奥古斯都"或"女王"的头衔。

270年，奥雷利安登上了政治舞台。他一生都是军人，后来升为罗马皇帝，恢复了奥比斯及罗马帝国的秩序。奥雷利安为罗马军队带来了秩序和纪律。他从意大利北部赶走了入侵的日耳曼部落，如汪达尔人，并在罗马周围建起了和罗马一样的城墙。随后，他进军巴尔干半岛，与哥特人作战，击溃了哥特人。到272年，奥雷利安已经解决了罗马最紧迫的问题，并准备把注意力转向巴尔米拉帝国和其女王。据奥古斯塔的历史记载，芝诺比娅给奥雷利安写了一封信，建议他们以联合皇帝的身份统治地中海。如果这封信真的存在，奥雷利安很可能对此并不以为然。

奥雷利安和芝诺比娅第一次相遇是在安提阿战役中。芝诺比娅的军队主力是克里巴纳里重型装甲骑兵。这种骑兵战术是从波斯人那里学来

> 芝诺比娅对巴尔米拉的统治，包括她反抗罗马帝国的运动，持续了不到5年。

的。马和骑手都装配着厚厚的装甲钢板，这样可以抵御被称为"射手座"的罗马弓箭手。然而，克里巴纳里骑兵有一个弱点，而奥雷利安巧妙地利用了这个弱点。在拉丁语中，克里巴纳里的意思是"营火工"，因为这些盔甲在正午的阳光下会像火炉一样热。奥雷利安在一天最炎热的时候发起猛烈进攻，然后佯装撤退，引诱重装骑兵长时间追击。芝诺比娅的骑兵部队难耐酷暑，根本无法与奥雷利安训练有素的军团相匹敌。因此，芝诺比娅的军队撤退到今天的埃米萨，也就是胡姆斯。

奥雷利安在埃米萨又一次击败了芝诺比娅。他利用了巴勒斯坦人的投石机，用投石器投掷石头，就像大卫对抗巨人哥利亚一样。这让巴尔米拉的骑兵被打散，陷入混乱之中。7万名强壮的骑兵为躲避巨石，在混乱中互相践踏。芝诺比娅就在军队旁观战。吉本写道："在两次战役中，巴尔米拉女王都亲自指挥军队。"面对在埃米萨的溃败，芝诺比娅决定骑着她最快的骆驼逃到巴尔米拉。

回到巴尔米拉，芝诺比娅没有召集到足够的军力与奥雷利安再次正面作战。奥雷利安围困了巴尔米拉数月之久。据吉本记载，罗马对这场战争提出批评。

在《罗马帝国的衰亡》一书中，吉本引用了奥雷利安的一封信："罗马人对我向一个女人发动战争嗤之以鼻。那是因为他们对芝诺比娅的性格和力量一无所知。她对战争准备非常充分，石头、箭和各种各样的投掷武器都无法计数。城墙的每一个垛口都有两三个弩炮；她的军用喷火车会发射出火焰。由于害怕罗马报复，她表现得勇

芝诺比娅时代的生活

偷罗马的粮仓
从罗马的粮仓偷小麦，为民众提供免费的口粮，来换取他们的效忠。这些小麦大部分是从埃及进口的。但据说芝诺比娅在征服埃及后，切断了小麦供应。这无异于捅了马蜂窝。

名义上的殖民地
富有的城邦巴尔米拉在罗马帝国中占有独特的地位。它是一个独立的殖民地，城主可以自由收税，还受到罗马皇帝的保护。巴尔米拉依靠对丝绸之路上向西行进的商队征税而变得富足。

香料的安全
作为丝绸之路上的重要一站，巴尔米拉的军队负责保护境内沿线丝绸和香料商队的安全。这项任务由负责安全的军队执行。这支军队由轻骑兵构成，他们因擅长剿灭强盗而闻名。

迷失在翻译里的名字
芝诺比娅在希腊语中的全称是赛普提米亚·芝诺比娅，但很可能是阿拉伯语"扎巴"的拉丁化。这个词是芝诺比娅真正的阿拉姆语名字"巴特扎巴伊"的译名，或者是"扎巴伊的女儿"。芝诺比娅的母语是阿拉姆语。

罗马的凯旋
一些文献记载，274年，奥雷利安大获全胜后在罗马游行，被链子锁住的芝诺比娅也在其中。800名士兵押解着这些俘虏。也有人说，她坐在为她特制的一辆金色战车中进入罗马。

敢无比。"

最终，众神眷顾了罗马，巴尔米拉迅速沦陷。芝诺比娅、她的儿子和继承人一同被俘。历史学家奥古斯塔回忆起芝诺比娅戴着金锁链游街示众的情景。另一种说法称，她是在从巴尔米拉前往罗马的途中死去的。还有人说她是自杀的，就像自己的祖先克莱奥帕特拉一样，没有屈服于国王，也没有面对罗马人的嘲笑。

527年—548年

拜占庭皇后狄奥多拉

狄奥多拉，一个爬到皇后宝座上的交际花，既受爱戴又遭唾骂。她是拜占庭最伟大的皇帝背后的女人

狄奥多拉出生在君士坦丁堡，父亲是驯兽师，母亲是演员。她命中注定要成为拜占庭皇帝的妻子。狄奥多拉年轻时，生活糜烂堕落，饱受后人诟病。即便在她死后，流言蜚语依然满天飞。毫无疑问，狄奥多拉在婚前有两种职业：既是演员又是交际花。她的两个姐妹中至少有一个也从事这一行。据说，在父亲阿卡西乌斯去世后，她的母亲引导她们走上了这条道路。

以弗所的约翰是一位作家，他很同情狄奥多拉。他称狄奥多拉"来自妓院"。而普罗科匹厄斯对她就不太客气了。他的作品是人们对狄奥多拉了解的最主要来源，而他也认同狄奥多拉"来自妓院"。普罗科匹厄斯称，年轻的狄奥多拉颇有名气。她穿着撩人的服装在舞台上表演。表演结束后，狄奥多拉会主动邀请所有人，无论贵贱，参加宴会。

不管普罗科匹厄斯的叙述是真是假，这都与狄奥多拉的皇后身份很不合适。她很聪明，足智多谋，能够独立思考。16岁时，狄奥多拉离开君士坦丁堡前往北非，给叙利亚官员赫克博利厄斯做了4年的情妇。虽然结局并不好，但她没有气馁。狄奥多拉从亚历山大和安提俄克回到君士坦丁堡期间遇到了几个有影响力的族长，她向她们学习了很多技巧和礼仪，这对她日后成为皇后很有帮助。据说，就是在这一时期，她皈依了有争议的一性派宗教，该宗教认为应该把基督的人性和神性融合在一起。

522年，狄奥多拉只有20多岁。她放弃了

> 据说，狄奥多拉第一次出名是因为在《丽达》和《天鹅希腊神话》中的表演。

狄奥多拉

拜占庭，500年—548年

简介 狄奥多拉是三姐妹中的老二。她虽出身低贱，却成为了拜占庭皇帝查士丁尼一世的皇后。查士丁尼一世被称为"最后的罗马人"。作为他的皇后，她有着不可思议的影响力。她倡导改革，甚至保住了丈夫的王位。

拜占庭帝国

1000年以来欧洲最强大的力量之一

▲ 狄奥多拉是她丈夫最坚定的支持者

330年,拜占庭帝国已经非常强大。当时君士坦丁大帝在前希腊殖民地拜占庭的旧址上建立了一座新城——君士坦丁堡。随着时间的推移,西罗马帝国和东罗马帝国之间的分歧越来越大,但东罗马帝国的国力越来越强盛。476年,西罗马帝国在西哥特蛮族奥多亚塞入侵前灭亡了。

按照罗马的法律和政治制度,罗马帝国的主要语言是拉丁语和希腊语。拜占庭帝国长期以来都是显赫的大国。在查士丁尼统治期间,收回了西罗马帝国的大部分领土,拜占庭帝国的疆土空前广大。在鼎盛时期,拜占庭帝国是一个文化中心,神学、艺术和文学都得到了推广和保护。拜占庭学者受委托翻译希腊文和阿拉伯文的文本,这对西方也产生了巨大的影响,避免了文本失传。尽管面临诸多挑战,但由于地理位置、财富和政治影响力均处于优势,帝国还是巩固了自己的强大地位。

拜占庭帝国从13世纪开始衰落,经济萧条,领土缩小。到14世纪,帝国日益受崛起的土耳其人的威胁。战争在1453年5月29日结束。当时君士坦丁堡遭到攻击,奥斯曼帝国的穆罕默德二世取得了胜利。为了保卫这座城市,君士坦丁皇帝战死沙场,标志性的圣索菲亚大教堂被占领,变成一座清真寺。这也决定了这个历史悠久的帝国日后的命运。

之前的工作,回到君士坦丁堡。她假扮成羊毛女工,这样就可以住得离皇宫近一些。就这样,她成功地引起了查士丁尼的注意。查士丁尼是犹斯丁一世的继承人和外甥。中年的查士丁尼被她迷住,决定娶她为妾,但却面临巨大的阻力。因为传统法律规定,政府官员不得娶女演员。尽管狄奥多拉已经放弃了她之前的工作,但她的经历使她不能成为帝国继承人的妻子。更糟糕的是,犹斯丁一世的皇后——尤普哈米娅坚决支持这项法律。而且,由于宗教和个人的原因,她对狄奥多拉的态度尤其恶劣。虽然这对情人遇到了挫折,但幸运之神眷顾了他们。524年,尤普哈米娅皇后去世。显然,查士丁尼可以自由地与狄奥多拉结婚而不会引起纠纷了,但他也承受着作为继承人的压力。为此,他废除了那条妨碍自己幸福的法律。不久之后,他们就结婚了。对于随之而来的流言蜚语,他更是置之不理。

527年,查士丁尼登基,狄奥多拉成为拜占庭皇后。狄奥多拉虽然对自己的过去感到羞愧,却毫不掩饰。她过去的朋友在宫廷里大受欢迎。她的私生女,不知是查士丁尼的还是她前男友的孩子,居然也可以自由出入宫廷。查士丁尼似乎也不在意妻子的过去,因为他的出身也不那么显赫。尽管狄奥多拉出身卑微,也可能因为这个原

▲ 狄奥多拉敦促查士丁尼与暴徒战斗,并提醒他"紫色是最好的裹尸布"。作为皇帝,战斗而死比逃跑更受尊重

▲ 两位僧人把从中国走私来的蚕送给查士丁尼

因,她非常注重礼节,时刻不忘自己的身份。就像在舞台上一样,容貌和仪表就是一切,她要让所有人时刻记住她是皇后,无论他们的地位高低。狄奥多拉在公众面前的形象永远衣着华丽,穿着金光闪闪的紫色长袍,戴着象征着权力和崇高地位的王冠,配戴着闪闪发光的珠宝。狄奥多拉还规定,来访的官员和皇室成员必须展现对皇后应有的礼仪和尊重。据说,她经常让重要人物等上几个小时才接见他们。

狄奥多拉不甘于做一个花瓶皇后,努力提升自己的能力。她如饥似渴地读书,自己亲自读,而不是让手下人读给她听。她还积极参与国家政治,党同伐异,清除异己。皇后容不下无能的人,至少她的批评者认为,她会毫不犹豫地赶走她不喜欢的人。拜占庭皇后在宫廷甚至政治事务中都非常具有影响力,这很正常,因为皇帝需要她的帮助,而且受她控制。同样,与外国使节和来访贵宾沟通也是她的分内职责。然而,狄奥多拉已经逾越了皇后的权限,她不仅履行了皇后的传统职责,而且,据记载,她几乎拥有与皇帝同等的权力。因此,世人对这位皇后怀有敌意也就不奇怪了。有的人私下抱怨,有的人公开表示不满。他们觉得这个女人出身低贱,却厚颜无耻,高高在上。事实的确如此。狄奥多拉不但对自己

▲ 狄奥多拉的侍女炫耀拜占庭宫廷最新款式的衣服

的出身毫不避讳，而且高调炫耀自己的过去，挑战世俗，颠覆传统。

查士丁尼开始进行一系列的城市改革，而狄奥多拉也没有闲着。狄奥多拉特别关心妇女的权利。528年，所有阶层的妇女都受到法律保护。法律规定，对绑架或强奸妇女者处以死刑。而在此之前，下层阶级的妇女和奴隶是不受法律保护的，任凭人摆布。534年至535年，法律收紧，强迫任何人卖淫都是非法的。同时，妇女在离婚时和涉及财产分割时也被赋予更多权利。法律中还规定，禁止杀害通奸的妻子。

狄奥多拉这些改革措施都得到了皇帝的支持，皇帝听取并尊重她的意见。狄奥多拉在处理君士坦丁堡的妓院中发挥了重要作用。卖淫是该市的一个主要问题，女性被剥削和虐待的情况很普遍。在皇帝的支持下，狄奥多拉着手解决了这个问题。她建立了一个修道院，让那些被虐待的女性得以解脱。这些女性被从街头的穷苦生活中拯救出来，在修道院的庇护下过着舒适安逸的生活。然而，普罗科匹厄斯描绘了另一幅险恶的画面。在他的版本中，这些女性被绑架后转移到修道院，并被强制改造。皇后非但不是她们的救世主，反而是她们的狱卒和折磨者。这些女性不愿脱离她们所熟悉的生活，有些女性甚至在"获救"时绝望地从修道院的岩石上跳下自杀。

虽然没有得到历史学家的证实，但据普罗科匹厄斯叙述，狄奥多拉最荒淫的行为很可能是后来有人针对狄奥多拉和查士丁尼的恶意诽谤。然而，不管真实与否，有关狄奥多拉的记载暗示，这位皇后骄傲自大，自以为是，为达目的什么事都做得出。虽然没有得到证实，但有谣言称狄奥多拉参与了谋杀哥特人阿玛拉苏因塔的行动，因为其是查士丁尼的潜在对手。

> 狄奥多拉和查士丁尼是东正教的圣徒，11月14日是纪念日。

法兰克王国
西哥特王国
马西利亚
科尔多瓦

■ 查士丁尼登基时的帝国版图，527年
■ 查士丁尼去世时的帝国版图，565年

大事年表

533年
北非查士丁尼的军队赢得了决定性的胜利，收复了被汪达尔人征服的北非领土，标志着20年征服的开始。
533年

● **西西里岛**
贝里萨留将军率领7500人的军队入侵，几乎没有遇到任何抵抗，征服了西西里，随后进军意大利和更远地区。
535年

● **罗马**
罗马在12月被占领；从537年2月到538年3月被东哥特国王维提吉斯包围。查士丁尼的军队获胜。
536年

● **米兰**
该城被蒙迪拉斯占领，但这种胜利是短暂的。尽管运送了救援物资，米兰还是被哥特军队夺回并烧毁了。
538年

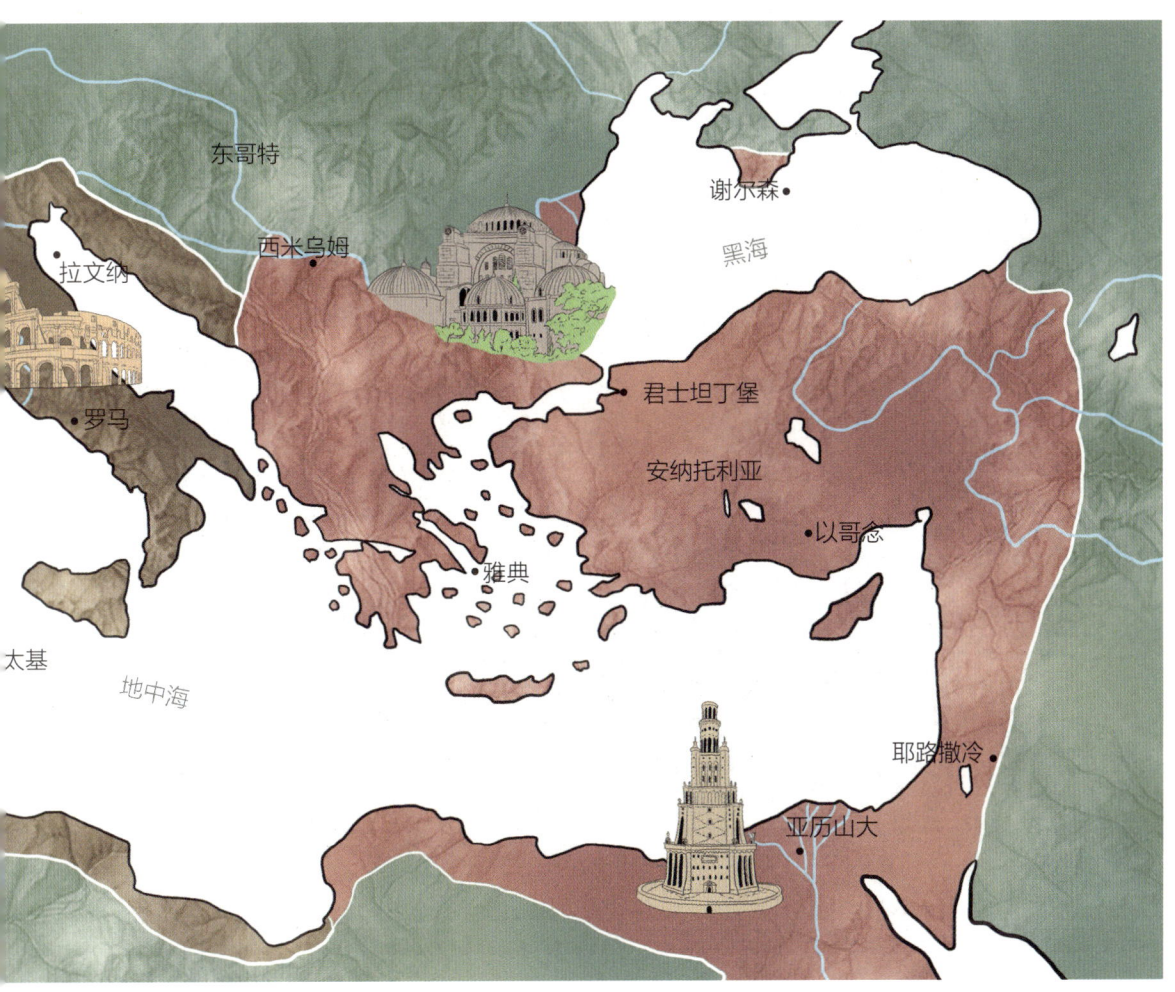

据说，狄奥多拉在臭名昭著的尼卡暴动中颇具影响力，这足以证明她的政治权力及她对皇帝的影响力。532年1月，君士坦丁堡的竞技场，也是著名的战车比赛场地，这个建设项目使查士丁尼陷入了其统治时期的最大危机。皇帝发起的全面改革和大规模的建设计划遭到民众的抵制和破坏。因为这一切给当地居民造成了巨大的财产损失，激起了民愤。骚乱爆发。尽管被镇压下去，为首的抗议者也被抓捕，但还是有两个人逃了出去。在接下来的冲突中，人们要求皇帝宽恕逃亡者，但遭到查士丁尼拒绝，暴力事件再次爆发。反动贵族趁虚而入，煽动民众骚乱，最终导

● **拉文纳**
这里曾经是西罗马帝国的首都，此时是东哥特人的首都。贝利撒留5月占领了这里。
540年

● **意大利**
查士丁尼的军队在接下来的10年里麻烦不断。他在意大利东部的战斗中节节败退，失去了很多已经攻占的地盘。
541年

● **伊比利亚半岛**
帝国凭借2000人的强大军队，占领了东南部的几个城市。此后，建立了新的省份——士班雅。
552年

● **意大利**
在纳尔西斯的统治下，帝国的军队最终战胜了3万人的敌军。经过长时间的战斗，意大利最终被重新纳入帝国版图。
554年

圣维塔莱大教堂的天花板

意大利拉文纳的奇迹之一——圣维塔莱大教堂在艺术史和建筑史上都占有独特的地位。始建于526年,21年后建成。这一罗马和拜占庭风格的奇迹是唯一一处从查士丁尼一世统治时期幸存下来的建筑,其保存着除君士坦丁堡(今伊斯坦布尔)外最大的拜占庭马赛克收藏。

▲ 由于拥有众多令人惊叹的马赛克,拉文纳的教堂和其他建筑被联合国教科文组织列为了世界遗产

致政变,威逼皇帝退位。

海帕提乌斯是拥有皇室血统的贵族,也是皇位的有力竞争者。他被推举为新皇帝并立刻即位。竞技场的暴力升级,局势失控,查士丁尼和他的大臣们被迫逃回皇宫。皇帝正准备逃跑,狄奥多拉,这位前女演员扮演了她一生中最重要的角色。狄奥多拉告诉丈夫,现在不是逃跑的时候,皇帝不该逃亡,与其安全地躲起来,还不如在战斗中死去。查士丁尼受到了羞辱和责骂,这激励他振作起来,与叛乱者战斗。他把军队派往竞技场。叛军被彻底粉碎,3万到3.5万名叛军死亡。伪君子海帕提乌斯及其帮凶都被处决。查士丁尼胜利了。事实证明,查士丁尼的皇位稳如泰山,皇后的决策英明无比。

很明显,查士丁尼和他的皇后留在尼卡岛,皇位再也没有受到如此严重的挑战。狄奥多拉在这场权力的争夺中起到了重要的作用。人们普遍认为是狄奥多拉力挽狂澜。据说,这并不是她唯一一次挽救查士丁尼的王位。540年年初,查士丁尼染上了严重的瘟疫时,狄奥多拉代替他治理国家,直到他康复。

狄奥多拉和查士丁尼之间的关系建立在相互尊重和相互爱慕的基础上,这意味着即使彼此意见不同,他们也能够达成共识。这一点在宗教问题上表现得非常明显。狄奥多拉在早年就皈依了有争议的一性派基督教，而皇帝则坚定地信奉迦勒底派。他们彼此尊重，团结一致，求同存异。这表明，他们具有同理心，成熟又正直。狄奥多拉的影响力很明显。她不仅建立了一性派修道院，还在宫庭中为那些因信仰而处于危险中的人提供保护，如一性派的主教和领袖。尤其是君士坦丁堡的主教安提莫斯，他在皇后安排的房间里隐居了12年。据说，狄奥多拉在处理埃及南部诺巴迪亚的皈依问题上，也比她的丈夫更有智谋。查士丁尼规定诺巴迪亚人信奉迦勒底教，但狄奥多拉用计使查士丁尼的传教士没有按时到达，而使她的一性派信徒率先到达，从而赢得了民众对一性派的支持。

狄奥多拉于548年6月28日于君士坦丁堡去世。即使在去世后，她仍发挥着影响力。在她的葬礼上，皇帝非常悲伤，对她的名字礼遇有加，在众人面前真情流露。他遵守承诺，保护她建立的一性派，继续在法律上保护妇女的权利，如同她在世时一样。狄奥多拉留给这座城市的遗产在她去世后长存，使她为世人所熟知。

狄奥多拉魅力非凡、勇敢无畏、令人难忘。她永远是拜占庭帝国历史上最迷人、最有影响力的皇后之一。

▲ 查士丁尼在其统治期间致力于恢复罗马的荣耀

768年—814年

查理曼大帝

被称为"欧洲之父"的查理曼大帝统治着法国和德国的大部分地区。他是5世纪以来第一位罗马皇帝。他为世人留下许多宝贵遗产……

300多年来，欧洲一度陷入黑暗之中。教皇的权力被敌人削弱，一度强大的罗马教会被敌人包围。正如恺撒的王朝一样，西罗马帝国的财富不断地减少。政局风雨飘摇，如同那勉强维持的军团；文化也逐渐没落，如罗马的道路，虽横贯大陆，但破败不堪。

欧洲需要一位强有力的领袖将其从悬崖边拉回来，卡洛林王朝就是其中之一。这个白手起家的国王家族用武力使国家稳定，以侵略扩大疆域，并确保了基督教会的首要地位。在这场严酷的考验下，欧洲文明浴火重生，又延续了1000年。

到6世纪，如今的法国、德国、瑞士、荷兰和比利时的大部分地区都居住着法兰克人。法兰克人是一个日耳曼部落，他们分裂为几个小国。在罗马帝国覆灭后，这些小国迅速陷入权力真空。这些小诸侯国并不由它们的君主墨洛温王朝控制，因为那游手好闲的国王只是名义上的统治者，诸侯国并不把他放在眼里。诸侯国的行政长官才是实际上的统治者，是兼首相与将军职能于一身的军阀。

赫斯特尔的佩平在680年至714年通过战争实现了稳定，征服了其他法兰克地区，并将基督教传到遥远的异教徒最多的地方。他的儿子查理·马特是一个很强势的人。因为他是私生子，被排除在宫廷之外，所以佩平宣布他的孙子为继承人，但查理还是强行继承了王位。尽管不是佩平选择的继承人，但查理还是遵从了父亲的主张，扩大了对法兰克地区的中央控制，并通过常备军和重骑兵将他的统治扩大到现代的荷兰、丹麦和德国，而重骑兵正是欧洲骑士的前身。他在东部击败了异教徒撒克逊人，并阻止了摩尔人的前进。这些摩尔人是强大的倭马亚哈里发王国中的北非人和西班牙穆斯林人。这些人试图越过比

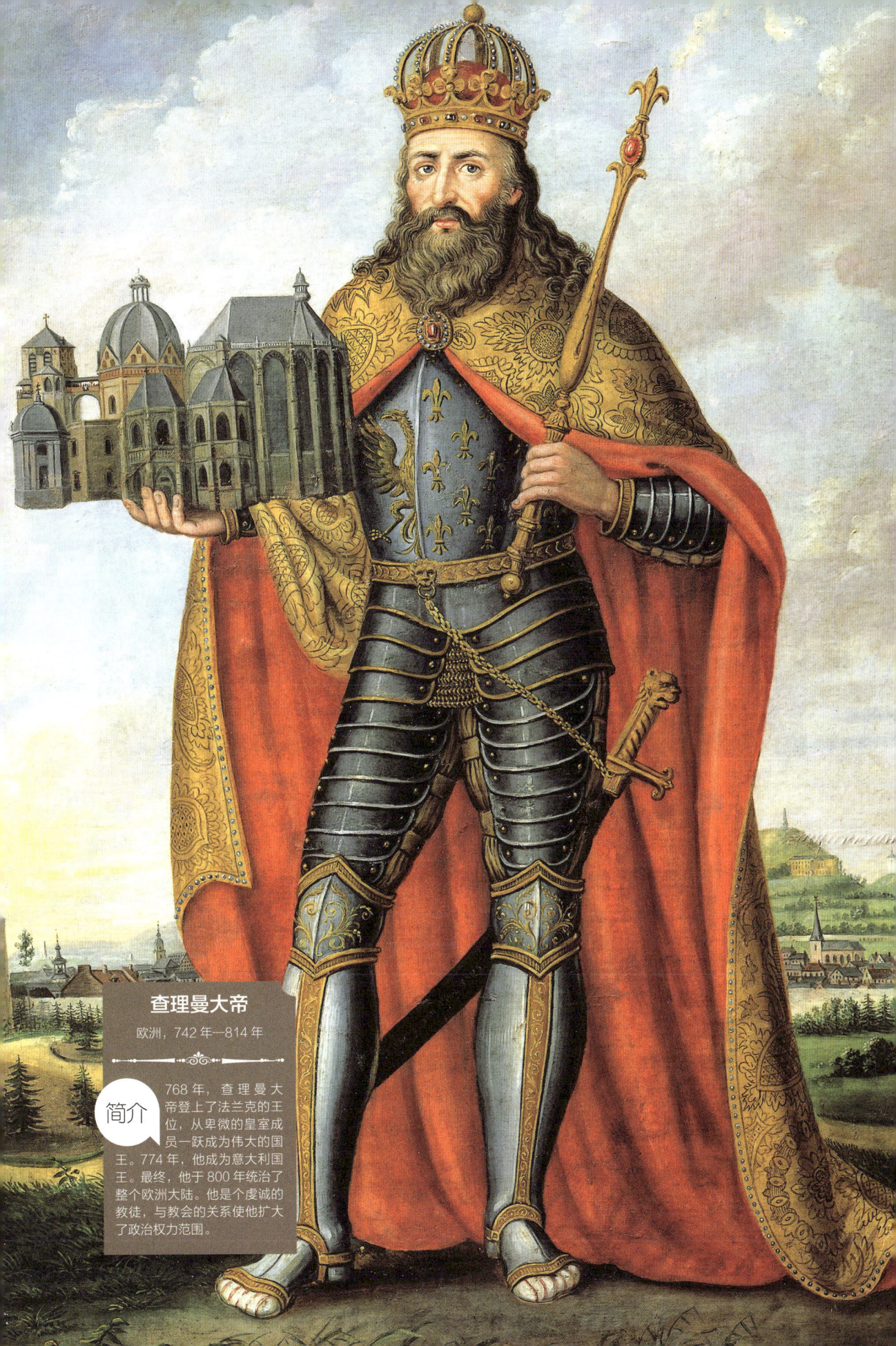

查理曼大帝

欧洲，742年—814年

简介 768年，查理曼大帝登上了法兰克的王位，从卑微的皇室成员一跃成为伟大的国王。774年，他成为意大利国王。最终，他于800年统治了整个欧洲大陆。他是个虔诚的教徒，与教会的关系使他扩大了政治权力范围。

▲ 查理·马特，查理曼的祖父，在732年的图尔战役中击败了摩尔人

利牛斯山脉进入法国，继续征服西班牙。教皇欲授予他"铁锤查理"，但被查理拒绝了，而这决定了他孙子的未来。768年，佩平放弃了王位，由查理继承。查理迫使最后一位墨洛温王朝的国王进入修道院，这为他赢得了"法兰克人之王"的称号。查理曼，意思是"查理大帝"，他和先辈一样雄心万丈。查理曼继承了祖父查理·马特与摩尔人的战斗精神，用大半生的时间，打到了西班牙北部，征服并改造撒克逊人，又发动了新的战役来对抗意大利北部的伦巴第人、克罗地亚的斯拉夫人和匈牙利的阿瓦尔人。

查理曼大帝带领他的私人卫队斯卡拉骑兵和得力干将乔伊尤斯，他们勇敢善战，所向披靡。查理曼大帝的丰功伟绩在神话和现实中都有体现，世人很难将两者分开。但他后来成为罗马帝国灭亡后的第一位罗马皇帝，不是因为他能征善战，而是因为教会不可靠。

在前任教皇阿德里安一世下葬的那天，教皇

查理曼之所以从国王成为皇帝，教会不可靠是主要原因。

利奥三世接替了他。阿德里安一世掌权期间，都依仗法兰克国王才获得土地和安全感。因此，利奥三世很害怕法兰克国王会干涉新教皇的选举。尽管他很谨慎，但他还是很快确定了谁是罗马最强大的盟友。在向法兰克国王宣布继任的信中，他附上了圣彼得大教堂的钥匙和教皇旗帜。令人感到奇怪的是，他坚定地将查理曼大帝看作罗马教廷的捍卫者，把保卫教廷的重任托付给他。法兰克人同样大度，祝贺教皇，并赠与其巨额财富，支持他向阿瓦尔人开战。但有个条件，因为他是基督教的忠实捍卫者，所以他提出，他可以为教廷继续征战，但教皇有义务为法兰克军队祈祷。

查理曼与利奥达成了交易。作为回报，利奥提拔查理曼担任重要职务，这个职位从5世纪开始就一直空缺。

利奥与西北的君主有书信往来，并用阿瓦尔的战利品资助艺术发展。已故的阿德里安一世的家人发动了一场阴谋，要把他撤职，让他的侄子普里米切里斯取而代之。799年4月25日，在不朽之城举行的大祭典游行中，利奥遭到武装暴徒的袭击。他们刺伤了他的眼睛，并试图拔出他的舌头。暴徒把他拖到位于卡皮特的圣西尔韦斯特罗教堂，打算挖掉他的眼睛。这位浑身是血的教皇被关在圣伊拉斯谟修道院，失去了知觉，受了重伤。但令人惊讶的是，他不但没有失明而且还能说话。他从罗马逃到斯波莱托，126千米以外的一个北部的城市。在斯波莱托公爵的保护下，他又逃到萨克森州的帕德伯恩，找到查理曼。

在意大利中部翁布里亚地区的深处，在离罗马非常近的地方，那里的居民居然向法兰克国王效忠，这是因为法兰克家族与罗马天主教会之间力量相差悬殊，这也正是当初利奥焦虑的原因。伦巴第人战败后，该地区于776年被割让给罗马，但国王仍然有权任命公爵，因此，罗马教皇在该地区并没有什么实权。也就是说，国王与教皇的关系，同查理曼大帝的祖先与最后几位墨洛温王朝国王的关系一样。

显然，来自查理曼大帝政治干涉的威胁已经被实际的人身伤害所压倒。利奥请求国王的帮助，尽管他没有这样做的权力，他和罗马的篡权者都不是法兰克人的臣民，也没有法律规定主教必须服从世俗权力。在萨克森的冲突还在继续的情况下，查理曼把这个问题搁置了一年，并把正在康复的教皇当作他的客人。800年11月，查理曼带着一大群随从前往罗马。他召集了罗马宗教当局的一个委员会，耐心地听取了对利奥的指控，然后才允许被罢黜的教皇慷慨激昂地为自己辩护。

▲ 虽有传言说，圣吉尔斯赦免了皇帝，但其真实性并未得到考证

不出所料,查理曼站在了利奥一边,下令处决这些阴谋篡权者,但利奥要求将他们流放。不受欢迎的教皇或许看到了一个机会,宽恕他们为自己赢得人心。

这一年的圣诞节,查理曼被满怀感激之情的教皇加冕为罗马皇帝。官方报告坚称,查理曼大帝遭到伏击,颇像中世纪早期的惊喜派对。国王的传记作者、修道士艾因哈德声称,国王"非常讨厌被加冕为皇帝",以至于他宣称,如果他能预见教皇的计划,他就不会踏入教堂。

查理曼和利奥在一起的这一年完全有可能达成了某种协议。毕竟,把一顶镶满珠宝的皇冠藏起来,像把它当作生日蛋糕一样,这种想法太荒唐了,让人难以想象。他统治时期的文件显示,查理曼更喜欢使用"查理,由上帝加冕的最安详的奥古斯都,伟大而和平的皇帝,统治着罗马帝国"的头衔,而不是更简单、更常用的"罗马皇帝"。这说明国王不是完全不喜欢皇帝的角色,国王的谦逊可能正如利奥的仁慈一样,不过是一种巧妙的舞台表演。

尽管如此,由于他对法兰克地区的统治无人能够挑战,而且他的帝国通过纯粹的军事实力得以巩固,查理曼不需要宣布自己是罗马皇帝,就像查理·马特不需要成为国王一样。但脆弱的教皇需要一个皇帝来保护他和一个以教会为中心的庞大帝国。只有罗马人怀念失去的帝国。法兰克人在4世纪反抗罗马人的统治,瓦解了罗马帝国,这使他们感到无比自豪。

最终,查理曼大帝的签名笔法干净利落,与其处事风格如出一辙。而他升任欧洲最高职位带来的影响,无论他情愿不情愿,都要再过150年才能完全为人所知。

▲ 查理曼下令在美因河畔建造一座城市——法兰克福,或者叫弗兰克·福特

现代欧洲的诞生

查理曼大帝在3个方面改变了欧洲大陆。

01 文字巨人

由于对自己难以掌握书面文字感到沮丧,查理曼推出了一套改革措施。他主张用两倍行距分隔单词;段落开头要缩进;标点符号要使读者清楚知道应该在哪里停顿或停止。在他的要求下,问号和小写字母也出现了。

02 白银时代

由于黄金短缺,查理曼大帝和盎格鲁—撒克逊国王奥法将他们的货币统一为磅银,即拉丁语"天秤座"。1磅银等于20个苏;1个苏等于12个迪奈尔。这是许多货币的起源,如英镑和意大利里拉。

03 走出黑暗时代

查理曼对艺术的兴趣促进了加洛林文艺复兴,以及艺术、文学、诗歌和学术的繁荣。黑暗时代是指6世纪到13世纪,但对法兰克人来说,它在开始之前就已经结束了,而现存的90%罗马手稿之所以能够留存下来,是因为僧侣复制了它们。

962年,奥托一世获得了"神圣罗马帝国皇帝"这一称号,并按照法兰克国王的形象重塑了自己,建立了一个强大的多民族国家,并建立了一个延续1000多年的王权。

通过神圣罗马帝国,查理曼的统治不仅一举奠定了法国在欧洲帝国、宗教和文化中超级大国的首要地位,而且也确立了奥地利、德国和意大利等国家的重要地位。

查理曼的统治时代,从他坐上法兰克国王的宝座开始,到成为皇帝,进而成为"欧洲之父",是世人公认的。

查理曼的签名笔法干脆利落,与其处事风格如出一辙。

1066年—1087年

威廉一世

从公爵的私生子到英格兰王位的继承人，
威廉一世克服了重重困难，击败了诋毁者，战胜了邻国的君主，
走出艰难逆境，最终成为英格兰的统治者

1028年，威廉出生在一个充满暴力的动荡年代。尽管贵族们都效忠于法国国王，但随着政治联盟的瓦解，形势瞬息万变。多年来，法国一直与佛兰德斯交战，欧洲大部分地区都处于战乱中。

威廉的继承人资格也有争议。他的父亲诺曼底公爵罗伯特一世，从未娶过他的母亲，法莱斯的赫勒瓦，所以这个年轻的诺曼人生下来就是个私生子。但是威廉是罗伯特唯一的孩子，这足以让他成为公爵的继承人。罗伯特于1034年1月召集了诺曼贵族，宣布威廉为他的继承人。不久之后，罗伯特动身去耶路撒冷朝圣。一年多以后，罗伯特从圣地回来时病倒了，死在希腊的尼西亚。8岁的威廉继承了爵位，成为了法国最有权势的贵族之一。

> 有血缘关系在当时的皇室中很常见。"忏悔者"爱德华是威廉的远房表亲。

威廉担任诺曼底公爵的前几年出人意料地顺利，主要是由于他有两个相当强大的支持者，即他的叔父罗伯特大主教和法国国王亨利一世。这些有影响力的盟友使诺曼贵族对他效忠，但这种支持注定不会长久。国王忙于与佛兰德斯交战，耗资巨大。与此同时，大主教罗伯特于1037年3月去世。因此，威廉公爵的领地很快陷入混乱。

最终，一群反对威廉的贵族组成了临时联盟，发起叛乱。在他的堂兄、勃艮第人盖伊的带领下，叛乱分子企图在法国西北部的瓦洛涅斯公社抓捕公爵。幸运的是公爵逃脱了，并向法国国王寻求庇护。虽然公爵很年轻，威望不高，但获得了国王的支持，他的地位就稳固了。

1047年年初，亨利国王陪同威廉回到诺曼

尽管威廉在君主制历史上具有重要地位，但他的真实画像却并未流传下来。

◀ 在其统治期间，威廉大约横渡了19次英吉利海峡

威廉一世
英格兰，1028年—1087年

简介 无论是人们熟知的"征服者"威廉，还是鲜为人知的"私生子"威廉，他都是英格兰最有影响力的君主之一。威廉身上有着维京人的血脉。他把自己的诺曼家园和英格兰的封地统一了起来。他奋勇作战，保住了自己的王位。

威廉一世时代的生活

一个国家分裂
当威廉成为国王时,他发现国家的行政规划比诺曼底政府复杂得多。国家被划分为郡和县,而这些地区又被进一步划分为"瓦朋塔克"(一个古老的挪威语单词,指小型会议场所)。

石头的力量
在早期统治期间,威廉派人建造了许多城堡、主楼和摩特(一种建在高地上的木制或石制结构),其中最有名的是白塔。至今它仍然是伦敦塔的中心结构。

狩猎之王
据中世纪编年史家威廉·马尔梅斯伯里称,威廉于 1079 年将英格兰南部大片土地(准确地说是 36 个教区)上的居民大量迁出,改建成皇家森林,用于狩猎。

建立联系
通过诺曼底的盟友和政治地位,威廉使英法建立了持久的联系,这种关系几乎持续了整个中世纪(尽管也存在政治和军事冲突)。他的维京血统也使得他与斯堪的纳维亚的关系更亲密。

▲ 白塔是伦敦塔的中心结构,由"征服者"威廉建造

皇室家族
威廉和妻子佛兰德斯的玛蒂尔达有 10 个合法子女:儿子罗伯特、理查德、威廉和亨利;女儿阿黛莉莎、塞西莉亚、玛蒂尔达、康斯坦斯、阿德拉和阿加莎。

决定性时刻

威廉被出卖 1066 年 1 月

"忏悔者"爱德华在去世前,指定诺曼底公爵威廉为他的继承人。尽管在爱德华生命的最后几年,威廉确实去过英格兰几次,但诺曼底政局不稳,他不便长时间离开。国王去世后,哈罗德·戈德温森被(有时称为亨利·戈德温)利用威廉的缺席,违背了已故国王的意愿,将王位据为己有。戈德温家族是当时英格兰最有权势和影响力的家族之一。亨利成为了英格兰最后一位盎格鲁-撒克逊国王。

大事年表

1028 年

● **威廉出生**
威廉出生的确切日期仍然是历史学家争论的问题,但他的出生地是法莱斯。他是法莱斯的罗伯特一世和赫勒瓦唯一的儿子。
1028 年

● **继承公国**
威廉在七八岁时,父亲去世。公爵的头衔和职责落在了这个小男孩身上。
1035 年

● **威廉与戈德温森会晤**
哈罗德·戈德温森后来成为英格兰国王哈罗德二世。他在诺曼底海边遭遇海难时,威廉救了他。亨利许诺了威廉对英格兰王位的要求。
1064 年

● **入侵开始**
在确保诺曼的局势完全稳固之后,威廉带领一支庞大的军队入侵了英格兰南部的佩文西。登陆后,威廉率领他的部队向黑斯廷斯挺进。
1066 年 9 月 28 日

威廉的军队把哈罗德的军队打得落花流水。这场战役历时9个小时。

底后,他们的军队合并成一支强大的军队。虽然叛军的人数众多,但缺乏强有力的领导,在瓦莱斯沙丘只进行了几次小规模的战斗,就分崩离析了。最终,威廉确立了对诺曼底公爵领地的统治。

威廉将注意力转向海峡对岸,而他确实比其他人更有资格成为英格兰国王。当时的英国君主爱德华一世指定威廉为继承人(事实上,他们是远房表亲)。1064年到1065年,威廉曾与英格兰最有权势的伯爵哈罗德·戈德温森偶然会面。后来在威廉继承王位时,戈德温森支持他也正是得益于此(威廉对他有救命之恩)。普瓦捷的威廉是一位法国牧师,是威廉征服英格兰的官方记录者。据他记载,公爵得到了诺曼底几乎所有贵族和伯爵,以及罗马皇帝亨利六世的支持。按普瓦捷的威廉的说法,公爵甚至得到了教皇的支持。不管怎样,在大约7个月的时间里,他召集了一支由600艘船只和大约7000人组成的舰队(其中的2000—3000人是骑兵)。这是一支强大的军队,其目的只有一个——征服英格兰。

终于,威廉在1066年9月28日登陆。威廉在到达英格兰南部的佩文西后,派特使到伦敦与盎格鲁—撒克逊国王交涉。哈罗德刚刚击退了挪威国王哈罗德·哈德拉达的又一次入侵,在听到诺曼人入侵的消息后,赶回了首都。威廉指责哈罗德没有资格成为国王,应该立即放弃王位,或者让教皇做出最终的判断。不出所料,哈罗德拒绝了,双方于1066年10月14日在黑斯廷斯展开

> 根据记载,威廉身高约5英尺10英寸(约1.78米)①,这对于当时的人来说,已经算很高了。

决定性时刻
黑斯廷斯战役 1066年10月14日
在与入侵的诺曼人进行决战之前,哈罗德国王在斯坦福桥击败了由挪威国王哈罗德·哈德拉达领导的另一支侵略军,过让他的军队疲惫不堪。有趣的是,哈罗德国王本以为威廉会在哈德拉达的斯堪的纳维亚人之前到来。但是诺曼人的军队在登陆前却在海岸边停泊了近7个月。关于这两支部队规模的说法各不相同,但人们认为终有7000—1万人。威廉的军队最终取得了胜利,大量的骑兵和弓箭手消耗了英格兰军队。哈罗德国王被箭射中眼睛后死在战场上。

决定性时刻
北方的苦难 1070年
威廉打败了大多数王位的合法继承者,只剩埃德加·阿瑟林。他在英格兰北部有很多支持者。丹麦的斯温二世在1069年在英格兰登陆。得到支持的埃德加成了真正的威胁。1070年,威廉付钱让丹麦人离开英格兰后,血洗了支持埃德加的地区。接下来的几个月里,他毁坏农田,杀死牲畜,杀人无数,连女人和孩子也不能幸免。威廉的目的是使他们再也不敢反抗。

● **大普查**
为了确定王国的真正价值(了解伯爵们的财产和土地),威廉下令在全英范围内进行大普查。虽然没有覆盖全英所有地方,但这次大普查仍然是中世纪最详细的一次。
1086年

1087年

威廉夺取伦敦
尽管击败了国王的军队,但离英格兰的王位还很遥远。忠于英格兰国王的伯爵和贵族禁止威廉进入温彻斯特和伦敦,但是诺曼公爵很快就击败了他们,并控制了皇家财政。
1066年10月

● **为新国王加冕**
哈罗德的大多数支持者或死或逃。威廉加冕为英格兰国王威廉一世。他的第一个命令是保留多数贵族的头衔和土地,但不包括哈罗德的支持者。
1066年12月25日

● **回到诺曼底**
加冕后,威廉回到诺曼底以确保他的封地完好。他在那里建造了许多新修道院。他还会见了大多数贵族和伯爵。他们都急于了解可以获得多少财产。
1067年

● **赫里沃德**
尽管丹麦的斯温二世承诺永远离开英格兰,但几个月后他又回来了,并加入了由赫里沃德领导的日益壮大的起义队伍。威廉迫使斯温再次离开,并很快结束了最后一次北方叛乱。
1070年

● **国王之死**
尽管威廉在军事上取得了成功,但在对法国的军事远征中,或许是从马上摔下,或许是生病,总之,他不久就去世了。
1087年9月9日

---
① 1英尺约为0.3米;1英寸约为2.54厘米。

决战。

黑斯廷斯战役是一场血腥的战争。历史学家对哈罗德军队规模的报道和推测各不相同,但大多数人认为其规模与威廉大致相同。二军之间最大的区别是军队的兵种和疲劳程度。哈罗德两周前刚率军击败了哈罗德·哈德拉达,只在伦敦作了短暂停留,就挥师南下。尽管受过训练,但士兵们疲惫不堪,无法面对以逸待劳的诺曼军队。而且哈罗德的军队几乎全部由步兵组成,这可能是战斗的决定性因素。由于有大量的弓箭手和骑兵,威廉的军队像砍瓜切菜一样击杀了哈罗德的士兵。这场战斗长达9个小时。最终,哈罗德战死,威廉成为了英格兰事实上的国王。

在1066年12月25日加冕后,威廉发现管理一个公国与统治一个王国有着天壤之别。威廉在黑斯廷斯击败哈罗德并夺取首都,确立了统治地位,而威廉的加冕也宣告了盎格鲁—撒克逊时代的终结。

威廉小心翼翼地执政,尽量不打破英格兰贵族现有的利益平衡,但还是有很多人跳出来反对他。威廉镇压了多佛、埃克塞特、赫里福德、诺丁汉、达勒姆和约克等地出现的一系列叛乱。其中埃德加·阿瑟林领导的叛乱规模最大,给王国造成了实质性威胁。

叛乱的领导者埃德加·阿瑟林,是唯一一位威廉王位的合法继承人。丹麦国王斯温二世在

▲ 哈罗德的军队刚击败了一次入侵,来不及休整又从纽卡斯尔向南行进了数百英里。士兵疲惫不堪,但仍勇敢地与威廉的骑兵和弓箭手作战

1070年也表示支持叛乱，从而使诺曼人失去了对北方的控制，这一地区开始出现大规模的叛乱。埃德加和斯温的军队很快就占领了约克的重要城镇。威廉立即带领军队从诺丁汉出发去平息叛乱。但是当他到达那里时，叛乱基本上已经结束。埃德加逃到苏格兰；斯温得到了威廉的一些补偿。但是对暴乱的参与者，威廉不打算宽大处理。

威廉的军队从约克到苏格兰边境的诺森比亚一路搜查叛乱者。肃清行动对北方造成了巨大损失。根据《末日审判书》（1086年出版）统计，经过威廉的"悲惨大清洗"后，仅死于饥饿的人数就多达10万。人口普查显示，当时人口总数也只有250万，这表明"悲惨大清洗"后果严重，而新国王会因此被载入英格兰的历史。

后来人们才知道，北方的苦难只是威廉在21年统治期间处理的众多冲突的开端。他不断用武力解决与邻国之间的矛盾（如1072年与苏格兰国王的冲突），镇压贵族的叛乱（即1075年伯爵的叛乱），甚至与子女兵戎相见。威廉肩负诺曼底公爵和英格兰国王的双重职责，通过政治联姻、和谈和武力等手段来巩固自己的统治。

到1087年9月9日去世时，威廉已经在诺曼底和英格兰统治了20多年。威廉在此期间修建了50多座城堡和防御工事，时刻提醒居住在这片土地上的人们，谁是他们的君主，同时保护着他们的安全。他政绩斐然，却又无情暴虐，这些事情虽然不像他入侵英格兰那样为人熟知，但他确实是这些传奇故事的主角。

《末日审判书》

在夺取英格兰王位后的几年里，有关人口和土地所有权的官方记录几乎消失。征服英格兰近19年后，威廉和他的顾问们在格洛斯特过圣诞节时，决定进行一次人口普查。这个计划似乎是用来决定如何在全英范围内重组税收的一种准备。《末日审判书》（在当时被称为《大调查》）被分为两份文件——《小末日审判书》和《大末日审判书》。前者的范围为萨福克郡、埃塞克斯郡和诺福克郡；后者的范围为英格兰其他地方。有趣的是，这两个文件并没有覆盖整个国家。这是许多原因造成的。例如，威斯特摩兰和坎伯兰都是斯特拉斯克莱德王国的一部分，直到1092年才被威廉二世征服。至于其他地方，伦敦和温彻斯特被排除在外，是因为其特殊税收地位；而达勒姆县被删除，是因为达勒姆主教的教会拥有该地的征税权。

阿基坦的埃莉诺

阿基坦，1122年—1204年

简介 埃莉诺于1137年至1152年为法国王后；1154年至1189年为英格兰王后。她统治着中世纪欧洲最强大的国家。这位美丽迷人的王后是坚强的领袖，但最重要的是她保护了自己和孩子的利益。

1137年—1204年

阿基坦的埃莉诺

有人厌恶她，有人崇拜她，有人赞美她，有人谴责她；
她恨自己怎么不是个男人；她挑起战争；她是欧洲最有权势的女人

当教皇尤金三世要求法国国王路易七世组织一场十字军东征时，为了帮助中东的十字军国家，路易满腔热情地拿起了剑。然而，路易并不愿意独自前往圣地。他崇拜自己的妻子，虽然周围的人都不喜欢她，而王后也不甘于坐在家里等她的丈夫回来，所以她积极准备，并参与了第二次十字军东征。这些事迹都成为了后世的传说。据说，王后穿着亚马逊人的服装，骑着一匹白色的骏马，挥舞着剑，号召人们加入她的行列。不管事实是否真的如此，女王的骑士形象流传了下来。几个世纪以来，她与第二次十字军东征联系在一起。但这是一次失败的远征，人们把失败的原因归咎于埃莉诺，并因此而谴责她。

埃莉诺是天生的统治者。她是威廉十世、阿基坦公爵的第一个孩子。她的父亲非常宠爱她，而她接受的教育不是教她做一个顺从的王后，而是一个统治者。除了一般女性必备的家庭技能和刺绣针线等外，她还学习了历史和算术。除此之外，她还会说拉丁语，会骑马，她也是一个经验丰富的猎人。她在祖父威廉九世的宫廷里长大，徜徉在音乐和诗歌的海洋中，偏爱骑士典雅爱情一类的文学作品。这一切造就了一个活泼、聪明、自信、任性的姑娘。这些特质在当时的女性身上并不重要，但对埃莉诺来说却是必不可少的，因为她很快就会成为欧洲最有权势的继承人之一。

1130年春天，她唯一的弟弟和母亲相继去世。这使得埃莉诺成为法国最大的领地之一的假

> 埃莉诺出逃后嫁给亨利，因为她不想被亨利的弟弟杰弗里绑架逼婚。

十字军东征

1096年到1291年，耶路撒冷是战争的中心。一系列战争使数百万十字军战士战死沙场。

1
1096年—1099年
黎凡特，安纳托利亚
随着土耳其军控制了圣地，教皇乌尔班二世号召十字军发起东征。基督教势力逐渐占领了耶路撒冷，而他们也开始建立拉丁基督教区域内的国家。
胜利者：十字军

2
1147年—1149年
伊比利亚，圣地，埃及
当埃德萨沦陷后，教皇尤金三世号召法国和德国的君主发起东征。但是这两支军队都被土耳其军打败了，因为拜占庭皇帝密谋反对十字军。
胜利者：穆斯林

3
1189年—1192年
黎凡特，安纳托利亚
耶路撒冷被萨拉丁征服后，英格兰国王理查一世和法国国王腓力二世联合起来希望将其夺回。他们取得了一系列的成功，尤其是在阿克和雅法，但未能占领耶路撒冷。
胜利者：十字军

4
1202年—1204年
巴尔干半岛
由于耶路撒冷仍在穆斯林的控制之下，第四次十字军东征开始了。尽管最初的目标是耶路撒冷，但在占领后，十字军反而洗劫了君士坦丁堡。这使得拜占庭帝国开始衰落。
胜利者：十字军

5
1213年—1221年
黎凡特，埃及
由于匈牙利和奥地利军队未能征服耶路撒冷，佛兰芒和弗里斯军队试图占领阿尤布，尽量避免十字军双线作战。十字军因为伤亡过大不得不撒退。
胜利者：穆斯林

6
1228年—1229年
塞浦路斯，近东
为了收回耶路撒冷，神圣罗马皇帝腓特烈二世利用外交手段和谎言获取了耶路撒冷，以换取与埃及苏丹休战十年。耶路撒冷在十字军控制下。
胜利者：十字军

7
1248年—1254年
曼苏拉，埃及
1244年，耶路撒冷被穆斯林控制，于是法国国王路易九世领导了一场十字军东征，想要夺回耶路撒冷。尽管最初取得了胜利，但最终十字军被击败，路易本人也被俘虏，付了赎金才得以安全归来。
胜利者：穆斯林

8/9
1270年—1272年
突尼斯，近东
路易九世最后一次试图夺回圣地，但在征途中因病去世。这令爱德华一世得以率军行进到阿克里，获得胜利。但国内的冲突又迫使他撤军。
胜利者：穆斯林

埃莉诺知识渊博，精明能干，相比之下，她丈夫就逊色不少。

定继承人。她的领地甚至比国王拥有的还要大。这个王国很快就落入埃莉诺的手中。1137年，埃莉诺大约15岁时，她的父亲开始了朝圣之旅。他把女儿们托付给了波尔多大主教照顾。然而，在返程的路上，他因重病去世了。15岁的埃莉诺继承了普瓦图和阿基坦两处广袤的封地。

对于一个十几岁的女孩来说，统领大片的领土其实是非常危险的。那个时代渴望权力的男人会绑架女继承人，夺取她们的领土并要求获得爵位。埃莉诺的父亲知道这一点，于是把他的女儿置于法国国王路易六世的监护之下。威廉的遗嘱规定，在找到合适的丈夫之前，路易六世都要照顾埃莉诺和她的领土。身患绝症的老路易躺在床上，他非常清楚自己即将死去。几个小时后，路易六世安排埃莉诺嫁给了他的儿子路易王子，并把她的大片领土交给了法国新国王。

老路易将埃莉诺嫁给了他的儿子，因为他相信埃莉诺是个称职的妻子。她带着能巩固法国王权的土地，美丽、年轻、富有，是一位宫廷淑女。然而，埃莉诺绝不是一个安静、顺从的妻子。路易王子非常虔诚、温顺，是一个原本打算过如修道院般生活的人，但埃莉诺从小就学会了如何做一个统治者。她的知识比她的丈夫渊博，她在她的丈夫软弱的时候坚强。因此，她的丈夫完全被她迷住了。老路易去世后，王子成了路易七世；埃莉诺成了法兰克人的王后。她活泼好动的性格在宫廷里不受欢迎，而路易的母亲也讨厌她，认为她会对儿子产生不好的影响。尽管埃莉诺某些不寻常的行为使国王感到困惑和愤怒，但国王依然对她百依百顺。

路易七世是一个敏感而虔诚的人，但他是一个国王，而一个中世纪的国王是无法避免战争的。埃莉诺的妹妹佩特罗内拉与维曼多瓦的拉乌尔一世有一段不正当的风流韵事。拉乌尔一世娶了布洛瓦的强大统治者斯蒂芬的女儿，这导致战争爆发。在埃莉诺的鼓励下，路易支持了佩特罗

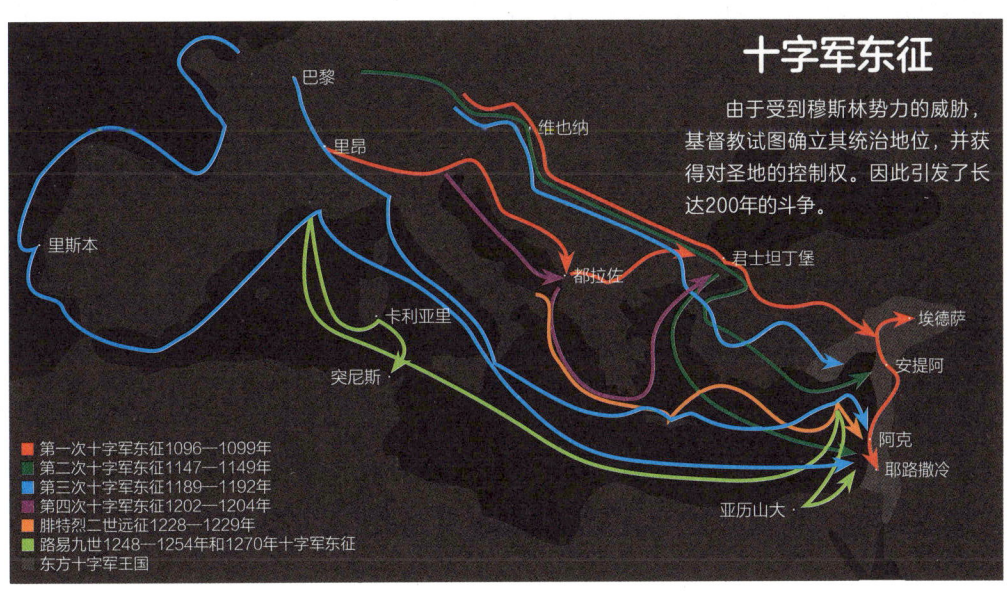

十字军东征

由于受到穆斯林势力的威胁，基督教试图确立其统治地位，并获得对圣地的控制权。因此引发了长达200年的斗争。

▲ 第二次十字军东征领导者：康拉德三世、路易七世和鲍德温三世

内拉和拉乌尔。在这场冲突中，国王的军队火烧了维特里。惊恐的人们在教堂里避难，但教堂也被烧毁，1000多人在大火中丧生。

这件事对敏感的路易产生了深远的影响。他心怀内疚，脑中总是回响着临终者的尖叫。路易需要一次问心无愧的朝圣之旅。幸运的是，去圣地旅行的机会近在眼前，虽然这次旅程不像预想的那样顺利。

1145年秋，教皇尤金三世呼吁路易发起一场十字军东征，以保护十字军占据的耶路撒冷。国王答应了，但他不会独自发动战争。

埃莉诺不仅决定加入她丈夫发起的十字军东征，而且比他更加狂热。在她19岁时，她帮助教廷与其他领主作战，他们很乐意接受。然而此时,当她宣布她将在300名侍女的陪伴下加入十字军时,他们就不那么高兴了。埃莉诺说她和她的侍女将帮助照料伤员,但也有可能是任性的王后不太喜欢她温顺的丈夫独自率兵作战。于是她任命自己为军队的指挥官,和丈夫一起出发了。

女士们身穿盔甲,手持长矛,但没有参加战斗。尽管如此,300名女士与骑士一同出征也备受质疑。埃莉诺一点也不受批评的影响。尽管教会可能不认可她,但当军队到达君士坦丁堡时,这位勇敢的王后很快就给人留下了深刻的印象,并被称为神话中的亚马逊女王。

不幸的是,十字军东征并不顺利。拜占庭皇帝告诉法国人,他们的盟友德国国王康拉德战胜了土耳其军队。法国军队继续前进,却在营地附近发现了生病的康拉德。欧洲军队没有获胜,他们战败了。法国军队和剩下的德国军队匆忙而有些不安地向埃莉诺的叔叔统治的安提阿进发。

十字军根本不知道他们已经被土耳其人跟踪了。法国国王决定让队伍分开行进:路易和辎重车队走在队伍的后面;埃莉诺和她的封臣杰弗里·德·兰孔在前面开路。虽然先头部队到达了计划扎营的山顶,但兰孔却决定不等后面的队

▼ 1147年,路易和埃莉诺从圣丹尼斯大教堂出发,开始十字军东征

在中世纪欧洲成长

出生在中世纪，意味着注定要走一条特定的道路。

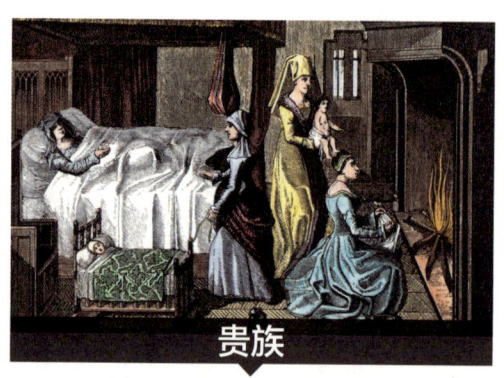

贵族

男孩： 人们追求男孩以延续家族的姓氏，王室男孩尤其受到重视。贵族子弟在7岁时就开始接受骑士训练，不合格的被送进修道院。最受欢迎的男孩玩具是木制士兵、玩具马和鞭子。

女孩： 养育女儿是昂贵的，因为必须在婚礼上支付给新郎一笔嫁妆，这可能在女孩7岁时就进行了。一般来说，高贵的女孩在很小的时候就被训练成淑女，学习编织、唱歌、演奏乐器及照顾孩子。

农民

男孩： 在贫穷的家庭里，男孩要帮助照看田地和牲畜。农民劳作辛苦又耗时，2岁左右的孩子无人照看。贫穷的孩子除了能在教堂里接受教育外，几乎没有人会读书。

女孩： 农家的女孩帮助做家务。由于农民的收入只能勉强糊口，女孩的玩具很少，而且通常是手工制作的。和贵族女子一样，农家的女孩一长大就出嫁了。

伍，继续前进。后面的队伍因为满载着行李，速度缓慢。尽管他们已尽量快走，但还是被落下一段路程。土耳其军抓住了这个机会。后面的法国军队，包括许多手无寸铁的朝圣者，在毫无准备的情况下被土耳其军团团围住。任何试图逃跑的人都被杀死。国王穿着朝圣者的衣服躲起来才勉强逃脱。

德·兰孔为此遭到责难，又因为他是埃莉诺的封臣，所以矛头也指向埃莉诺。她的士兵走在前面，没有参与其中，但这无法使她免受谴责。甚至有人认为，大部分行李是她的，因此，尽管埃莉诺没有参加战斗，但她依然要为这次失败负主要责任。埃莉诺夫妇之间的紧张关系达到白热化。

十字军到达安提俄克城后，埃莉诺与城主雷蒙德旧情重温。雷蒙德从辈分算是埃莉诺的舅舅。但他不仅与埃莉诺年龄相仿，而且身材高大，英俊迷人。因两人在一起的时间太多，所以关于两人私通的谣言很快就传开了。雷蒙德建议，首先占领圣地的战略要塞埃德萨，但路易认为应该向耶路撒冷进发。埃莉诺支持雷蒙德的提议，而这成了压倒骆驼的最后一根稻草。这位温顺而忠诚的国王再也无法忍受了。

路易要求埃莉诺跟他走，这可能是婚后第一次。王后很生气，开始责难这段婚姻，声称她和丈夫关系太密切，没有自由，宁愿离婚。路易当然不同意。为了树立权威，他强行把埃莉诺从她的舅舅身边带走，前往耶路撒冷。埃莉诺生来就是要统治、指挥和控制别人的，这对她来说是无以伦比的羞辱。接下来的十字军东征之旅收效甚微，路易对大马士革的进攻也失败了。这对夫妇分乘不同船只返回法国。

她可以接受敏感而慷慨的丈夫，但在十字军东征后，国王越来越怀疑妻子和她舅舅之间的关系日益亲密。尽管他们有了孩子，却没有男性继承人，宫廷里男爵们对埃莉诺的反对声音也越来越大。国王没有选择，1152年，他们的婚姻结束了。狡猾的老路易为他儿子谋得的土地也被夺走了。埃莉诺在30岁时再次成为欧洲最令人钦佩的继承人之一。

埃莉诺不再是那个15岁的天真女孩，她已经长大成人，通晓世事，知识渊博。她知道自己必须再婚，而且一定要自己做主挑选夫君。躲过了几次绑架和强迫婚姻之后，她与诺曼底公爵、未来的英格兰国王亨利结合了。亨利也不笨，他立即动身去迎娶埃莉诺。她与路易解除婚约后，仅仅不到2个月，她就嫁给了这个与她性格相似的男人。

从规模看，联邦是一个强大的王国。1154年，亨利成为英格兰国王亨利二世，他的土地与埃莉诺的土地合并。这个统一的英格兰，使诺曼底和法国西部成为一个强大而有影响力的王国。

爱之法庭

埃莉诺不仅能率领十字军东征，也善于经营典雅爱情。

1168年，亨利二世护送埃莉诺到普瓦捷宫廷，在那里她一直待到1173年。5年间，她深刻影响了当时的社会文化。直到今天，历史学家们仍在争论，这个"爱之法庭"究竟做了些什么。一些学者认为，埃莉诺、她的女儿玛丽及同时代的其他杰出女性主宰了陪审团。她们倾听恋人之间的争吵，解决他们的问题，并试图寻求爱的真谛。据记载，留存下来的有21个各有特色的案例，其中讨论了很多问题，诸如婚姻中是否存在真爱等。当时的女性得出的结论是，真爱不可能存在。这一说法似乎传递出这样的信息——是埃莉诺首次将骑士文化和典雅爱情相结合的，但事实并非如此。典雅爱情之说早在埃莉诺"爱之法庭"之前就已盛行。因此，很可能是普瓦捷宫廷进一步推广了典雅爱情的理念，使其为大众所熟知。

然而，亨利和埃莉诺都是强势又支配欲强的人。亨利是长子，生来就是要当统治者的。他随心所欲，脾气暴躁，有时甚至可怕。埃莉诺比他大11岁，自视甚高，不准备服从一个专横的丈夫的命令。尽管他们的关系风雨交加，但这对夫妇还是生了5个儿子和3个女儿，统治着一个非比寻常的中世纪帝国。

然而，一场风暴正在酝酿之中。亨利被激情冲昏了头脑，做了许多荒唐事，有好多情妇。他与一位名叫罗莎蒙德·克利福德的情妇的风流韵事尽人皆知，使得他那高傲任性的妻子几近崩溃。埃莉诺启程前往她的故乡阿基坦，并带走了她的几个孩子，包括她选定的继承人理查。她厌倦了丈夫的吩咐，她想自己统治阿基坦。

埃莉诺并不是唯一一个被亨利逼到极限的人。她的几个儿子继承了她高傲、固执的天性，对父亲也忍无可忍。可能是在埃莉诺的鼓励下，小亨利秘密前往阿基坦，与他的两个兄弟——理查和杰弗里会合。他们决定一起反抗他们的父

▲ 路易七世与埃莉诺的婚姻于1152年宣告终结

亲。多年来，丈夫对埃莉诺不忠，孩子也让她操碎了心，权力又被夺走，这一切都是埃莉诺反叛的导火索，而这也是她和爱子理查统治阿基坦的好机会。但是埃莉诺的命运不是一帆风顺的，这次也一样。叛乱被镇压，这个天生的统治者被关进了监狱。

在接下来的16年中，埃莉诺被囚禁在英格兰，过着屈辱的生活。更糟的是，多年来和儿子们的联系被断绝，母子变得疏远。但50岁的埃莉诺仍等待着再次统治的机会。直到她那脾气暴躁的丈夫去世，她终于又一次获得了自由。

亨利于1189年去世，理查一世成为继承人。虽然与母亲变得疏远，但他登基后的第一件事就是把母亲从监狱里释放出来。埃莉诺在生命的黄昏时刻，终于等来了她生来就想扮演的角色——统治者。理查，也就是后来的"狮心王"理查，参加了第三次十字军东征，而她作为摄政王统治着英格兰。她保护着儿子的土地，甚至在理查被捕时利用她的政治智慧多方斡旋，解救他。埃莉诺的臣民们都称赞她是一位能干、聪

▲ 埃莉诺被认为是"优雅、可爱、魅力的化身"

▼ 埃莉诺从传说的抹大拉的玛利亚的坟墓发起圣战

▼ 这幅《最后的十字军战士》描绘了最后一次十字军东征后骑士回家的情景

安茹帝国的扩张

1152年,安茹伯爵、诺曼底公爵亨利与埃莉诺结婚。诺曼底、安茹、缅因、图雷因、阿基坦、加斯科涅、普瓦图和奥弗涅等地区被合并在一起。他们的儿子杰弗里又把布列塔尼并入版图。一个如此庞大的帝国对法国构成了真正的威胁。

- 1144年以前:缅因、安茹、图雷因
- 1144年:诺曼底
- 1152年:阿基坦,埃莉诺的领地
- 1154年:英格兰
- 1166年:布列塔尼,亨利二世之子的领地
- 法兰西王国
- 法国国王的皇家领地
- 图卢兹伯爵的财产

明、坚强的女王。尽管埃莉诺对此可能并不在意,但她最终赢得了人们的爱戴。

女王不会让年龄成为自己行动的障碍。她经常周游欧洲国家,为她的孩子们巩固婚姻,管理军队,建立一个强大而有影响力的帝国。在70岁时,她翻过比利牛斯山,为理查寻找他的妻子,然后继续穿越阿尔卑斯山。她几乎比所有的孩子都活得更久,并且活到了她最小的儿子约翰的统治时期。尽管埃莉诺意志坚强,但她也无法抗衡生命发展的自然规律。1204年,82岁的埃莉诺去世了,葬在她深爱的儿子理查身边。她的精神不仅延续在她的孩子身上,也延续在她的领土上。尽管许多人很快就因为她年轻时的轻浮而对她不屑一顾,但她已经证明了自己是一个英明而积极进取的统治者。在她生命中最后几年陪伴她的修女们写道,她是一位"几乎超越了世界上所有的女王"。

历史上最有影响力的10位女性

01 1533年—1603年
伊丽莎白一世
英格兰和爱尔兰女王

至高成就： 击败西班牙无敌舰队，大大提升了民族自豪感，阻止了西班牙对英国的入侵。

你知道吗？
在那个时代，伊丽莎白终生未婚是异乎寻常的，以致许多人认为唯一的可能是，她其实是个男人。

02 1729年—1796年
叶卡捷琳娜二世
俄国女皇和独裁者

至高成就： 叶卡捷琳娜统治俄罗斯的时间比任何其他女性统治者都长。在此期间，她将俄罗斯帝国扩张到黑海，并两次击败奥斯曼帝国。

你知道吗？
她本来的名字不是叶卡捷琳娜，而她也不是俄国人。她生下来时是贫穷的普鲁士公主索菲亚。

03 公元前1370年—公元前1330年
奈费尔提蒂
埃及王后

至高成就： 在古埃及那个由男性主宰的世界里，奈费尔提蒂与她的丈夫阿肯纳坦法老地位相当，并被封为"阿吞的祭司"。

你知道吗？
奈费尔提蒂因其美丽的半身像而闻名。但CT扫描显示，这其实是改造的，原来的雕像脸上布满皱纹，鼻子歪斜。

04 1835年—1908年
慈禧太后
中国清朝的慈禧太后

至高成就： 她是中国历史上最有权势的女性之一。她在她儿子和侄子执政期间垂帘听政，实际掌权近50年。

你知道吗？
她的真实本性是一个谜。有些人把她描绘成一个无情的杀人犯；而有些人把她描绘成一个开明的统治者。

05 1953年—2007年
贝布托
巴基斯坦总理

最高成就： 她不仅是第一位领导主要政党的女性，也是第一位伊斯兰国家的民选领导人。

你知道吗？
她拒绝改名换姓。她说："贝娜齐尔·布托在结婚的那一刻并没有消失。我不会出卖我自己。我属于我自己。"

06 1954年至今
奥普拉·温弗瑞
"全媒体女王"

最高成就： 出身贫寒的奥普拉是美国历史上最成功的黑人慈善家。她被许多人认为是世界上最有影响力的女性。

你知道吗？
尽管奥普拉是世界上最富有的女性之一，但她在上学期间，还曾因为穿用土豆袋做的裙子而被欺负。

在人类历史上，伟大的统治者几乎都是男人。
但每一个时代，也都不乏女性统治者。

07
1451年—1504年
伊莎贝拉一世
卡斯蒂利亚和里昂的王后

最高成就： 她不仅用她的婚姻统一了西班牙，还清除了王国因她的兄弟欠下的沉重债务。

你知道吗？
伊莎贝拉的女儿之一是阿拉贡的凯瑟琳，亨利八世的第一任妻子。

08
公元前61年
布迪卡
伊塞尼部落的女王

最高成就： 她联合了许多英格兰部落反抗罗马军队的统治，并带领军队在3场战役中击败了罗马人。

你知道吗？
直到维多利亚时代，布迪卡才赢得了传奇的地位，因为她的名字的意思和维多利亚的一样。

09
1954年至今
安格拉·默克尔
德国总理

最高成就： 她是德国第一个担任这一职位的女性，被称为处理金融危机的"决策者"，也被视为欧盟事实的领导人。

你知道吗？
她连续9年被《福布斯》杂志评为世界上最具影响力的女性。

10
1819年—1901年
维多利亚女王
英国女王，印度女皇。

最高成就： 维多利亚统治着那时世界上最大的帝国，横跨六大洲、4.58亿人。

你知道吗？
尽管容貌出众，但维多利亚身高只有5英尺（约1.53米）。

指望埃利诺温顺地继续这段婚姻是不可能的。

▲ 埃莉诺的塑像至今仍可在法国的封特弗罗修道院看到

1189年—1199年

"狮心王"理查

"狮心王"理查是中世纪最著名的基督教国王。
为了征服圣地和耶路撒冷,他发动了一场针对这些地区的战争

理查一世是英国历史上最嗜血、战术最精湛、最有争议的国王之一。他以"狮心王"理查而闻名。为了从叙利亚苏丹萨拉丁手中重新夺回圣地（巴勒斯坦），他将中世纪基督教的军事力量带入这些地区的中心地带。事实上，这位英格兰国王在他的第三次十字军东征（通常被称为"理查十字军东征"）中，带领数千名骑士奔袭千里，进入一个长期局势紧张地区，取得了一系列胜利，进一步强化了胜利果实。重创了萨拉丁的军队。

不过，对理查来说，征服圣地只是他一生中所经历的大大小小战斗中的一次而已。理查出身于欧洲最知名的皇室之一——金雀花王朝，是英格兰国王亨利二世和阿基坦的埃莉诺的儿子。他的家庭以仇恨和报复闻名。他的父亲对他的言传身教便是与各种各样的人战斗，包括与自己的妻子。理查的父母反目成仇，母亲被软禁。理查的父亲心存顾忌，因为妻子不仅对儿子，而且对英格兰，特别是对法国的许多男爵和贵族，都具有强大的影响力。理查在青年时代，不仅与父亲抗争，而且在两人短暂和解之后，还与英格兰的男爵们进行了一系列斗争。所以之后发生在他身上的一切也就不足为奇了。

理查在1179年春天与叛军作战，攻克了号

他带领数千名骑士自千里之外进入一个长期局势紧张的地区。

理查一世

英格兰，1157年—1199年

简介 亨利二世和阿基坦的埃莉诺的儿子，因其勇猛善战而被称为"狮心王"理查。他痴迷于十字军东征，在中东发动圣战，以实现基督教对圣地，特别是对耶路撒冷的控制。他是许多传说人物的原型，比如罗宾汉。

称坚不可摧的泰勒堡要塞。经过这次战役，理查因其卓越的军事指挥才能和勇猛无畏的作风而名声大振，但也因其对敌人手段残忍、毫不留情而声名狼藉。然而，他对胜利的渴望并没有止步于击败叛军。叛军被镇压后不久，理查开始挑战父亲的王位，最终导致父子反目、兄弟阋墙。因为只有在哥哥亨利和杰弗里去世的情况下，父亲才允许理查继承王位。

理查出生于英格兰，被正式授予诺曼底公爵的爵位，并于1189年9月3日在西敏寺加冕为英格兰国王。此时，理查终于不用在英格兰和法国领土上与家人和叛军作战了，可以自由地去做自己喜欢的事情。自1187年理查成为波托伯爵以来，他一直为基督教征战（这也许是他为了摆脱过去的生活所做出的选择）。同年，萨拉丁攻占了耶路撒冷。因此，理查的首要目标是从当地统治者手中夺回圣地。虽然理查的战斗意志和胜利欲望并没有因多年的冲突而减弱，但他所继承的王国却日益衰败，国库空虚。

因此，理查立即着手筹集必要的资金，以发动十字军东征。首先，他与法国国王腓力二世决定联合发动十字军东征。两位国王都担心如果他们其中一人离开欧洲，另一人会入侵对方的领土。出发之前，理查采取种种手段，筹措战争费用。他在英格兰提高税收；让苏格兰国王威廉一世付1万马克以脱离英格兰，恢复自由；大量兜售土地和财产。理查用这些收入组建了一支拥有

4000名骑士、4000名步兵的军队和一支庞大舰队。据说,理查曾经开玩笑称,只要有适当买主,他愿将伦敦卖掉。可以看出,他是下定决心要进行第三次十字军东征的。这支庞大的军队将随腓力的军队一起前往巴勒斯坦,不惜一切代价夺回耶路撒冷。1190年夏天,理查一世登上战舰,离开英格兰。

理查在前往圣地的过程中历经曲折。他首先在西西里停留;在那里,他从篡位国王坦克里德一世手中解救了他的妹妹;然后征服了岛国塞浦路斯,推翻了专制统治者伊萨克·科姆尼诺斯,并安置理查德·德·卡姆维尔和桑纳姆的罗伯特担任总督(有趣的是,他后来把这个岛卖给了圣殿骑士团,然后又卖给了吕西尼昂的盖伊——理查的十字军同僚之一)。事实上,理查在圣地取得了很多次胜利。他占领塞浦路斯不仅使他声名远播,而且具有十分重要的战略意义——使通往巴勒斯坦的水域被基督教势力控制。

理查多次取得胜利,甚至在东征途中结婚。最终,他于1191年6月8日到达了阿克。他立即

雄狮怒吼：理查最重要的5场胜利

墨西拿（1190年10月4日）
理查到西西里看望妹妹琼王后，此后琼王后刚从监狱获释。他进攻并占领了历史名城墨西拿，将其洗劫一空，并夷为平地，后改建为自己的基地。最终，理查迫使琼的绑架者坦克雷德签署了一项条约，保证释放琼，并让他的侄子布列塔尼的亚瑟成为坦克雷德的继承人。理查一年中的大部分时间都在西西里度过。

塞浦路斯（1191年5月1日）
在前往阿克的途中，理查遭遇了一场风暴，许多船只在塞浦路斯南海岸登陆。塞浦路斯的暴君统治者艾萨克·科莫诺斯又一次俘虏了理查的妹妹。理查抵达勒梅索斯港，发现了遇难的船只，要求释放他的军队和妹妹，却遭到科莫诺斯的拒绝。于是理查的军队登陆，占领了港口及整个岛国，把艾萨克抓住，并用银链锁起来（他答应不给艾萨克戴镣铐）。

阿克（1191年7月）
6月8日，在他的伙伴阿尔萨斯的菲利普抵达圣地两周后，理查开始了历史上著名的阿克之战。经过数周的战斗，理查终于在7月12日攻占了这座城市。基督教军队进城后，把当地驻军监禁起来。理查与蒙费拉特的十字军战士康拉德一起，升起了耶路撒冷、法国、英格兰和奥地利公国的旗帜。

阿苏夫（1191年9月7日）
离开阿克后，理查继续南下，但在巴勒斯坦的阿苏夫被萨拉丁的军队包围。萨拉丁的军队发起了连续进攻，理查也向萨拉丁的主力部队进行了猛烈地反击，并打垮了敌人的队伍。虽然这场胜利没有使理查获得任何资源，但巴勒斯坦南部沿海地区落入他的手中，使他离目标耶路撒冷又近了一步。

雅法（1192年8月8日）
一个月前，因为萨拉丁占领了雅法，理查组织了一场勇猛的冲锋。他亲自率领54名骑士、几百名步兵和大约2000名十字弓手投入战斗，使城内的穆斯林驻军陷入恐慌，纷纷逃离。而萨拉丁本人退到5英里外才重新集结军队。萨拉丁试图反攻，但失败了，因为他的军队在多年的战争中疲惫不堪。这场战役后，理查和萨拉丁缔结了和平条约。

由于理查指挥有方，十字军连战连捷，阿苏夫战役和拜特努巴战役都取得了胜利，十字军离目的地耶路撒冷只有12英里了。至此，理查的多次胜利让萨拉丁部队士气低落。有人推测，如果军队直接围攻这座城市，很快就会得手。然而，有消息称，当地增援部队很快会赶到，天气也十分恶劣，因此，理查命令军队撤退回海岸。因为他担心，如果强攻这座城市，可能会因被敌人包围而全军覆没。回到已经被占领的阿斯卡隆市，理查巩固了自己的阵地。在这里，他与萨拉丁进行了首次谈判，但这次谈判没有成功，因为战争刚刚开始，双方都不愿让步。后来双方又进行了多次谈判。

1192年6月，由于当地暗杀精英团体哈沙辛刺杀了蒙费拉特的康拉德，理查的十字军再次向耶路撒冷挺进。十字军终于第一次见到了这座伟大的城市。但几位领导人在进攻方式上存在分歧。理查和大部分十字军领导人想通过攻击萨拉丁在埃及的领地来迫使其交出耶路撒冷，而法国勃艮第公爵则希望直接攻取耶路撒冷。由于无法达成一致，他们被迫再次撤退。萨拉丁对优柔寡断的十字军不断进行骚扰性的袭击。然而，十字军仍然很强大，并在1192年8月8日的雅法战役中取得了决定性胜利。萨拉丁和理查两败俱伤，损失惨重。

随后，双方僵持不下，他们都意识到自己在巴勒斯坦的地位并不稳固，打持久战不太可能。双方又进行了一轮谈判，并最终于1192年9月2日达成了一项和平条约，这在《理查与萨拉丁：一场永恒的战争》一书中有详细记载。该条约规定，理查不会占领耶路撒冷，但是，基督教朝圣者和商人可以自由地进入被当地人控制的城市。他们希望这是完全合法的。这是第三次基督教十字军东征的结局。理查不久就离开了圣地，回到了他的祖国。

与吕西尼昂的盖伊和蒙费拉特的康拉德联手，在1191年著名的阿克围攻战中占领了这座城市。理查的十字军东征真正开始了，他和盟友的旗帜飘扬在城市上空。这是东征的首次重大胜利，预示着东征稳操胜券。在胜利的鼓舞下，理查很快离开阿克，率领十字军向南进军。他深知，如果要成功占领耶路撒冷，就必须势如破竹。

理查与萨拉丁：一场永恒的战争

理查的十字军东征是最个性化的一次战争。最初是关于宗教信仰的战斗，后来演变成两位历史上最伟大领袖之间的决斗。

第三次十字军东征实际上是参与者最复杂的一次，从法国的腓力二世到蒙特费拉特的意大利人康拉德，再到吕西尼昂的盖伊，每个人都拿起武器夺取圣地。但这场战争其实在很大程度上是由两个人决定的，最终也是由这两个人结束的，即英格兰国王理查一世和叙利亚苏丹萨拉丁。事实上，在第三次十字军东征中，理查和萨拉丁的军队交锋了十几次，双方在巴勒斯坦地区进行了持续的拉锯战，反复争夺领土。在阿苏夫和雅法的战役中，两人都是战场上的主角，都以个人的战斗力而闻名。

有趣的是，根据史料记载，尽管理查和萨拉丁在第三次十字军东征中进行了长期的争斗，但他们互相欣赏对方的能力，并在战争期间多次会面，试图就一些问题达成一致。事实上，正是在雅法战役后的一次谈判后，第三次十字军东征终于宣告结束了。理查同意解除基督教控制地区的武装，而萨拉丁则同意基督教朝圣者和商人进入耶路撒冷。军事历史学家指出，正是由于理查和萨拉丁之间这种特殊的关系，才避免了更多的流血冲突。可以说，如果没有他俩的努力，第三次十字军东征不会这么快就结束。

值得一提的是，两位伟人达成和平协议后，"狮心王"理查离开圣地还不到半年，萨拉丁就于1193年3月4日死于高烧。像理查一样，他过了一阵子才班师回国，既没有掠夺大量财富也没有大搞欢送仪式。萨拉丁逝世时，只留下1枚金币和47枚银币，其余的财产都已散发给他的臣民，或者用在后续的战争上。显然，为了和平，无论其多么短暂，都值得付出代价。

回到英国后，理查发现，弟弟居然企图借助法国国王腓力的势力继承王位。

然而，理查离开巴勒斯坦后，十字军东征并没有完全结束。他的船在意大利阿奎莱亚附近失事，迫使他通过陆路穿越中欧返回。1192年圣诞节前夕，理查在维也纳被奥地利公爵利奥波德五世的军队抓获。他们指控理查在圣地策划暗杀蒙费拉特的康拉德。理查宣称自己是清白的，但公爵却置之不理。理查被公爵囚禁在杜恩斯坦城堡，随后，被教皇逐出了教会。尽管已经被逐出教会，但利奥波德五世还是把理查交给了神圣罗马皇帝亨利六世。亨利六世随后勒索赎金15万马克，才释放了理查。

理查的母亲，阿基坦的埃莉诺花了将近两年的时间筹集这笔巨额赎金。直到1194年2月4日，理查才最终获释。回到英格兰和法国后，理查发现他的弟弟约翰曾试图在法国国王腓力的帮助下继承王位，而他在诺曼底的大部分领土都被占领了。理查立即展开了一场征服战，集结了盟军，在12世纪90年代的多场战役中击败了腓力。其中最著名的是吉斯尔战役。在这场战役中，理查创造了现在著名的英国君主制格言"Dieu et mon Droit"，意为"我权天授"，表明君主只对上帝负责。

据《在母亲怀里死去》记载，这场新的征

▲ 理查一世统治下的十字军看到了耶路撒冷，尽管他们无法从撒拉逊人手中夺取它

服战以理查的死而告终，而他的死因不明。尽管如此，在他去世后，他的兄弟约翰最终继承了王位。约翰的统治是失败的，他几乎失去了理查在欧洲大陆上的所有领土。当他在1217年第一次

大事年表

1157年
● **理查出生**
理查出生于英格兰牛津博蒙特宫，是国王亨利二世和阿基坦的埃莉诺之子。他有亨利、杰弗里和约翰3个兄弟。
1157年9月8日

● **阿基坦公爵**
理查年满10岁时，被授予阿基坦公爵；4年后，又被授予普瓦捷公爵。
1168年

● **兄弟阋墙**
在与兄弟反目之后，理查投靠父亲，去制服亨利、杰弗里和反叛的男爵同党们。
1179年

● **父亲亨利去世**
亨利二世的合法继承人——年轻的王子亨利死于痢疾。因此，理查成为合法的继承人。3年后，理查的另一个弟弟杰弗里在一次比赛中去世。
1183年

● **理查加冕**
亨利二世于希侬城堡去世后，理查在英格兰西敏寺加冕为国王。
1189年9月3日

● **减价出售**
听说萨拉丁占领耶路撒冷后，理查出售由他控制的城堡和领土，为十字军东征筹集资金。
1189年12月11日

男爵战争中再一次败北后,不得不失去更多的权力,这也导致《大宪章》的诞生。事实上,在理查于1199年4月6日去世后,没有哪位英格兰国王比他拥有更多的权力和领土。

理查给后人留下了什么呢?理查是英格兰历史上最伟大的国王之一。他出生在一个稳固的帝国,尽管战火纷飞,但君主的统治地位是毋庸置疑的。正如他自己所说,他对任何人都不负责任,只对上帝负责。他拥有军事力量和特权,可以在国内为所欲为。他既以十字军东征的浪漫故事闻名于世,又因家族内部的权力斗争而恶名远播。与弟弟约翰相比,他的统治更稳固。显然,理查留给后人的东西并不具有积极意义。他出于自己的私利,或是出于对宗教的狂热与偏执,在一系列战争上耗费了国家的大量财力。

但也许这是用一种现代的视角来看待理查的行为,一种完全不适合解读中世纪人们的动机和心态的视角。毫无疑问,在理查统治的时期,生与死在很大程度上是一把双刃剑。那些没有能力自卫的人被处以死刑,不是因为他们自己的过错,而是因为他们挡住了别人的路。尽管如此,有一点是清楚的,理查的行为不仅对欧洲,而且对中东西部也产生了显著的影响。

在母亲怀里死去

"狮心王"理查之死。

1199年3月,第三次十字军东征已经结束很久了。理查回到利穆赞,镇压了利摩日的艾马尔五世子爵的叛乱。理查烧毁了他的土地,解散了他的军队,最后把他逼到又小又缺乏防御能力的夏布罗尔城堡,对他进行围攻。3月25日晚上,理查正在城堡周围巡视,检查工兵攻击城墙的进展。他没有穿盔甲,尽管偶尔会有射来的箭飞过,但他毫不在乎。他甚至还被城堡守军不专业的样子逗乐了。敌军瞄准他,他却拍手叫好。

然而,对理查来说,这是毁灭的开始。一个暗藏的弩手朝他射箭,射中了理查的左肩靠近脖子的地方。尽管理查中箭了,但他还是挣扎着走回帐篷,试图拔出箭头,但没能成功。后来,军医帮他拔出了箭头。箭伤本身并不致命,但是伤口却发生了坏疽。理查意识到生命将要走到尽头,命人把射中他的那个被俘的弩手带到他眼前。弩手还未成年,只是一个男孩。他告诉理查,自己要给父亲和两个兄弟报仇,他们都是被理查的士兵杀死的。这个男孩等着被处死,但就在这时,令他惊讶的是,奄奄一息的理查国王,在这个世界上最后一次大发慈悲,原谅并赦免了他。临终时留下了那句名言:"继续活下去,我的恩典让你看到了光明。"

十几天后,"狮心王"理查去世了,终年42岁。他死在母亲的怀里,那位长寿的阿基坦的埃莉诺。理查的内脏被安葬在查卢斯;身体被安葬在父亲的脚下——安茹的丰特夫劳德修道院;心脏被安葬在诺曼底的鲁昂。

他占领了塞浦路斯,不仅使他声名远播,而且具有十分重要的战略意义。

● **开始十字军东征**
理查终于踏上征程,驶向圣地。他的第一站是西西里;2个月后到达墨西拿。
1190 年 7 月 4 日

● **王后缔造者**
理查国王在塞浦路斯勒梅索斯迎娶了纳瓦拉国王桑丘六世的长女贝伦加里亚。
1191 年 5 月 12 日

● **理查被俘**
十字军东征归来后,理查被奥地利公爵俘虏。据说,他在阿克围攻战期间冒犯了公爵。在付了赎金后,他就被释放了。
1192 年

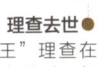

● **理查去世**
"狮心王"理查在查勒斯去世时,年仅42岁。他的身体被安葬在安茹的丰特夫劳德修道院;心脏则被安葬在诺曼底的鲁昂。
1199 年 4 月 6 日

伊莎贝拉

卡斯蒂利亚，1451年—1504年

简介 伊莎贝拉一世是卡斯蒂利亚的女王。她嫁给了阿拉贡的费迪南德二世。在统治期间，她重组了政府机构，降低了犯罪率，清除了王国债务，资助了克里斯托弗·哥伦布于1492年的航行，从而发现了新大陆，使西班牙成为了第一个全球超级大国。

1479年—1504年

卡斯蒂利亚的伊莎贝拉

解决了王位继承的纷争后，伊莎贝拉顺利登上王位。
她为了保住自己的遗产，着力整治信奉天主教的西班牙

当23岁的公主伊莎贝拉走进西班牙塞戈维亚的圣米格尔教堂时，她的脸上只有平静和自信。这一天终于到来。她将成为伊比利亚半岛上几个王国中最大的两个王国——卡斯蒂利亚和利昂的女王。

全城的人都出来见证她的胜利。就在几个小时前，他们埋葬了老国王。现在，他的继任者骑着一匹白马，戴着珠宝和财富显示她的力量，要把他们从混乱中解救出来。

伊莎贝拉在新臣民的簇拥下，优雅而权威地宣布，虽然现在王国陷入困境，但她有完备的复兴计划。她承诺，国家将恢复和平与稳定，而更重要的是，她会维护教会的权威。伊比利亚半岛将再次实现统一与和平。这是上帝通过她颁布的命令，她会坚决执行。

1451年4月22日，卡斯蒂利亚的胡安二世和葡萄牙的伊莎贝拉公主生下了伊莎贝拉。她在自己的时代和几个世纪后被称为西班牙有史以来最伟大的统治者之一。但在当时，她被认为是无足轻重的，就连她的出生日期和洗礼都没有被记录下来。

在她出生时，西班牙还没有统一。卡斯蒂利亚和伊比利亚半岛等地区政治、宗教矛盾突出，社会动荡。在弟弟阿方索出生后，她成为了第三顺位继承人，但她的童年也并不平静。在她的父亲1454年去世后，同父异母的哥哥亨利四世成为国王。她远离宫廷，但处在哥哥手下的不断监视中。伊莎贝拉与母亲还有弟弟远离了公众视线。这让他们避开了宫廷里的阴谋和继承争斗。

> 宗教裁判所并不是一个新概念：中世纪的宗教裁判所在13世纪就已经投入使用了。

伊莎贝拉的婚姻

在婚姻市场上，伊莎贝拉有着诱人的条件，因此不乏众多的追求者。

1457年
阿拉贡的费迪南德
理由：卡斯蒂利亚的亨利和纳瓦拉的约翰二世为了显示他们是统一战线的而进行谈判。
结果：这一协定如同友谊一样反复无常。4年后就破裂了。

1461年
维亚纳的查尔斯
理由：卡斯蒂利亚国王求助于费迪南德40岁的哥哥，以巩固同盟关系。
结果：约翰二世囚禁了他的儿子。查尔斯于当年去世后，订婚就成了泡影。

1464年
英格兰爱德华四世
原因：另一个联姻的尝试。好处是可以把伊莎贝拉从卡斯蒂利亚赶走。
结果：爱德华四世已经爱上伊丽莎白·伍德维尔，并秘密结婚。

1465年
葡萄牙阿方索五世
原因：又一次将伊莎贝拉从继承人行列中除名的尝试。
结果：外交关系破裂。令伊莎贝拉感到宽慰的是，她对对方的印象并不深刻。

1466年
佩德罗·吉隆·帕切罗
理由：卡拉特拉瓦骑士团的主人。他把伊莎贝拉的弟弟当作人质，逼迫公主与他订婚。
结果：公主祈祷放过她，佩德罗在去结婚的路上去世。

1468年
约克的理查
理由：他在英格兰的地位仅次于国王，是公主的如意郎君。
结果：由于两国交恶，因此不可能再与英格兰同盟。

1468年
贝里公爵
原因：西班牙和法国之间的历史恩怨暂时得以缓解。
结果：两国之间的习惯性冲突很快导致联姻被搁置。

1469年
葡萄牙阿方索五世
原因：阻止伊莎贝拉继承卡斯蒂利亚王位的最后一次尝试。
结果：联姻因伊莎贝拉的行为而受阻。

1469年
阿拉贡的费迪南德
原因：伊莎贝拉从未忘记她的第一次订婚。她代表自己参加了谈判。
结果：在最后一次会面后，伊莎贝拉宣布她只会与费迪南德结婚。

在艰苦的生活条件下,伊莎贝拉的母亲和朋友为她树立了伴随她一生的宗教信仰。虔诚的宗教信仰帮助她度过了生命中许多艰难困苦时刻。在这段艰难岁月里,伊莎贝拉表现出超强的自我控制力和钢铁般的意志,这使她可以面对任何困难。

亨利统治下的卡斯蒂利亚岌岌可危。他软弱无能,被宠臣操纵。1465年,一些贵族想废黜他,拥立伊莎贝拉的弟弟为国王。内战爆发,国家陷入混乱。伊莎贝拉宣布支持她的弟弟阿方索。人们盼望阿方索结束战乱,让卡斯蒂利亚恢复昔日的荣耀,但希望很快破灭。1468阿方索突然去世。官方报道说他死于瘟疫,也有传言说他死于中毒。伊莎贝拉被任命为阿方索的继任者。她成了王国的希望。

在随后的几年里,她谨慎行事,表面上与哥哥关系亲密,以娴熟的谈判技巧来为自己谋利。

早年的艰苦生活磨炼了她,她变得自信而坚强。伊莎贝拉等待时机,终有一天,她会让王国恢复和平和秩序。

多年来,伊莎贝拉吸引了几位追求者,但唯一吸引她的是阿拉贡国王约翰的次子费迪南德。他身材匀称,体格健壮,相貌英俊,头脑聪明,年龄也与她相仿。伊莎贝拉6岁时曾与费迪南德订婚。12年过去了,国王希望她嫁给别人,但她公然违抗,坚持自己的选择。1469年,伊莎贝拉终与费迪南德结婚。

亨利于1474年去世,留下了一个分崩离析的王国。伊莎贝拉终于得到了她为之奋斗的王位。她于1474年12月11日成为卡斯蒂利亚和利昂的女王。尽管她被许多人视为王国的救世主,但她在最初几年并非一帆风顺,叛乱和篡权时有发生。虽然没有人教她如何做一位统治者,也没有人教她拉丁文和其他必要的本领,但她并没有动摇。因为她是上帝指定的统治者,她只听命于上帝。只有她才能将分裂的王国统一。她一生都在等待这一刻。她绝不会失败。

犹太人已在西班牙生活了1500多年。在伊莎贝拉的时代,犹太人与基督徒的比例约为1∶75。犹太人在整个欧洲一直是一个微妙的问

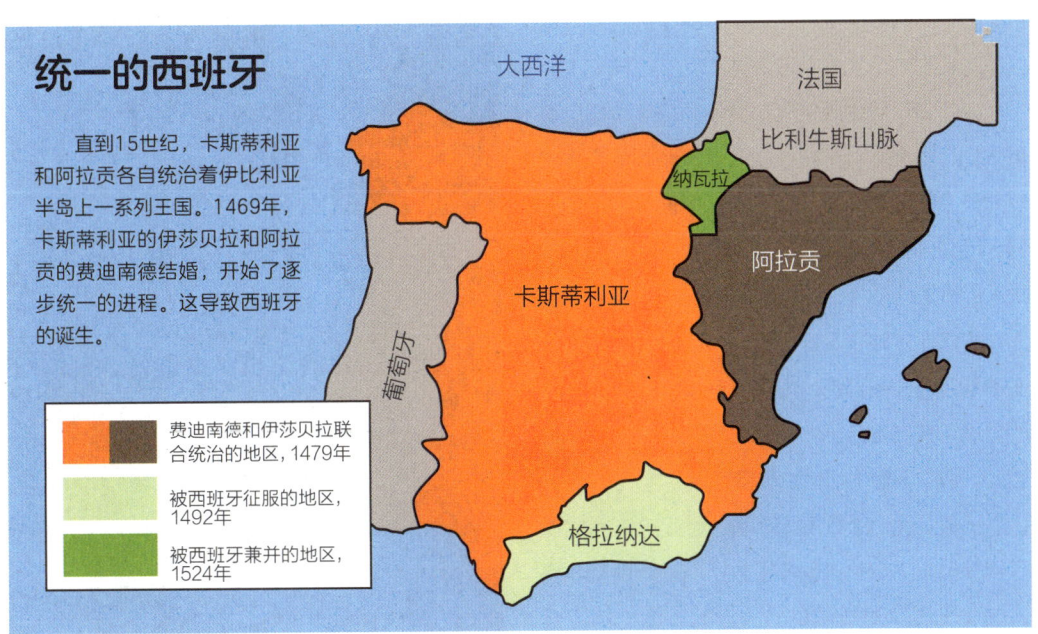

统一的西班牙

直到15世纪,卡斯蒂利亚和阿拉贡各自统治着伊比利亚半岛上一系列王国。1469年,卡斯蒂利亚的伊莎贝拉和阿拉贡的费迪南德结婚,开始了逐步统一的进程。这导致西班牙的诞生。

- 费迪南德和伊莎贝拉联合统治的地区,1479年
- 被西班牙征服的地区,1492年
- 被西班牙兼并的地区,1524年

题。因为信仰问题，犹太人在1290年被英格兰驱逐；不到一个世纪后又被法国驱逐。卡斯蒂利亚和阿拉贡王国虽然没有驱逐犹太人，但在近代历史上两次逼迫他们改信基督教。这些犹太人被称为"皈依者"。

> 虽然最初教皇批准成立宗教裁判所，但后来他也谴责了宗教裁判所的暴行。

有些人认为这些犹太人的皈依并不诚心诚意。有人认为，犹太人利用自己皈依的身份谋取了利益，而许多犹太人确实在王国内部获得了权力和财富。一时间谣言四起，嫉妒者众多。人们认为他们是伪皈依者，会引发国家犹太化。因为他们信奉新宗教的同时又信奉旧宗教，这对国土安全和人民的信仰都是一种威胁。

虽然伪皈依者的伪装高明，但是否在秘密地坚持犹太人的生活方式，还是很容易被人发现。比如，从一个人的食物就能看出他的皈依是否真诚。如果他不吃勒死的猪肉、兔肉和鸟肉，煎肉的时候用橄榄油不用猪油，那就说明有问题。一般而言，这些"新"基督徒尽力避免在星期六烹调。他们会提前清洗肉类，烹调肉类食物。而且，他们不给孩子洗礼，否认耶稣是弥赛亚。这些都是鉴别一个犹太人是否真正皈依的方法。

几乎每个犹太皈依者都会不同程度地违反基督教的行为准则，情况很复杂。一些皈依者强烈反对天主教会的教义，尽可能保留他们原有的信仰；而另一些人则采取了一种混合的方法，将犹太人的做法与基督徒的做法混在一起。

显然，这种情况决不能再继续下去了。新女王不能容忍异端邪说，如果任其发展，不仅臣民的灵魂，就连她自己的灵魂也将处于危险之中。因此，必须不惜一切代价拯救臣民。

一般认为，1477年对塞维利亚的访问促使了伊莎贝拉决定对王国的宗教状况进行调查。虔诚的女王看了对城中犹太人虚假皈依的情况报

改造王国

伊莎贝拉在继承了一个动乱的王国后，发起了一系列卓有成效的改革。

法律：圣赫曼达，也就是圣友会，被复兴了。这是一个古老的地方民兵武装系统，起到公民警察的作用。他们对女王负责，追踪并抓获罪犯，同时帮助建立和维持秩序。圣友会非常高效，成功率接近100%。伊莎贝拉还亲自监督法官的任命。由于定期检查和问责官员，整个司法系统变得更有效率。

财政：整个王国的经济处于一种糟糕的状态，严重的通货膨胀使人民陷入财政危机。为了解决这个问题，伊莎贝拉减少了皇家铸币厂的数量，控制了货币生产，逐步恢复了卡斯蒂利亚货币的价值。之前的政策使皇家金库严重亏空，甚至被迫出售皇室土地。在伊莎贝拉的统治下，这一切宣告中止。土地要么归还，要么由皇室收购。

政府：皇家议会的改革是伊莎贝拉优先考虑的事情之一。她将议会调整为由9名律师和3名贵族组成，取消了贵族的统治地位。她还认识到亲自接触人们很重要，而且要确保人们有机会当面表达不满。议会进行了改革，成立了新的议会，精简了整个政府机构，使效率最大化。

▲ 伊莎贝拉和她的丈夫费迪南德进行的改革影响深远

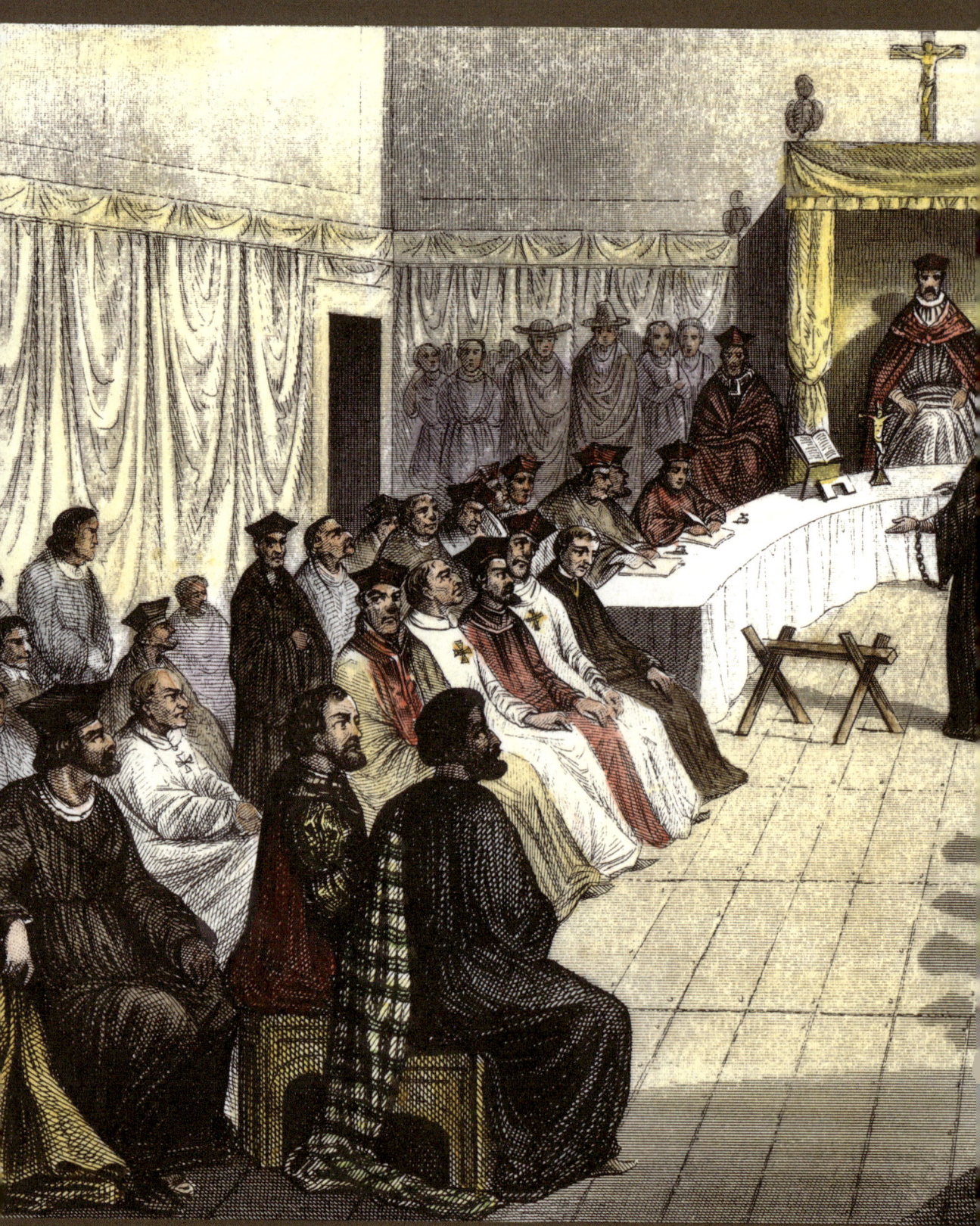

▲ 虽然被告有辩护律师，但他们是宗教法庭的成员。他们的工作是使被告说出真相

告,大为震惊。这些伪皈依者的言行对王国的宗教团结和福祉都构成了实际的威胁。

有人主张对异教徒采取激进的措施,但伊莎贝拉一开始似乎并不赞成。尽管1478年教皇西斯图斯四世批准了一项教皇法令,允许在卡斯蒂利亚内部建立宗教裁判所,但伊莎贝拉并不急于将其付诸实践。伊莎贝拉没有理会那些主张采取高压手段的人,而是把注意力集中在宗教教育上,或者更确切地说是糟糕的宗教教育。她确信,宗教教育的缺失可使教众不能坚定他们的新信仰。她开始了一项教育计划,确保国内的宗教信仰高度统一,因为这关乎国家安全。

伊莎贝拉委派了自己最信任的两个主教负责这项工作——红衣主教门多萨和赫尔南多·德·塔拉韦拉。后者是她的忏悔神父,也是格拉纳达地区的大主教。到达塞维利亚后,他们便开始工作,组织牧师去启发误入歧途的教众。然而,他们并没有取得多少进展。很快,他们就意识到,他们对这个小镇糟糕的宗教现状无能为力。

两年中,虽然他们一直努力,但收效甚微。尽管伊莎贝拉持保留意见,但她身边的很多人坚持引入宗教裁判所。即使像丈夫费迪南德这样的实用主义者也赞成这样做,因为这是个没收财产充盈国库的好办法。伊莎贝拉不得不心情沉重地承认,以和平的方式为王国统一宗教信仰是行不通的。因此,根据1480年9月27日的一项皇家法令,西班牙宗教裁判所(或称宗教裁判所圣职法庭)在卡斯蒂利亚成立。

> 宗教裁判所里,审讯方式也不合法。嫌疑人被刑讯逼供,直到承认供词为止。

如何工作

嫌疑人在从被指控到被定罪之间发生了什么?他们希望得到什么结果?

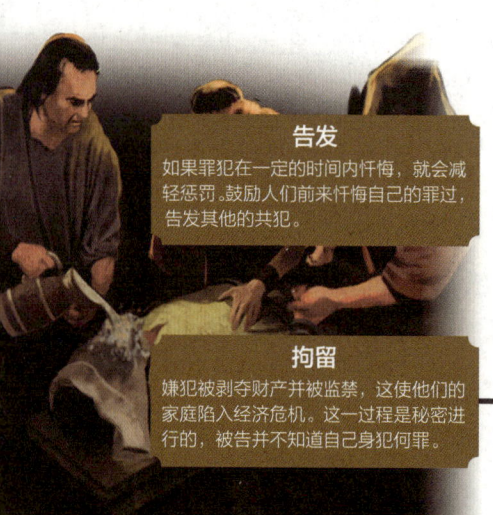

告发
如果罪犯在一定的时间内忏悔,就会减轻惩罚。鼓励人们前来忏悔自己的罪过,告发其他的共犯。

拘留
嫌犯被剥夺财产并被监禁,这使他们的家庭陷入经济危机。这一过程是秘密进行的,被告并不知道自己身犯何罪。

审判
被告受审,告发他们的人也会出庭做证。寻找证人来证明自己无罪或证明原告不可信是嫌疑人唯一的辩护手段。

西班牙宗教裁判所招聘！

**想换工作吗？想成为已知的欧洲最残酷组织中的一员吗？
没有比这更令人兴奋的了。**

就业机会

大检察官
描述：监督宗教裁判所和铲除伪皈依者，帮助宗教裁判所在西班牙和其他地区拓展。在这个重要的工作中，你将主持各种宗教裁判所会议。
技能要求：良好的领导能力，致力让西班牙回归基督教，愿意在岗几年，而且要脸皮够厚。

检察官
描述：检察官由大检察官领导。薪酬为6万英镑，收入会随着工作年限而上升。作为一线工作人员，你要用大量的时间来审议判决和收集证据，以根除西班牙的异端邪说。
技能要求：无须神学培训，但必须精通法律。具有大学法律学位或从事税务员工作者优先。

书籍检查官
描述：你将权衡提交给裁判所的案件的是非曲直。听取证据，决定嫌疑人是否犯下异端邪说的罪行，是否需要逮捕。
技能要求：该职位通常需要具备神学背景，以及良好的倾听和决策技能。

警官（法警）
描述：你将负责逮捕和监禁嫌疑犯，并没收他们的财物。你需要想方设法来获取供词，并准备好做任何必要的事情。
技能要求：坚持不懈和决心是这个职位成功的关键。如果你在任何情况下都能吃得下饭，或者冷酷无情，那说明你很适合这个岗位。

检举官（检察官）
描述：宗教裁判所的核心工作。提出指控，调查谣言，从证人处调查真相。这个工作从来不会无聊，有很好的晋升前景。
技能要求：推进诉讼程序顺利进行。必要的时候，需要对嫌疑人进行精神和身体上的折磨。

财产公证人
描述：你将负责在被告被拘留时对其财务进行登记，详细记录他们随身携带的物品和他们名下的其他财产。
技能要求：良好的档案保存技能，能辨别房产价值。字迹整洁者优先。

公证人
描述：记录被告和证人的证词。你将在审讯期间在场，详细记录所有发生的事情。这是一个可以终身从事的职位，好处是可以查阅审讯档案，而且工作稳定有保障。
技能要求：注意细节，写字又快又清楚。良好的记忆力和组织能力是关键。

侍从武官
描述：一个非专业职位，被选中后可以成为宗教裁判所的荣誉仆人。特别适合贵族成员或有爵位的人，好处包括允许携带武器，以保护检察官，当然，也能保护自己。
技能要求：必须随时准备履行职责。这样描述不是指一定会遇到危险，但是时刻保持警惕是绝对有必要的。

无罪释放
虽然罕见但并非不可能。极少数的嫌犯可能被宣判无罪，从而获释。

自首
这是最安全的。坦白意味着可以活下来，很可能比保持沉默受更少的惩罚。

休庭
在这种情况下，审判暂停，嫌疑犯或被释放，或被关在监狱，直到重新审判。

酷刑
这是为了使被告认罪，而不是为给被告造成痛苦。知道这一点也不会给被告带来安慰，因为不管年龄、性别或身体状况都不能逃过。

和解
在一个公开的仪式上，被告被宣布可以回到教会生活。惩罚很严厉，包括没收财产和鞭打。

忏悔
嫌疑犯被要求对自己的罪行表示忏悔。可能是罚款，也可能是在修道院中被终生监禁。

火刑
生命的终结，用于那些仍然不悔过的人。嫌疑人被烧死。如果罪犯表现出有悔改之意，他将在被烧死之前被勒死。

伊莎贝拉最初的目标很简单：铲除伪皈依者，除掉危及王国的异教徒。在西班牙推广的宗教裁判所并不是一个全新的概念，而是仿照中世纪的宗教裁判所建立的。伊莎贝拉和费迪南德对宗教调查手段进行了重大革新。伊莎贝拉坚信无论付出什么代价都必须实现宗教团结。

尽管西班牙宗教裁判所后来臭名昭著，但最初也并不是完全不受欢迎。恰恰相反，在国家由于内战而四分五裂的时候，看到伊莎贝拉逐步控制了局势，很多人觉得欣慰。事实证明，他们高兴的太早了，卡斯蒂利亚王国的人民迟早会为宗教裁判所的建立感到遗憾。

那些穿着独特的白色长袍，头戴黑色兜帽的审判官们，首先打击了塞维利亚这个著名的宗教自由温床。他们到达后，聚集的人群开始恐慌，大约有4000人逃离了这座城市。他们害怕是有道理的，很快全城就开始大搜捕。宗教裁判所四处追查那些逃走的人。他们威胁贵族们知情不报会被逐出教会，贵族们屈服了。

第一次公开处决于1481年2月6日在塞维利亚举行。在熊熊大火中，有6个人被烧死。场面恐怖至极，充分展示了宗教裁判所的威力和君主的威严。

与此同时，宗教裁判所在西班牙稳步扩张。到1485年，在科尔多瓦、亚恩和托莱多的首府都设立了法庭。他们很快就建立了一套诉讼程

▲ 作为惩罚的一部分，被定罪的异教徒被迫戴上一顶叫"科罗扎"的尖帽

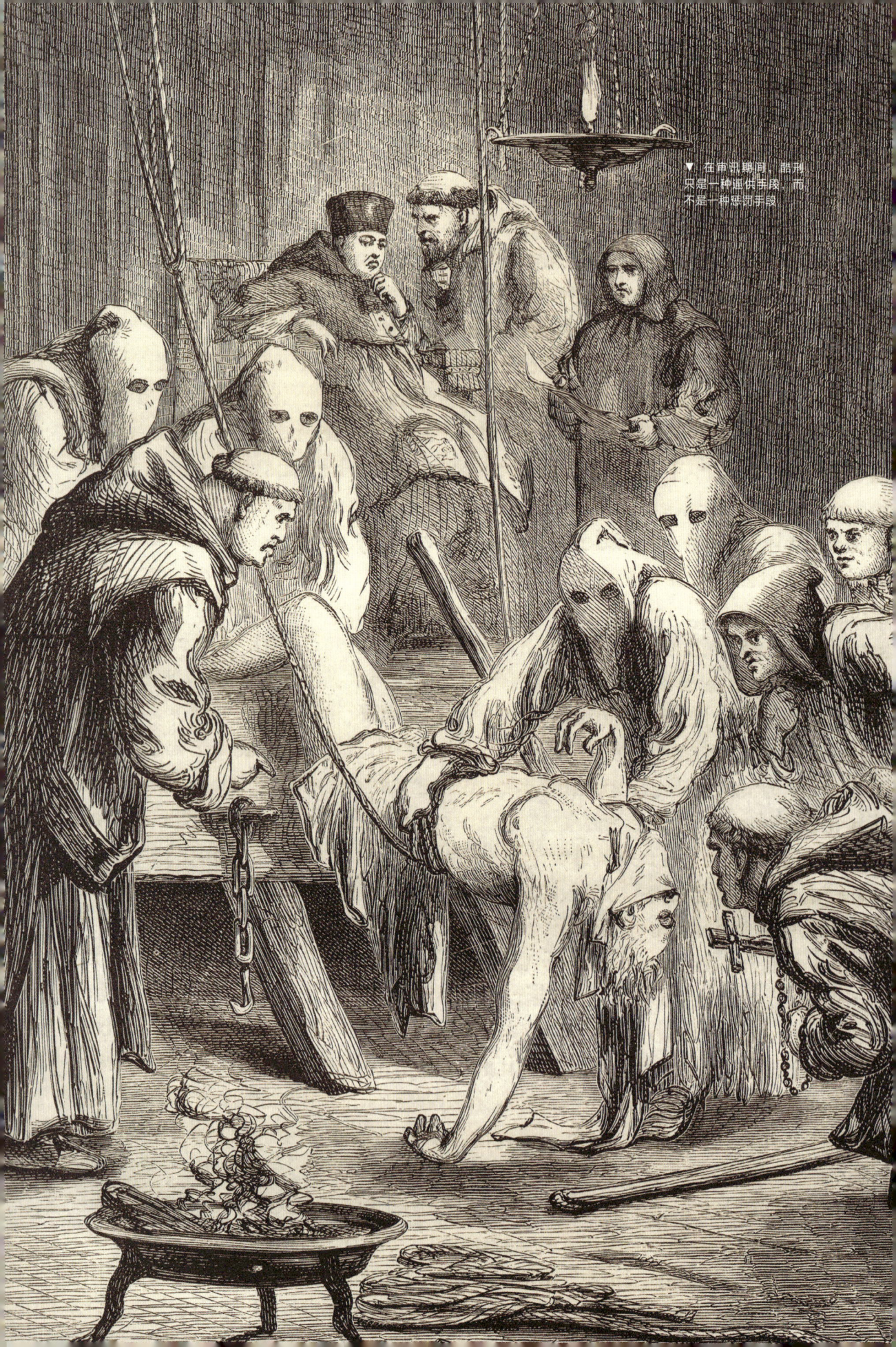

▼ 在审讯期间，酷刑只是一种逼供手段，而不是一种惩罚手段。

序。首先，一个城镇的人们集合做好准备。然后在布道坛上进行宗教宣讲，也就是宗教审判，让人们心怀畏惧。接着，审判官就位，审判正式开始。当众宣读恩典诏书（要求人们前来忏悔）后，给城里的人们一段时间来思考。如果他们认罪，承认信仰犹太教，就有希望得到救赎。反之，将会面临宗教裁判所的严厉惩罚。

一旦嫌疑人被拘留，首要的工作是逼供。如果愿意坦白，自然最好。反之，就要想办法逼他就范。在人们的印象中，酷刑和西班牙宗教裁判所几乎成了同义词。宗教裁判所延续了15世纪审讯犯人的各种酷刑。虽然法律规定嫌疑人只能受一次酷刑，但总有办法绕过这一限制。比如暂停审判，这意味着可以在不违反规则的情况下第二天继续折磨嫌疑人。

一旦获得供词，将继续审查案件的细节，最后做出裁决和判刑（如有必要）。无罪释放虽然很少见，但有时也会发生。嫌疑人也可能被判处苦修，或更严厉的和解判决，可能是终身监禁、宗教监禁、鞭打或在厨房船上服务。那些判处和解的人会身穿叫"桑本尼托"的黄色长袍，羊毛质地，长及膝盖，戴一顶高高的叫"科罗扎"的圆锥形帽子，向人们宣布自己犯了罪。即使罪犯死亡，惩罚也不会停止。犯人的长袍"桑本尼托"将在当地教堂展出，让他的家人蒙羞。

宗教裁判所最让人恐惧的是其独创出一种恐怖手段——匿名指控。不仅如此，一旦犯罪嫌疑人认罪，就必须说出共犯的名字，这就使宗教裁判所的受害者源源不断。对异教徒知情不举也会被逮捕和处决。

虽然最初是教皇批准成立的宗教裁判所，但毕竟是由伊莎贝拉和费迪南德资助和实施的。虽然不知道伊莎贝拉是否亲自参与了宗教裁判所的死刑判决，但不可否认的是，她知道并赞同宗教裁判所使用的审讯方法。

尽管如此，她的许多最亲密、最信任的顾问都已改信犹太教，其中3名为君主服务的秘书都来自皈依的犹太家庭。甚至有人说费迪南德的身体里也流着犹太人的血，犹太人是他的祖先。尽管伊莎贝拉还抱有希望，但很明显，仅仅改变宗教信仰是不够的。1492年，所有的犹太人被驱逐出西班牙。在随后的几十年里，宗教裁判所遍及西班牙控制的领土，包括那不勒斯、西班牙控制的荷兰和美洲。目前还没有确切的数字表明有多少人受到迫害，据估计在伊莎贝拉统治期间有3000人被执行火刑。直到今天，宗教裁判所仍然是"欧洲历史上已知的最残酷、最持久的宗教迫害之一"。宗教裁判所及其所做的一切与卡斯蒂利亚女王伊莎贝拉的名字密不可分。

1509年—1547年

亨利八世

为了吞并法国，实现称霸欧洲的梦想，亨利使英国陷入了几十年的战乱

亨利晚年时身材臃肿，与他年轻时的健美身形形成鲜明对比。

亨利八世

英格兰，1491年—1547年

 简介

作为国王，亨利挥霍无度，挑起冲突，追求自己的闲情逸致。他一生中做过的最有影响力的事是为了废除与阿拉贡的凯瑟琳的婚姻，将英格兰从天主教会中分离。不过，使他更出名的还是他的6个妻子。

亨利八世生来就梦想着战争。1509年4月，亨利在新娘阿拉贡的凯瑟琳的陪伴下登上王位。他清楚地知道自己想成为什么样的国王，他要使英格兰恢复往日的辉煌。他的父亲亨利七世通过征收惩罚性税收来支撑国家财政，但这遭到民众抗议。这位新国王无意将精力集中在像财政这样琐碎的事情上。他要发动战争，开拓疆土，做一个征服者。亨利晚年时身材臃肿，与他年轻时的健美身形形成鲜明对比。他自幼喜欢格斗、骑马、打猎等各种运动，经常乔装改扮参加骑士比赛。他是听着伟大的亨利五世在阿金库尔战役中的英雄故事长大的。他梦想着发动战争征服敌人，可是长久的和平时期使他梦想破灭。他下定决心要追随祖先的脚步，再次战胜法国，把英格兰的疆土扩展到加来以外的地方，甚至扩展到巴黎。他相信法国属于他。幸运的是，对这位英格兰君主来说，他没有等太久就践行了自己的主张。

由于父亲与法国和西班牙阿拉贡签订了条约，亨利成长在长久的和平岁月中。与此同时，在海峡对岸，欧洲大陆正处于战争的阵痛中。欧洲列强争夺那不勒斯，实质上把意大利变成了一个大战场。罗马尼亚地区的一场争端使威尼斯与梵蒂冈对立，因此教皇尤利乌斯二世在1508年的最后几周召集了法国、神圣罗马帝国和（在费迪南德二世统治下的）西班牙的君主，计划分割威尼斯的领土。

威尼斯沦陷，但尤利乌斯担心法国占领意大利。他对盟友发动了一场草率的攻击，结果适得其反，获胜的法国军队冲向南方进行报复。惊恐

托马斯·沃尔西

英格兰，约1475年—1530年

简介 红衣主教沃尔西上台是因为他有能力确保亨利得到他想要的。他野心勃勃，擅长耍政治手腕。他成为约克大主教，并于1515年被任命为红衣主教和大法官。他在亨利第一次法国战争后的和平进程中发挥了重要作用，并经常因为亨利的错误背锅而受到公众指责。亨利若与阿拉贡的凯瑟琳决裂，便破坏了英格兰与罗马的关系，使沃尔西成为教皇的希望破灭。因此，沃尔西急于利用国王对他的信任来巩固他在罗马的地位。但他没有得到教皇的认可，导致他最终垮台。

的尤利乌斯组建了神圣联盟。1511年，西班牙和神圣罗马帝国站在教皇一边。

亨利八世已经在位两年，阿拉贡的凯瑟琳（费迪南德的女儿）与他在一起。王室的强大对他的大英帝国的荣耀梦想至关重要。在父亲去世后不久，他宣布将与凯瑟琳结婚。国王的妻子非常忠诚，尽力满足国王的愿望。她几乎立刻就怀孕了，但他们的孩子却胎死腹中。几周后，凯瑟琳又怀上了孩子。1511年元旦，她生下了儿子亨利。不幸的是，亨利只活了7个星期。

此时，亨利八世还很年轻，刚开始统治国家。作为皇室家族的领袖，他骄傲地向臣民表明，他并不像他父亲那样是个吝啬的暴君。神圣

沃尔西是个完美的得力助手。他能用自己娴熟的外交手段来平息国王的暴怒。

加斯科涅溃败

1512年6月

亨利在攻打加斯科涅之前唯一担心的是此次进攻无法成行。这是他统治时期对法国的第一次进攻，是实现他光荣之战的第一步。亨利非常渴望与他的岳父费迪南德二世结盟，后者也有同样的野心要占领法国领土。两位国王组成了为遏制法国在意大利的军事行动的神圣联盟。费迪南德和亨利决定一起进攻，这应该是一次令人印象深刻的武力展示。

多塞特侯爵率领英军，计划与费迪南德一起进军阿基坦。然而，侯爵一踏上这片干旱的土地，就发现西班牙国王并没有信守诺言。相反，费迪南德正忙于进攻纳瓦拉，因为这更符合西班牙国王自身的利益。侯爵的军队与这支人数不多的西班牙军发生了争执，许多士兵死于痢疾。结果，他别无选择，只好撤退。

尽管不能因为这次失败指责亨利，但这表明了神圣联盟的真正意义。国王们表面上为教皇的祝福和上帝的荣耀而战，但实际上他们都为自己而战。一旦战争开始，每一个君主真正感兴趣的只是他们能得到什么，而盟友需为他们提供金钱和后援。

结论

被迫撤退激怒了亨利，这使他不得不独自领导进攻。同时，这也播下了不信任的种子，这种不信任在以后的战事中将更加凸显。

▲ 1492年，阿拉贡的费迪南德二世在一次暗杀行动中幸存。他本打算与英格兰一起向阿基坦进军，但他没有如期出现

3. 陷入泥潭
战役早期,苏格兰军发动了一次突袭,部队冲向对方。田野很快变成了一片泥泞的沼泽地,此时敏捷性是最重要的。但不幸的是,苏格兰人笨重的长矛无法与英格兰人灵活的短钩相比。

4. 弓箭手的到来
苏格兰军在泥潭中挣扎,爱德华·斯坦利爵士率领的英格兰弓箭手从东部到达。胜负已定。苏格兰军无处可逃,一场屠杀开始了。

5. 国王之死
在战斗的最后阶段,詹姆斯国王骑马加入了战斗,并接近萨里。但最终他被箭和钩镰击中而死。他的遗体被送到了特威德河畔伯立克,斗篷也被送到亨利国王手里。

1. 开战
萨里伯爵到达时,看到詹姆斯国王已经占领了高地。他原想引詹姆斯与自己正面交战,但后来决定从东面迂回包抄,绕到敌军北面发起进攻。

2. 枪战
对詹姆斯来说,不幸的是,他把轻型火炮放在舰队上,剩下的东西太重,无法有效地操纵。英军没有这个问题,立即开始射击。

苏格兰国王在战场上牺牲了。他的斗篷作为亨利的战利品被送到法国。

▶ 苏格兰军在弗洛登的人数比英军多大约1.5万人。但一些巧妙的战术使英军赢得了胜利

弗洛登大捷

1513年9月9日

亨利专注于与法国交战，而此时，法国认为从北方进攻英格兰的时机已经成熟。法国国王路易十二与他的苏格兰盟友詹姆斯四世会谈，达成协议。詹姆斯四世写信给亨利，要他放弃进攻法国，但亨利没有理会他。苏格兰军向南进军，在英格兰边境集结。苏格兰军士气高昂，摩拳擦掌，在弗洛登等待与英格兰开战。

亨利在法国作战时，凯瑟琳在国内担任摄政王。凯瑟琳富有强烈的责任感和荣誉感，对丈夫忠心耿耿。她觉得丈夫不在身边，自己绝不能输了这场战役，否则后果不堪设想。

凯瑟琳和萨里伯爵一起，从中部地区召集了一支军队应对苏格兰入侵者。萨里在弗洛登打败了苏格兰军。苏格兰军的死亡人数数以千计，国王詹姆斯四世也在这场战役中丧生。

亨利拒绝与法国停战，这导致了苏格兰军的进攻，但他与弗洛登大捷几乎没有关系。是萨里伯爵赢得了这次战役。苏格兰国王在战场上牺牲了，他的斗篷作为亨利的战利品被送到法国。这是一场决定性的胜利，但丝毫不能证明亨利的军事才能。

结论

虽然此次战役的胜利让亨利确信了英格兰军的实力，但正是这场与苏格兰军的漫长且代价高昂的战役，使得亨利偏离了他在法国的目标。

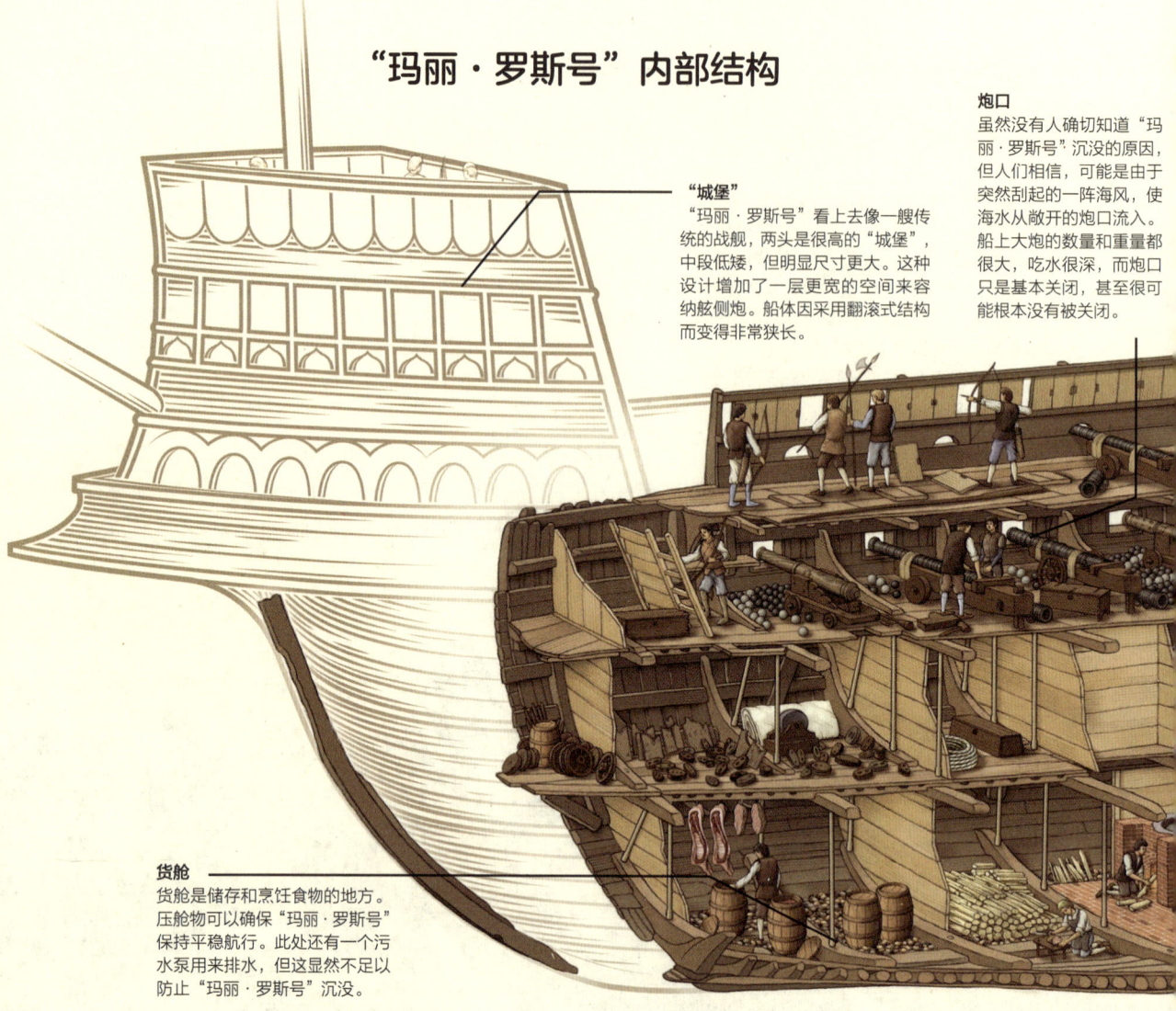

"玛丽·罗斯号"内部结构

"城堡"
"玛丽·罗斯号"看上去像一艘传统的战舰，两头是很高的"城堡"，中段低矮，但明显尺寸更大。这种设计增加了一层更宽的空间来容纳舷侧炮。船体因采用翻滚式结构而变得非常狭长。

炮口
虽然没有人确切知道"玛丽·罗斯号"沉没的原因，但人们相信，可能是由于突然刮起的一阵海风，使海水从敞开的炮口流入。船上大炮的数量和重量都很大，吃水很深，而炮口只是基本关闭，甚至很可能根本没有被关闭。

货舱
货舱是储存和烹饪食物的地方。压舱物可以确保"玛丽·罗斯号"保持平稳航行。此处还有一个污水泵用来排水，但这显然不足以防止"玛丽·罗斯号"沉没。

皇家海军之父

亨利八世可被称为皇家海军的创始人，但实际上皇家海军的创建始于亨利七世统治时期。亨利八世登基时已有建好的5艘皇家战舰，但这位年轻的国王希望扩充他的军事实力。

亨利知道苏格兰已经组建了海军，他有可能面临海战腹背受敌的不利局面，因此下令建造了两艘巨型战舰：声名狼藉的"玛丽·罗斯号"（"玛丽·罗斯号"在索伦特领导抵抗法国时神秘沉没）和"彼得·石榴号"。亨利野心勃勃，英格兰海军将是最大、最先进、最可怕的海军舰

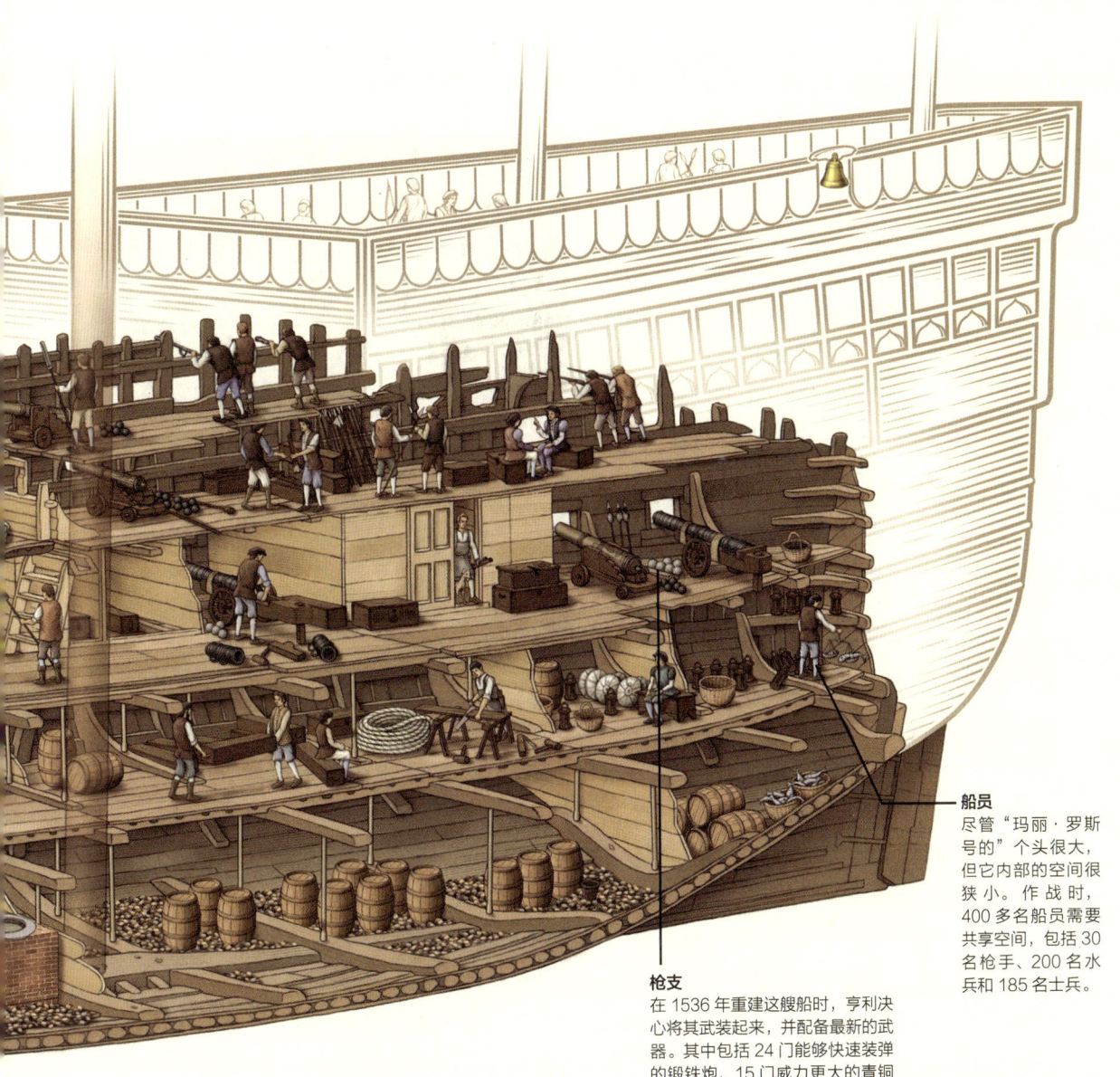

船员

尽管"玛丽·罗斯号的"个头很大,但它内部的空间很狭小。作战时,400多名船员需要共享空间,包括30名枪手、200名水兵和185名士兵。

枪支

在1536年重建这艘船时,亨利决心将其武装起来,并配备最新的武器。其中包括24门能够快速装弹的锻铁炮、15门威力更大的青铜炮,以及52支小型枪支。"玛丽·罗斯号"可以对敌军构成严重威胁。

队。他用最新的火炮和最重的大炮装备了他的战舰,同时应用了铰链式炮口等新发明。到亨利的统治末期,军舰数量已达58艘。

抛开庞大的炮舰不谈,也许亨利对海军最重要的创新是在陆地上。他在朴次茅斯建立了第一座海军码头,后又将皇家特许权授予了三一学院(三一学院开发了信标、浮标和灯塔),并创建了海军委员会和海军部办公室。亨利被称为英国皇家海军之父,因他不仅锻炼了皇家海军的"肌肉",而且造就了皇家海军的"脊梁"。

联盟得到了教皇的支持,使他能够服侍上帝,向法国展示英格兰的力量。为了击败法国,亨利不断扩张皇家海军,使其拥有世界上最大的,同时也是最先进的军舰。教皇的支持很重要。亨利是一个虔诚的天主教徒。他强烈谴责新教马丁·路德的那套严厉做法。因此,教皇授予他"信仰的捍卫者"称号。他的宗教还包括神权的概念。法国是上帝赐予他的财产。神圣联盟永远是不可战胜的。

然而,第一次进攻便以失败而告终。1512年6月,一支英格兰军队开往加斯科尼,准备与费迪南德的军队会合,为亨利占领阿基坦地区。不幸的是,费迪南德更感兴趣的是攻占纳瓦拉地区,于是指挥部队向那里进军。由于装备简陋,又遭遇痢疾,英军被迫撤退。亨利很生气,但依然坚信己方一定会取得胜利。

时隔不到一年,第二次入侵开始。这次的大部分筹划工作都交给了精明的红衣主教托马斯·沃尔西。对于亨利来说,沃尔西是完美的得力助手:他能够用自己娴熟的外交手段来平息国王的暴怒,同时也有着同样疯狂的野心。沃尔西狡猾无比,他能够保证亨利想要什么就有什么。亨利想要的是法国。于是,1513年4月,一支军队被派往布雷斯特。

事实证明,这次入侵比进攻阿基坦更失败。但亨利不听劝阻,6月,他亲自率领英军在加莱登陆。亨利踏上了法国的土地,站在英格兰军队的最前端,兴奋之情溢于言表。他径直向特鲁阿那镇进军,并立即将其包围。神圣罗马帝国皇帝和神圣联盟领袖麦斯米兰不久后也站到英军一边。1513年8月16日,金马刺战役使亨利尝到了胜利的滋味。法国轻骑兵无法抵挡侵略者的联合进攻,败退了。亨利称这是伟大的胜利。8月22日,塞鲁安妮镇投降,使胜利局势得到巩固。随后,亨利占领了图尔奈。他把那个城镇作为据点,同时把塞鲁安妮交给麦斯米兰,表示对教皇的效忠。

亨利到底取得了什么成就?他从法国夺走了两个城镇,但离巴黎还很远。他所做的一切不会改变战局,但这只是个开始。亨利控制着整个战争局势,他在重现亨利五世的辉煌,谁知道他能走多远?就在亨利庆祝胜利时,国内的麻烦很快就威胁到了他的胜利成果。法国人非常清楚,英格兰军目前在他们的国土上,于是请求苏格兰国王詹姆斯四世与法国结盟,并建议此时发动进攻。詹姆斯带着他的军队南下到弗洛登岭,等待英格兰军的到来。

虽然英格兰军可能看起来不堪一击,但作为

托马斯·莫尔

英格兰,1478年—1535年

简介 托马斯·莫尔曾是一名律师、一名修道士,做过翻译、作家和首席外交官等工作。1517年,他为亨利效力后,两人很快成为密友。4年后,莫尔被封为爵士;1523年成为下议院议长。正是他过于强烈的天主教信仰导致了他的垮台。虽然1529年他被任命为大法官,但他拒绝成立以亨利为首的英格兰国教会,所以不久他就辞职了。他拒绝接受新教,结果被捕,并于1535年7月6日被处决。

亨利想征服法国,但他的野心被眼前残酷的事实所束缚。

金马刺战役

1513年8月16日

亨利和他的英格兰军自1513年7月起就开始围攻瑟罗安镇。尽管在加斯科涅遭遇反抗,但他最终还是到达了法国,并带领军队取得了重大胜利。他在离城不太近的地方扎营,然后围攻。双方僵持不下,直到8月16日,法军先采取行动,打破了僵局。

法军看到麦斯米兰的神圣罗马军团加入了亨利的队伍,决定进行反击。8月16日上午,法军数千轻骑兵向敌军的阵地发起了进攻。消息传到神圣联盟的营地,军队和陷阱已经按计划准备好了,一场残酷的大战一触即发。这是一次法军注定失败的进攻,因为亨利和麦斯米兰拥兵3万,人数众多。幸存下来的法军骑马狼狈逃窜。这场战役也因此而得名。

虽然士气高涨,但这不能算是一次重大的军事胜利。亨利一直想在法国取得胜利,这次战役也是他第一次真正的战役。亨利为此而庆祝。但其实金马刺战役胜不足喜。随后,苏洛安陷落了,大肆庆祝只暴露出他的自负。巨额的军事财政支出使亨利对阿金库尔的梦想更近了一步。

结论

金马刺战役的胜利满足了亨利的自尊心,但对于征服法国来说,意义并不大。事实证明,这场军事实力展示的代价极其高昂。

▲ 金马刺战役因法军骑兵骑马狼狈逃窜而得名

摄政王的凯瑟琳却下定决心，让挑衅的苏格兰人有去无回。9月9日，英格兰军集结，与苏格兰军决战。最终，英格兰完胜苏格兰，苏格兰国王詹姆斯被杀。兴高采烈的王后把詹姆斯血淋淋的斗篷送给她的丈夫，上面写着："陛下，我兑现了诺言，为您送上詹姆斯的斗篷祭旗。"亨利在外征服敌人，而他的王后则在内痛击入侵者。

不幸的是，不管亨利愿不愿意，停战就在眼前。他一直为盟国提供军饷，英格兰的国库已被耗尽，他根本无法独自支撑下去，必须讲和。接下来的几年里，亨利有了一个新的潜在盟友，也有了一个新的敌人——野心勃勃的弗朗西斯一世夺取了法国王位；而奥地利国王查尔斯五世被选为神圣罗马帝国皇帝（他的王国还包括西班牙和意大利的一大部分）。沃尔西意识到战争造成了财政困境，努力实现和平。1518年，沃尔西成功签署《伦敦条约》。1520年6月7日，亨利和弗朗西斯在"金缕地"会面。按照计划，亨利和弗朗西斯将用一周享受庆祝活动，同时解决他们之间的分歧，而沃尔西将会见查尔斯五世。但事态并没有按计划发展。

尽管沃尔西的出发点是好的，但这种和平的尝试从一开始就注定要失败。亨利一开始就不希望和平，而弗朗西斯也无意向他的英格兰对手屈服。这两个人同样雄心勃勃、固执而骄傲。他们太相似了，任何建立友好邦交的尝试都不可能成功。第一次会面结束后，两位国王进行了为期一周的比赛。这一周是用来炫耀权力和地位的。"金缕"指的是极其奢华的帐篷。亨利决心证明他的运动能力，并参加了比赛，但弗朗西斯也是这么想的。亨利在摔跤比赛中输给了法国国王，他不得不忍受这种屈辱。显然，这次会面的唯一结果就是使英法两国之间更加仇恨对方。因此，亨利转向接近查理五世。

和平时期，尽管在联姻方面出现过一两次小问题，但亨利一直保持着与哈布斯堡家族的联盟。关键是，查尔斯和亨利都讨厌马丁·路德和弗朗西斯。亨利对法国国王的憎恨意味着战争是不可避免的。亨利急切地等待着发动另一次进攻。1521年，战争再次爆发，亨利宣布英格兰与神圣罗马帝国结盟，并于1522年签署了《温莎条约》，正式宣布"大联盟"成立。但事情没有按照亨利的计划进行，因为缺乏沟通，也许更是因为缺乏信任，全面入侵皮卡第失败了。亨利无法承受这次失败。

亨利想征服法国，想将法国并入英格兰版图，但他的野心被眼前残酷的事实所束缚。亨利以前曾资助过费迪南德和麦斯米兰，却发现在没有他的情况下他们达成了和解。亨利很害怕查理五世耍他父亲那样的花招。但对查理五世而言，他并不关心亨利能否登上法国王位。亨利与查理五世之间更加互不信任。

信任不是唯一的问题。1513年，亨利被来自北方的持续骚扰分散了注意力。每当他在法国开始一场战役，苏格兰军就会发起进攻，迫使他在两条战线上开战。亨利被激怒了，但他不愿放弃。他在1523年发动了另一次进攻，支持反叛的波旁公爵，但查理没有提供帮助，英格兰军被迫撤退。

1525年，查理在帕维亚战役中俘虏了弗朗西斯，但他并没有表现出与英格兰国王分享战利品的兴趣。亨利认为全面入侵的时机已到。由于

尽管亨利为得到梦寐以求的安妮王后而欣喜若狂。但他也意识到，欧洲联合起来反对他使他陷入了危险境地。

围攻布洛涅

1544年7月19日至9月18日

围攻布洛涅是亨利多年与法国交战中最接近绝对胜利的一次战役。然而,以巨大的代价征服一座城市,用"不合格"这个词来形容并不准确。亨利一直在寻找与法国恢复敌对状态的借口。1544年,战争爆发,他急切地联合他的老盟友(也是老敌人)查理五世。亨利召集了一支庞大的军队,准备横渡英吉利海峡。

英军兵分两路,分别袭击了蒙特勒伊和布洛涅。亨利亲自指挥了布洛涅战役。结果,对蒙特勒伊的进攻失败了。对布洛涅的围攻虽然漫长,但取得了最后的胜利。围攻开始于7月19日,英军迅速占领了该城的南部地区。然而,围攻持续了几个月也没能攻破城堡。亨利写信告诉王后凯瑟琳·帕尔,对方势力很强大,但胜利只是时间问题。亨利的部队在城墙下挖隧道攻入城堡,最终迫使法军投降。

然而,亨利的胜利只是暂时的。他发现查理对他的野心漠不关心。由于害怕奥斯曼帝国的势力,他没和英国商量,就独自与法国签订了和平条约。亨利回国应对苏格兰入侵,导致布洛涅被占领。弗朗西斯准备反攻。

▲ 查尔斯·布兰登是第一代萨福克公爵。亨利回国时让他留下保卫布洛涅

结论

亨利本可以占领这座城市,但财政花费过于巨大。尽管查理的条约使法国可以毫无顾忌地反攻,但方济各的企图最终也失败了。

资金不足,亨利和红衣主教沃尔西商量,试图通过征收"友好授予"税来筹措资金,但遭到强烈反对。亨利只好被迫放弃这一计划,并公开将责任推到沃尔西身上。被迫变卦的耻辱使亨利意识到自己不会得偿所愿。于是,他与弗朗西斯的母亲——萨沃伊的路易丝签署了《摩尔条约》,意图联络法国王室其他成员。

不出所料,查理的拒绝激怒了亨利。此时,神圣罗马帝国皇帝在意大利的势力进一步扩大,这使教皇克莱门特七世惊慌失措。于是他创建了干邑联盟,将威尼斯、佛罗伦萨和法国联合起来对抗查理。亨利不是联盟的成员,但他主动提出资助这个组织。1527年4月30日,他与弗朗西斯签订了《威斯敏斯特条约》,这表明他又有了新的想法。

亨利不顾一切地想要与凯瑟琳离婚,与安妮·博林结婚。他对离婚没有兴趣,只是想证明他与哥哥遗孀的婚姻是不合法的。这使他作为天主教徒的良心得到安慰,但使他反对查理五世,因为查理对他姑姑凯瑟琳被指控感到震惊。形势对亨利不利。查理为了报复联盟对罗马发动了袭击。教皇克莱门特七世成了他的俘虏,凯瑟琳的侄子也被他控制。克莱门特在12月重获自由，但皇帝对与联盟进行和平谈判毫无兴趣。查理再一次挫败了亨利的计划，并于次年1月向神圣罗马帝国皇帝宣战。而此时，英格兰宣布国家处于战争状态，却因为财政困难而有心无力。欧洲的局势终于在1529年通过《坎布莱条约》得到了解决。然而，因为亨利决心离婚，使得他与老盟友反目成仇。方济各请新教皇克莱门特出面调停，但他更关心的是巩固自己与罗马教廷的联盟。安妮·博林的怀孕迫使亨利采取了果断的行动。他与凯瑟琳的婚姻在1533年由托马斯·克兰默宣布无效。英国法庭认为，他和安妮的秘密婚姻是完全合法的。最后，亨利成为教会领袖，并废除了向罗马教廷上诉的制度。英格兰不再是天主教国家，教皇对国王也失去了影响力。

尽管他最终得到了他梦寐以求的王后而欣喜若狂，但亨利也意识到，团结一致反对他的欧洲使他陷入了危险境地。他试图利用查理和方济各之间频繁的争斗坐收渔翁之利，但没有成功。

1538年，亨利最终被逐出教会，教皇宣布梵蒂冈将支持任何废黜英国国王的人。对亨利来说幸运的是，查理正忙于应对奥斯曼帝国，如果方济各计划攻打英国，他也不打算参与。亨利知道弗朗西斯和查理之间的分歧使他们不可能长久地保持盟友关系。他必须要有耐心。终于在1542年，弗朗西斯和查理兵戎相见，亨利也得以重返战场。

此时的亨利肥胖多病，脾气暴躁。战争给了他一种使命感，查理终于站到了他这一边。尽管他们过去存在分歧，但现在，亨利和查理不计前嫌，恢复联盟。阿拉贡的凯瑟琳去世了；安妮·博林也被处决了，这样，亨利恢复了查理的荣誉。在海峡对面，弗朗西斯也没有闲着，他想方设法让亨利分心。

事实证明，亨利企图入侵法国，而苏格兰一直是他的眼中钉。只要他一越过英吉利海峡，苏格兰军就发动进攻。亨利希望詹姆斯五世能成为比他的前任更顺从的盟友，但詹姆斯拒绝追随他

"粗暴求爱"

1543年12月–1550年3月

"粗暴求爱"是亨利试图征服苏格兰失败的结论。此后他把注意力转向了法国。尽管亨利在索威莫斯战役中取得了重大胜利，但他仍然希望与苏格兰和平谈判。他开出了条件，但条件对苏格兰毫无吸引力，此后苏格兰宣布再次效忠法国。

当时，亨利正计划与查理五世联合入侵法国，不想与北方邻国展开全面冲突。亨利决定不全面开战，他命令部队向北开拔，让苏格兰人知道他是多么愤怒。军队由赫特福德伯爵爱德华·西摩率领。亨利告诉他，要"烧毁爱丁堡城，将其夷为平地，洗劫一空，得到你所能得到的一切。让爱丁堡人永远记住，这是上帝对他们的惩罚"。

城镇和村庄都要被烧毁。国王对反抗英军者

有严格的指示。他命令赫特福德继续"无论男女老少，一律烧死杀死，无一例外，反抗者格杀勿论"。赫特福德绝对服从国王的命令，不断向国王汇报战功，并占领爱丁堡和附近的利斯港。然而，法国并没有坐视不管，而是派遣军队帮助苏格兰进行反击。1546年，英格兰和苏格兰签订了《坎普条约》，这场双重侵略战争暂时休战。

结论

尽管亨利想要立竿见影的效果，想显示自己的武力和愤怒，但这种"粗暴求爱"只会加深苏格兰对英格兰的仇恨和不信任。

脱离罗马。亨利勃然大怒。1541年，詹姆斯没有出席约克的外交会谈，冲突随之爆发。1542年，苏格兰军在哈顿战役中取得小胜利。随后，两军在索尔韦莫斯再次交战。一场残酷的大战过后，苏格兰军遭受了耻辱的失败。大约两周后，詹姆斯五世去世，亨利再次被这场决定性的胜利所鼓舞，便又将注意力转向了法国。

亨利绝不半途而废。他决定从两条战线进攻法国。他尽其所能扩充财力，派遣诺福克公爵率军直取蒙特勒伊，并派另一支军队在萨福克公爵的率领下进攻布洛涅。诺福克失败了，但萨福克胜利了。亨利亲自指挥围攻布洛涅，从7月一直持续到9月，直到攻陷该城。他沉浸在胜利的喜悦之中，但这种喜悦稍纵即逝。亨利被迫将注意力转回至苏格兰，因那里爆发了一场叛乱。他的报复性行动非常残忍，因此又被称为"粗暴求爱"。

查理签署了另一项大陆和平条约，将英国排除在外，入侵法国同盟就此瓦解。方济各无意与亨利讲和，于1545年夏入侵英国，这对英国来说威胁很大。但幸运的是，这次入侵以失败告终，弗朗西斯被迫撤退。1546年，英格兰、法国、苏格兰和神圣罗马帝国达成和平协议——《坎普条约》，结束了亨利统治时期的战争。

一年后，亨利病重。不久，他带着对失败的不甘含恨离开了人世。亨利八世的军事指挥生涯向人们展示了什么呢？他自幼有一个浪漫的英雄梦，使他一生都无法或不愿从梦中走出。他一直都在为个人梦想和英格兰的荣耀而战。在他看来，法国本应属于英国，应该置于英国统治之下。在他之前，没有哪位英国国王能够攻占法国。他认为自己能够实现这个梦想，这是一个童年的梦想，后来变成了成年人的幻想。亨利与盟友们联合，想要借助他们的力量实现梦想。他明知盟友们对他的梦想毫无兴趣，但依然忍辱负重，一往无前。在亦真亦幻的现实中，战争耗费了他的一生，却没有给他任何回报。

1516年—1556年

查理一世

作为欧洲3个主要王朝的继承人和神圣罗马帝国皇帝，西班牙的查理一世可以说是世界上最强大的人。他的统治以辉煌的战绩和领土扩张为世人瞩目

16世纪，神圣罗马帝国的皇帝、西班牙的查理一世，堪称欧洲皇帝。他不仅是欧洲3个主要王朝的继承人，还是横跨欧洲和美洲广大领土的统治者。实际上，除了荷兰、德国、西班牙、意大利部分地区和法国之外，查理还通过西班牙征服者获得了大片领土，让诸如赫尔南·科尔特斯等人控制了现代南美洲的大部分地区。

1500年，查理一世出生在佛兰德斯城市根特，是卡斯蒂利亚的菲利普一世的长子。在那里，他接受了教育和文化观念；6岁时，继承了他父亲的勃艮第低地国家的领土；15岁时，他已经通晓多种语言，包括德语、法语和佛兰德语。也是在15岁，查理作为统治者，经历了第一次考验——弗里斯兰农民起义。起义虽取得了一系列胜利，打败了查理的军队，然而，查理并没有惊慌。在咨询了军事顾问后，他成功击退了叛军，抓获了叛军首领，并将他们斩首。这是查理第一次尝到胜利的滋味。

查理还在荷兰的时候，他的母亲卡斯蒂利亚的乔安娜就已经在西班牙为他的继位做准备了。1516年，查理的祖父阿拉贡国王费迪南德二世去世，乔安娜继承了阿拉贡的王位，统治阿拉贡、加泰罗尼亚、瓦伦西亚、那不勒斯、西西里和撒丁岛等地。乔安娜利用这个机会确立了查理的继承权，查理加冕为卡斯蒂利亚和阿拉贡的国王，并与母亲共同统治，直到母亲去世。一年后，查理对其新领土西班牙开展了勘测和控制活动。

由于乔安娜女王还在世，而且查理被认为

> 查理一世，尤其是在其晚年，因他畸形的下颚而出名。这是几百年来皇室近亲结婚所造成的。

> 查理在其在位期间,与苏莱曼进行了长期交战。

查理一世

西班牙,1500年—1558年

简介 作为哈布斯堡家族的一员,查理的基因有缺陷,如下巴异常疼痛。不幸的是,哈布斯堡家族的这一特征使得其家族在任何一幅肖像画中都很突出。他以神圣罗马帝国皇帝的身份统治荷兰、德国、意大利和法国等大片欧洲领土,并将西班牙也纳入版图。

> 查理一世在统治期间，控制了西班牙在美洲的大部分殖民地。

▲ 西班牙国王菲利普二世和查理一世

大事年表

1500年
● **查理出生**
查理出生在佛兰德斯城市根特，是卡斯蒂利亚国王菲利普一世和"疯人"乔安娜（她极有可能患有精神分裂症）的长子。1500年2月24日，威廉·德·克罗伊做了他的导师。
1500年

● **科摩罗起义**
查理夺取了卡斯蒂利亚的王权。接着，又对该地区征收重税，以补给战争军费，这导致当地人起义，但遭到查理的残酷镇压。卡斯蒂利亚正式并入哈布斯堡帝国版图。
1520年

● **葡萄牙的伊莎贝拉**
查理于3月10日在塞维利亚与葡萄牙的伊莎贝拉结婚。因为查理经常忙于境外领土的事务，伊莎贝拉执掌西班牙的王权。他们的儿子菲利普最终接替查理，成为西班牙国王。
1526年

● **阻击苏莱曼**
苏莱曼的奥斯曼帝国入侵欧洲。查理在维也纳成功阻击了苏莱曼。但是，苏莱曼最终赢得了地中海东部的控制权。
1529年

● **接受教皇加冕**
尽管查理在1519年6月成为神圣罗马帝国皇帝，但直到11年后，教皇克莱门特七世才在博洛尼亚主持了加冕仪式。查理是最后一位接受教皇加冕礼的神圣罗马帝国皇帝。
1530年

▲ 1515年，年轻的查理一世的画像。次年，查理加冕为国王

是外国人，所以他并不受当地居民的欢迎，西班牙官员对他也产生了很大的怀疑。事实上，在签署了一项协议后，查理才最终被确立为君主。该协议要求他学习卡斯蒂利亚语；不能把外国人送上法庭；尊重他母亲的权利；不能把西班牙的贵金属带出该地区。查理同意了这些条款才获得王位。在此后的两年里，一切按计划进行，查理逐渐形成了自己的统治风格，制定了各项政策。

然而，1520年，由于查理对他所有的西班牙领土征收高税，因此爆发了起义。这是查理在西班牙第一次受到挑战。此前，类似的起义曾经在荷兰发生过多起，查理已经积累了丰富的斗争经验。这次在西班牙，他动用了全部军事力量，迅速镇压了起义。平定西班牙后，年轻强大的国王扩大已有的广阔疆土。1522年，在比科卡击败了法国—瑞士军队；1525年，在伦巴第占领了米兰；1527年，查理甚至洗劫了罗马城，囚禁了教皇。他的强势地位似乎不可撼动。

然而，查理很快就面临了前所未有的战争考验。奥斯曼帝国的苏莱曼的强大军队大举入侵欧洲，直逼查理的领土。苏莱曼不仅在地中海地区攻无不克、战无不胜，而且欧洲大陆但凡他所到之处，都遭到了洗劫。查理被迫立即转移了注意力，击退了苏莱曼。强大的军事力量打击了奥斯曼帝国，并在1529年维也纳之围一战中，阻止了苏莱曼迈入欧洲的脚步。尽管如此，苏莱曼还是继续骚扰着查理和整个欧洲。他不断破坏贸易

> 尽管查理大半生的时间都在与敌人作战，但他最终却并非战死沙场，而是死于疟疾。

● **根特叛乱**
在阿尔巴公爵的帮助下，查理亲自镇压了根特的叛乱。叛乱是由高税收引起的。叛乱发生后，查理剥夺了这座城市所有的法律和政治自由。
1539 年

● **瓦拉多利德大讨论**
查理在瓦拉多利德召开了一次会议，讨论对新大陆的土著居民使用武力的道德问题，因当时西班牙正对新大陆殖民和剥削。不幸的是，会议无果而终。
1550 年

● **新教叛乱**
信奉新教的王子们与法国国王亨利二世结盟，反抗查理在中欧的罗马天主教统治，并迫使他撤退到荷兰。3年后，查理放弃了对荷兰的统治。
1551 年

● **退位**
在放弃对荷兰和夏洛来郡的统治后，查理在1月放弃了他的西班牙帝国，而他的儿子菲利普已经控制了那不勒斯和西西里。
1556 年

● **查理去世**
在埃斯特雷马杜拉的圣尤斯特修道院自我流放了两年之后，查理死于疟疾。他的遗体被埋葬在修道院。26 年后，被转移到圣洛伦佐德埃尔埃斯科里亚修道院。
1557 年

1558

▲ 查理命人画的像。画像中，他坐在最高的宝座上。宝座之下都是他的手下败将。其中，最左边是著名的苏莱曼大帝

路线，沉重打击了西班牙和意大利的海岸。

虽然苏莱曼的威胁没有消除，但有所减弱，因此查理决定征服新发现的美洲土地。西班牙的征服者们，如著名的赫尔南·科尔特斯，一直在南美洲占有大片土地，并将其献给查理。这些地区盛产贵金属，因此查理意识到，这些地区可以为他的帝国提供宝贵资源。然而，查理似乎也对获取资源和领土的方法感到担忧。为了确保其统治地位，科尔特斯和他的手下经常屠杀当地居民。查理亲自召开了著名的瓦拉多利德会议，决定如何对待新大陆的土地和人民。这足以证明他对此甚为担忧。

然而，查理对美洲的关注并没有持续多久。1536年和1542年，查理的法国敌人弗朗西斯一世与苏莱曼结盟，反对神圣罗马帝国皇帝，以此来显示自己的威力，企图控制欧洲及其宗教。法国—奥斯曼联盟给查理带来了很大麻烦。1530年至1540年，3个大国之间爆发了一系列战争。直到1547年查理接受阿德里安堡休战，断断续续的战斗才宣告基本结

> 众所周知，查理的后半生被慢性痛风折磨得痛苦不堪。

查理在诸多方面成绩斐然。他子承父业，统治了一个庞大的帝国。

▲ 创作于1548年的著名的查理画像，提香作

▲ 查理身着神圣罗马帝国皇帝的盔甲

查理一世还是查理五世？

西班牙的查理一世？还是神圣罗马帝国的查理五世？

今天，西班牙的查理一世已被世人遗忘，取而代之的是神圣罗马帝国的查理五世。神圣罗马帝国由408年西罗马帝国和880年后期的加洛林王朝瓦解后形成。帝国由中欧的多民族领土组成，其中最大的是德国。在600多年间统治该地区的政治和宗教的领袖是名义上的皇帝，由罗马天主教皇加冕。查理一世的祖父马西米兰一世，是德国的国王，不是西班牙的国王，同时他也是神圣罗马帝国的皇帝。然而，马西米兰去世后，复杂的世袭法则意味着他最有望成为新皇帝。理事会的选举人最终选择他做神圣罗马帝国皇帝（不是西班牙王室卡斯蒂利亚的国王）。1516年，他成为荷兰和勃艮第统治者。事实上，他在1506年至1519年，已经统治了该地区。然而，直到11年后的1530年，教皇克莱门特七世在罗马加冕，查理才正式成为神圣罗马帝国的皇帝。更重要的是，查理于1556年正式退位，由弟弟费迪南德继位。按照神圣罗马帝国的规定，是不接受继承的，所以虽然费迪南德从1556年起就是神圣罗马帝国的皇帝，但直到两年后查理去世，他才被正式承认。由于神圣罗马帝国在当时的规模和重要性，其名义上的国王名气早已超过西班牙国王，所以史书更倾向于称呼他为查理五世而不是查理一世。

束。尽管查理不想签署休战条约，但他同样不想让战争持续，导致国家衰落。

事实上，因查理经常出兵作战，将国土交给他人管理，很快他就发现自己的权力被削弱了，特别是在神圣罗马帝国的中心地带德国。1550年前后，这场动乱和阴谋篡权发展到了荷兰。查理意识到可能会爆发全面的叛乱，于是对任何异端和政治异见者都处以了死刑。

此时，由于几十年的严酷统治、高额税收和游牧生活，查理的统治已经摇摇欲坠，但他仍努力想挽救这一切。这时他已经50岁了，已经没有意愿和精力来支撑这个庞大的帝国了。此外，伴随他一生的下颚畸形，也更加严重，他因慢性下颚疼痛而无法咀嚼食物。由于只吃红肉又患上痛风，他被折磨得痛苦不堪。查理意识到自己大限将至，决定以自己的方式结束他的统治。1555年，他放弃了对荷兰的统治；1556年又放弃了对西班牙和神圣罗马帝国的统治。他的儿子菲利普被任命为继承人。退位后，查理把自己关在埃斯特雷马杜拉的圣尤斯特修道院，在那里度过了晚年。两年后的1558年，查理死于疟疾。他的遗体被埋葬在修道院。

查理有什么值得称道的呢？查理在很多方面都值得赞扬。他继承并控制了一个庞大的帝国，使之不断扩张并得到很好的保护。此外，他战绩斐然，政治精明，与欧洲内外的其他统治者保持距离。与同时代的许多君主不同的是，尽管查理经常发动战争，但据称他并不滥杀无辜，相反他非常厌恶战争。其他方面，在查理离开哈布斯堡王朝时，财政赤字累累，西班牙国力衰落。而此时，德国和荷兰在宗教问题上也有严重分歧。

苏莱曼大帝
奥斯曼帝国，1494年—1566年

简介 苏莱曼大帝统治着奥斯曼帝国，被称为奥斯曼帝国最伟大的苏丹。他将帝国领土扩展到整个欧洲。除了对外征服，他还使伊斯坦布尔崛起。他兴建的许多建筑至今仍屹立在世。

1520年—1566年

苏莱曼大帝

苏莱曼大帝是奥斯曼帝国的苏丹。他征服了欧洲的中心地带，成为欧洲大陆的霸主。他对内统治宽容，为奥斯曼帝国创造了一个黄金时代

16世纪初，欧洲的权力掌握在3位活跃的年轻统治者手中：英国的亨利八世、法国的弗朗西斯一世和神圣罗马帝国的查理五世。年仅26岁的苏莱曼一世于1520年登上奥斯曼帝国的宝座，几乎没有引起世人的注意。但仅仅过了一年，苏莱曼的名字就响彻整个西方世界。他在世的时候，欧洲人用一个更宏大的头衔称呼他：苏莱曼大帝。

根据最早的关于苏莱曼的文献记载，他身材高大，圆脸，瘦削的鹰钩鼻，脖子过长，眼睛是明亮的淡褐色，额头宽阔。他7岁起就接受皇家教育，被送到奥斯曼帝国首都君士坦丁堡（今伊斯坦布尔）的托卡比皇宫学习。

托卡比皇宫金碧辉煌，优雅的大厅里装饰着蓝、白、青绿色的马赛克瓷砖，墙上装饰着精美的地毯和纺织品。众多知名学者在这里教授年轻的苏莱曼历史、科学、文学、神学和军事战术。苏莱曼是一位天才的诗人和语言学家，精通5种语言——土耳其语、阿拉伯语、恰加泰语（中亚突厥语的一种方言）、波斯语和塞尔维亚语。事实上，欧洲人之所以对苏莱曼的加冕仪式漠不关心，是因为大家都认为他是一位学者，而不是像他父亲那样的好战分子。

苏莱曼的父亲塞利姆一世（也被称为格里姆）在位仅8年。他征服了埃及马穆鲁克苏丹国和波斯萨法维王朝，极大地拓展了帝国版图，留给他的儿子一个强大的帝国。这意味着，苏莱曼除了统治现代的希腊、土耳其和黑海沿岸外，还继承了埃及、利比亚、叙利亚、巴勒斯坦、沙特阿拉伯的赫贾

> 另一方面，苏莱曼深受亚历山大大帝的影响。

兹地区和阿尔及利亚海岸的广袤领土。塞利姆对欧洲怀有敌意，所以人们普遍认为他的儿子会继续向东扩张，但年轻而有抱负的苏丹却有不同的想法。

苏莱曼和查理五世同样胸怀大志，是其他欧洲君主望尘莫及的。因此，两位皇帝长期处于征战之中。亨利八世梦想收复法国；弗朗西斯梦想重夺米兰公国；而查理热衷于扩张领土，推广基督教，包括重新夺回耶路撒冷，甚至是占据苏莱曼的首都君士坦丁堡。与他相似，苏莱曼深受亚历山大大帝的影响，认为自己注定是一位伟大的统治者。

苏莱曼可能也嫉妒查理，因为查理继承了太多的遗产，统治着比他更多的领土，包括西欧、中欧和南欧的大片地区，以及西班牙在美洲和亚洲的殖民地。早在维多利亚时代之前，查理的王国就被西班牙牧师弗瑞弗朗西斯科·德·乌加尔德称为"日不落帝国"。

查理与亨利和弗朗西斯也有姻亲关系（至少在英国国王与阿拉贡的凯瑟琳离婚之前）。他是一个核心的政治人物，而苏莱曼则是边缘人。但历史表明，苏莱曼在16世纪影响力更大。正如一位传记作家所写，即使是欧洲最有权势的查理，他的大半生也都在跟随苏莱曼的步调。

1521年7月，刚登基的苏莱曼明确了自己的战略：向西进军。苏莱曼率领6000名帝国卫队

▼ 近卫军是苏莱曼军队的精锐步兵，其使整个欧洲畏惧

骑兵、近卫军精锐步兵团、步兵和200名来自名门望族的青年，包围了多瑙河沿岸的要塞——当时隶属于匈牙利王国的贝尔格莱德。与他们一起出发的一支舰队，封锁了这座城市的水上通道，防止敌人增援。水陆夹击使贝尔格莱德很快就沦陷了。入侵者在破城后通常都会大肆抢掠，如1527年查理的军队就将罗马洗劫一空，但苏莱曼对攻下的城市进行了经济补偿，而且他的军队纪律严明，任何人胆敢抢掠，立即处决。

苏莱曼在欧洲的心脏地带站稳脚跟后，并没有继续前进，而是将注意力转向了罗得岛。这里是圣约翰骑士团在地中海的据点，圣约翰骑士团也被称为医院骑士团，是十字军东征后留存下来的。骑士们对奥斯曼帝国船队构成了威胁。他们抢劫船队的谷物和黄金，并奴役被俘的穆斯林船员。在苏莱曼向西方宣战后，骑士们可能会构成更大的威胁。

苏莱曼从他父亲那里继承了一支强大的海军舰队，并不惜重金将其打造得更为强大。1522年12月，他率领400艘装备精良的战船和10万名英勇的士兵进攻罗得岛。经过6个月的残酷战斗，最终取得了胜利。

苏莱曼又一次精明地展现了他的仁慈。出于对骑士们的尊重，他给骑士们12天的时间，允许他们携带武器和任何想要的贵重物品离开该岛。苏莱曼还下令，岛上任何希望离开的居民都可以在3年内随时离开。

苏莱曼的统治方式不是恐吓，而是仁慈，这使他赢得了当地民众的支持。他鼓励罗得岛的居民留下来，也没有强迫这些基督徒接受伊斯兰教。他承诺，岛上的任何教堂都不会被亵渎或改建成清真寺。事实上，苏莱曼的扩张策略在很大程度上是非常具有外交策略的。

几十年来，被驱逐出西班牙的摩尔人和犹太人成群结队地涌向君士坦丁堡——这座城市以宽

▲ 描绘苏莱曼的画作《壮丽》

容著称。在这里，人们可以自由信奉任何宗教，而不必担心受到迫害。这些人中有商人、工匠和银行家。当然，所有非穆斯林都必须额外再缴纳一笔税款，这为奥斯曼帝国带来了财富，但他们可以获得和平的生活。

苏莱曼派特使到特兰西瓦尼亚附近的山区会见波斯尼亚和克罗地亚的统治者，并与他们达成了和平协议。根据记载，奥斯曼帝国统治的希腊地区比威尼斯人统治时更繁荣。希腊和法国也很繁荣。整个奥斯曼帝国处于安定繁荣中。土耳其人的形象发生了重大转变，从"土耳其恐怖"演变成了"土耳其和平"。

但西欧的情况却完全不同。弗朗西斯一世和查理五世之间战事不断。用弗朗西斯姐姐的话来说，"他们是天生的对头"。为了对抗查理，弗朗西斯将奥斯曼帝国视为潜在的盟友。1525年，帕维亚战役后，神圣罗马帝国皇帝将弗朗西

▲ 创作于16世纪的梅尔基奥勋爵笔下的苏莱曼

斯扣为人质。这位法国国王的母亲建议他与苏莱曼重归于好。苏莱曼看到了机会，找到了一种在欧洲提升自己地位的新策略。他给弗朗西斯写了一封振奋人心、热情洋溢的支持信。这是一个谨慎而微妙的开端，法国—奥斯曼联盟将持续此后的几个世纪。欧洲称其为"不虔诚的联盟"和"百合花和新月的神圣联盟"。

1526年，苏莱曼在弗朗西斯的默许下，向匈牙利进军，并在莫哈奇战役中击败了匈牙利军。

奥斯曼帝国雄心勃勃的向西远征最终以失败告终。1529年，苏莱曼进军多瑙河流域，围攻维也纳。这是他第一次军事上的失败。1532年，他再次尝试，但仍未能攻下神圣罗马帝国的核心。

尽管如此，苏莱曼的军队还是让欧洲各国感到恐惧。他精锐的步兵是一支令人生畏的近卫军。这支军队由战俘和奴隶组成，大部分是从希腊、阿尔巴尼亚和巴尔干半岛的基督教儿童中招募的。他们被带到奥斯曼帝国的中心，经过训练后成为最优秀的军人。他们是苏丹最忠诚的捍卫者。

几年后，奥地利大使奥吉尔·德·布什贝克写道，苏丹的军队展现了令人难以置信的纪律性：他们耐心、顺从、从不吵架，最重要的是，他们无所畏惧。他们不喝酒，只吃芜菁、黄瓜、大蒜、盐和醋。他们每天只喝一两次水，搭配以面粉、少量黄油、牛肉粉和香料混合的主食。他们的食物与现代蛋白奶昔有着异曲同工之妙。布什贝克总结："我认为土耳其的体制远胜于我们。我不敢想象未来如何与他们竞争。"

大使们纷纷写信给他们的君主，并在信中不止描述了奥斯曼帝国的军事力量。比如，在罗马、法国和威尼斯大使的报告对奥斯曼帝国宫廷的细节也描述得栩栩如生，向人们展现了一个宏伟、富裕和优雅的世界。很快，奥斯曼帝国的服饰、艺术和文化渗透到欧洲，成为当时最受推崇的元素。在苏莱曼的整个统治期间，人们对这位富有创造力和智慧的君主充满了崇敬之情。苏莱曼曾经被称为"天灾"，但同时他也被称为"奇才"。

苏莱曼身着丝绸质地的精致束腰长袍，经常以黑貂为衬里，精美的图案让最奢侈的欧洲君主也相形见绌。他还喜欢柔软的白色亚麻布衬衫。内衬白棉布，外面是玫瑰色的丝绸。他的所有的衬衫都散发着芦荟木的香味，所有的衣服都只穿一次。

他用银盘在银质餐桌上进餐，用绿松石做成的高脚杯喝酒。大厅里铺着厚厚的地毯和金色的布。苏丹的宫廷餐会有50多道菜，200名侍者在旁服侍。他们身着红色绸缎衣服，头戴金色绣花帽。苏丹的桌子上摆满了来自博斯普鲁斯海峡的海鲜：龙虾、鲟鱼、旗鱼。亨利八世饮食放纵，甚至有贪食的名声，但与苏莱曼相比，他的餐饮不免黯然失色。

▲ 苏丹在贝尔格莱德监审处决犯人

▲ 普雷维萨战役表明，奥斯曼帝国是一支不可忽视的力量

美丽的土耳其服饰和地毯吸引了欧洲人的目光，引发了他们的想象。从威尼斯的总督宫殿（奥斯曼艺术、纺织品和文化的发源地）到汉普顿宫，毛绒的、充满活力的纺织品和地毯成为了财富和精致的象征。亨利八世甚至几次打扮成土耳其人，参加宫廷假面舞会。

1532年，威尼斯商人卖给苏莱曼一个镶满珠宝和珍珠的金王座，其价值约为4万达克特

> 他强大的精锐步兵是令人畏惧的近卫军。

（硬币）。他坐在华丽的王座上接受礼物：埃及的棉花、叙利亚的锦缎、摩苏尔的银盘、金布和青金石。苏莱曼特别喜欢中国瓷器。此外，他还购买了皮革和阿拉伯马。即使在战争中，苏丹也过着奢华的生活，这给人们留下了深刻的印象。

有一本图册生动地描绘了他于1532年进军维也纳时的盛景。走在军队最前面的是步兵和骑兵部队；随后是旗手。旗帜上有奥斯曼帝国的新月图案，还有用珍珠和宝石装饰的先知穆罕默德的名字。12名侍从跟随其后，手里托着镶满宝石的闪闪发光的头盔。其中最著名的是一顶由4顶王冠组成的金色头盔，上面镶嵌着硕大的重达12克拉的珍珠、钻石、红宝石，以及一颗巨大的绿松石。这是威尼斯工艺的巅峰之作。不知为何，其与教皇的王冠惊人地相似。

苏莱曼骑着一匹配置华丽的马，光马鞍就估

苏丹的建筑师

米玛·希南的创造力帮助苏莱曼开创了黄金时代。

米玛·希南早年是苏莱曼的警卫，后来升任警卫队长。这使他得以多次出国旅行，包括埃及和希腊等地。这些经历激发了他对建筑和工程的热爱。

尽管米玛·希南46岁时才开始建筑生涯，但他的才华和天赋很快得到了认可，被任命为皇家建筑师。他曾为3个苏丹服务：苏莱曼和他的两个继任者——塞利姆二世和穆拉德二世。为了纪念他们，希南设计了300多座建筑，从清真寺到宫殿，还有浴场和亭台楼阁。其中许多都被认为是伊斯兰建筑的典范。

希南最著名的3个建筑成就：为苏莱曼的儿子穆罕默德建造的泽扎德清真寺；今伊斯坦布尔的苏莱曼尼耶清真寺；埃迪尔内优雅的塞利米耶清真寺。

他深受6世纪君士坦丁堡拜占庭建筑风格的影响，特别是拥有巨大圆顶的圣索非亚大教堂。

希南的作品是奥斯曼帝国建筑的巅峰之作。因为他在清真寺中使用了古典的圆顶结构。每座清真寺都庄严地耸立着错落有致的圆顶，周围是高耸修长的宣礼塔，四周环绕着宁静的花园。他展开奇思妙想，建造金字塔状的建筑底座，改变房屋比例，打开封闭结构，开设窗户，让更多的光线照进室内。

这位杰出的建筑师曾说："泽扎德清真寺是我的青涩之作；苏莱曼尼耶清真寺是我的成名作；塞利米耶清真寺是我的巅峰之作。"所有到过伊斯坦布尔的游客都会认同，他设计的苏莱曼尼耶清真寺的确是建筑和设计的杰作。这个由棱角和球面构成的网状巨大建筑，时至今日依然是奥斯曼帝国的象征。

▲ 伊斯坦布尔泽扎德清真寺美丽的内部

罗克塞拉娜：奥斯曼帝国的安妮·博林

罗克塞拉娜在苏莱曼宫廷中的地位甚高，这不仅因为她的美貌，
还归功于她的聪明才智和雄心壮志。

1523年，一名年轻女子出现在苏莱曼的宫廷中。她是在加拉提亚被土耳其人抓获的。她来自今乌克兰的鲁塞尼亚，因此被称为"罗克塞拉娜"，意思是"俄罗斯人"或"鲁塞尼亚人"。她有着红色的长发，皮肤白皙。在苏丹的后宫里，她的美貌、机智和聪慧引起了苏丹的注意，很快就成了苏丹的宠儿。但这只是开始。

苏莱曼做出了前所未有的举动：他抛弃了后宫里所有的女人，只宠爱罗克塞拉娜。据传，为了确保苏丹只爱她一人，她烧毁了后宫，这样就可以和她的爱人住在一起。不重建新的后宫，她就可以留在苏丹的宫殿里，而后宫再也没有重建。

因苏莱曼对她情有独钟，使她成为了地位最高的妃子，取代了玛希德弗朗——这位苏丹独子的母亲。他决定娶罗克塞拉娜为后。这一决定打破了几个世纪以来不得娶外族姬妾为妻的传统。和许多有权势和影响力的女性一样，那些憎恨罗克塞拉娜说她"蛊惑"了苏丹。当然，他写给罗克塞拉娜的诗仍然是那个时代最著名、最炽烈的爱情诗。

罗克塞拉娜是一个非凡的女人。她聪明、有抱负、仁慈、有策略。她不仅是妻子和王后，而且多年来一直担任苏莱曼的国家事务首席顾问，并在国内外政治中发挥着重要作用。她有无数的政治对手，即苏莱曼的忠实朋友和顾问易卜拉欣·帕夏。她为了争夺决策权，与帕夏展开了一场殊死搏斗，并最终取得了胜利。

▲ 1530年，苏莱曼娶罗克塞拉娜为王后。这是史无前例的

值7万达克特，而马盔（用来保护马脸）上有一块鸡蛋般大小的绿松石。苏丹头戴大头巾，身穿镶有宝石的皇家紫色皮草锦缎长衫。脖子上戴着一条金项链。这条项链很重，需要两边的侍从用手托着。

苏莱曼赢得了来访者的赞赏。布什贝克大使对他选取顾问和议员的明智方式印象深刻。他写道："在任命时，苏丹不考虑任何财富或地位的虚名，也不考虑推荐或声望。他认为每个人都有自己的独特之处，需要仔细研究一个人的品质、能力和性格。每个人都介绍了其祖先的辉煌事迹和自己地位，但这些是可以随意捏造和修改的，并不可靠。"

欧洲人因为苏莱曼的富有而发出赞叹，而他的臣民却给了他"卡努尼"的称号，意思是"立法者"。他着手进行了一系列行政审查，并在教育、税务和刑法领域进行了重大改革。他的改革有助于衔接两部奥斯曼法——苏丹法和伊斯兰教教法，被称为"卡农奥斯曼尼"，或《奥斯曼法》，一直沿用了3个世纪。

苏莱曼也是艺术家和哲学家的慷慨赞助者。皇家宫廷中不乏艺术家和技艺高超的书法家，如艾哈迈德·卡拉希萨里和卡拉·梅米等。苏丹的资助遍及多个领域，特别是在绘画、纺织和陶瓷方面。

像大多数苏丹一样，苏莱曼年轻时学过金器制作，因此，他亲自监督托普卡普宫里工匠们的工作，还雄心勃勃地筹建了一个建筑项目。他也是伟大的建筑师米玛·希南的赞助人，后者建造了标志性建筑——苏莱曼尼耶清真寺和塞利米耶清真寺。

苏莱曼热爱诗歌，认为自己是一个诗人，他的笔名是"穆哈比"，意思是"亲爱的深情的朋友"。后人称他的作品"抒情、神秘、谦逊、真诚"。他在诗歌中抒发了作为皇帝的孤独、对国家的热爱、对命运的感悟和对美好事物的热爱。

也许最重要的是，他写了充满激情的浪漫诗歌给那个皈依伊斯兰教的女人——罗克塞拉娜，并使她成为王后罗克塞拉娜。然而在苏莱曼统治后期，他抛弃了精美的服装、珠宝、黄金、葡萄酒、诗歌和音乐。

和查理一样，苏莱曼在晚年在宗教方面更为谦逊。他在与查理的继任者，神圣罗马帝国皇帝马克西米利安二世的战争中去世，享年72岁。为避免打击士气，他的死讯秘而不发。按照传统，他的遗体在被清洗后，双手放在胸前，鼻子、眼睛和耳朵里塞满了棉花，然后，裹在一块丝绸里，埋在他心爱的面向麦加的苏莱曼尼耶清真寺里。

苏莱曼是奥斯曼帝国在位时间最长的苏丹。他比他的4个欧洲对手活得更久。他与这些君主在敌对和联盟中度过了几十年。从此以后，奥斯曼帝国再也没有得到如此的尊重和赞赏。

> 苏莱曼对艺术家和哲学家非常慷慨，经常资助他们。

▲ 1529年，苏莱曼占领布达

苏莱曼帝国
奥斯曼帝国在苏莱曼的统治下繁荣发展。

图例
- 苏莱曼征服的帝国领土
- 苏莱曼继承的帝国领土
- 查理五世的帝国领土

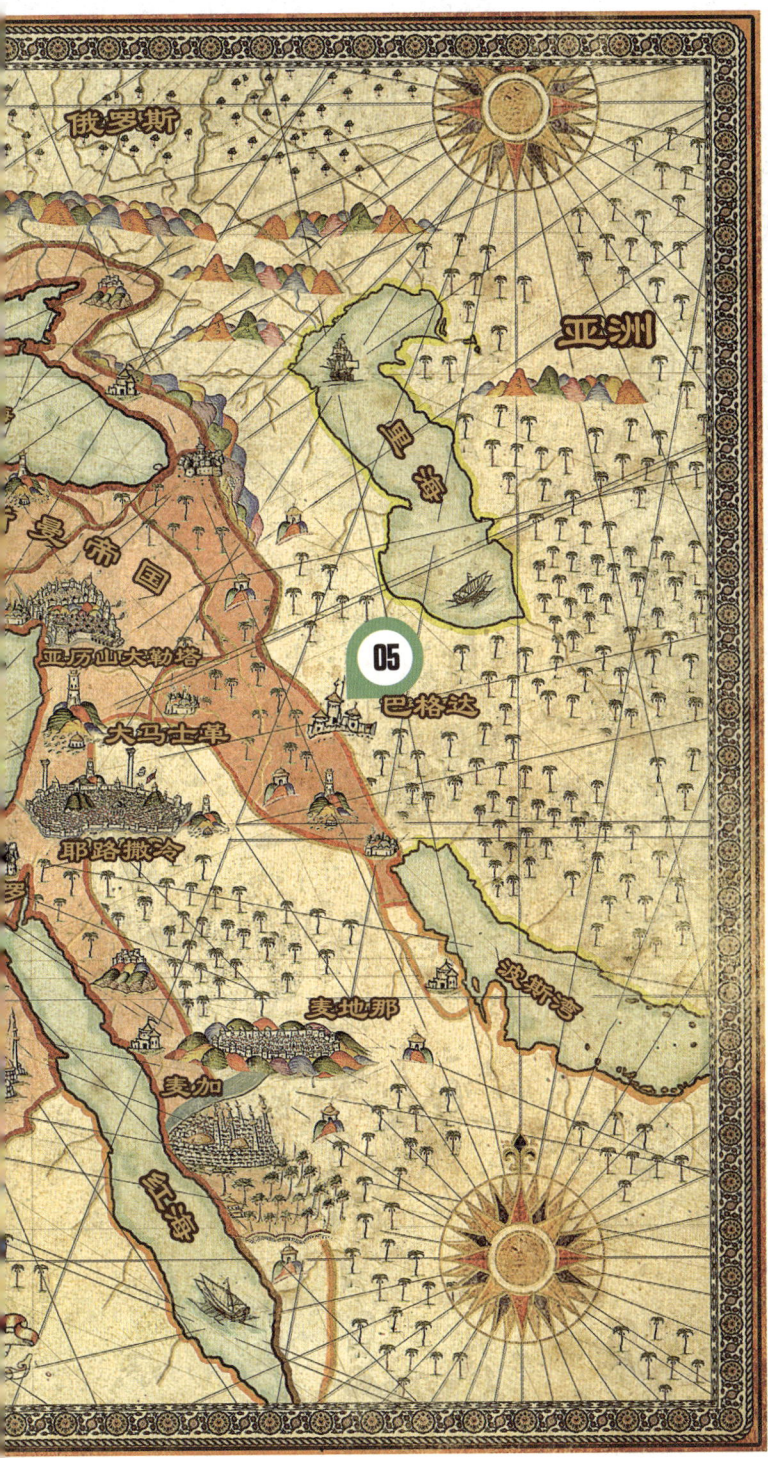

1. 时代的终结
罗得岛由医院骑士团驻守,是十字军东征后仅存的据点之一。经过长时间的围攻,苏莱曼获得了胜利,占领了要塞。

2. 罗马帝国的灭亡
君士坦丁堡位于帝国的中心。苏莱曼对穆罕默德二世的事迹心存向往。他流连于那些最具标志性的建筑,如苏莱曼尼耶清真寺。

3. 奥斯曼帝国的势头中止
经过两次失败的围攻,苏莱曼被迫放弃了夺取哈布斯堡王朝首都的野心。这是奥斯曼进军欧洲的最远距离。

4. 王者之战
在欧洲最具影响力的战役之一——莫哈克斯战役中,苏莱曼击败了匈牙利王国及其欧洲盟友,取得了决定性的胜利。从那以后,匈牙利几乎不再是一个独立的国家。

5. 主要的竞争对手
1532 年,奥斯曼帝国与邻国伊朗萨法维王朝之间的领土战争爆发。1534 年,巴格达被攻占,这巩固了苏莱曼在美索不达米亚部分地区此后 100 年的统治。

6. 走出非洲
1551 年,随着的黎波里被攻占,利比亚海岸一望无垠的土地都置于奥斯曼帝国的统治之下。从该地出发,巴巴里海盗(奥斯曼海军统帅海雷丁曾是海盗)可以自由支配整个地中海的航运。

7. 新月和百合
法国和奥斯曼帝国的联盟震惊了欧洲其他基督教国家。直到拿破仑战争爆发后,这个外交联盟才解体。

伊丽莎白一世

英格兰，1533年—1603年

简介 伊丽莎白在她的天主教姐姐玛丽一世死后继承了王位，当时的英国国内宗教分裂，冲突不断，社会动荡。在她统治期间，与国内外的敌人作战，实现了英国宗教统一，并积极对外扩张。

1558年—1603年

伊丽莎白一世

她击退了外国入侵，镇压了国内叛乱。
但她的统治期真的是黄金时代吗？

1588年，伊丽莎白一世没有采纳其得力助手的建议，而是骑着灰色骏马赶到埃塞克斯郡蒂尔伯里，向那里的士兵发表演讲，准备击退西班牙无敌舰队的入侵。这篇演讲因为其中一句话被载入史册："我很清楚，从外表看，我是个软弱无力的女人；但我实际上是一个国王，英格兰国王。"

女王的演讲被转成手稿后发给士兵们。虽然士兵们听不到女王的演讲，但他们仿佛看到了身穿盔甲，骑着骏马，随时准备与他们并肩作战，击退入侵者的君主。几百年来，世人熟知伊丽莎白的外在，但她更多的内在是人们不了解的。伊丽莎白诡计多端，反复无常；但她也会被爱情蒙住双眼，哪怕只是暂时的。

女王聪明绝顶，知道人们想要什么，对国王有什么期望。她似乎一直对此都很敏锐，但她必须应对外国的入侵企图和国内的叛乱。在她登上王位后，英国经历了最伟大的胜利和最黑暗的时刻。

1558年11月，伊丽莎白即位时，整个欧洲人心惶惶。信奉新教的新女王将如何继承她的天主教教徒姐姐玛丽一世的统治？面对不稳定的国家和国内外的阴谋，需要外交手腕、智慧和勇气。伊丽莎白一直具备这3种品质。事实上，这种不稳定的局面对她来说早已司空见惯。伊丽莎白从出生的那一刻起，地位就岌岌可危。她是亨利八世第二任妻子安妮·博林的女儿，被信奉天主教的英国认定为私生子。国王与阿拉贡的凯瑟琳离婚被认为是非法的。在天主教徒眼中，凯瑟琳的女儿玛丽才是唯一合法的王位继承人。

虽然亨利八世和安妮王后都非常想要一个男孩，但安妮王后对她的公主却宠爱有加。安妮王后在1536年因未能为国王生下一名男性继承人而被处死。尽管亨利八世的第三任王后简·西摩对伊丽莎白和玛丽很好，但她的儿子，亨利八世的继承人爱德华出生了。亨利直到1542年才经常与伊丽莎白见面，觉得应该与他的小女儿熟络一下。这时他才发现伊丽莎白既聪明又迷人，于是决定让玛丽和伊丽莎白重新回到他的家族。

1543年，亨利八世迎娶了他的最后一位王后——凯瑟琳·帕尔。王室内部的关系也变得和谐，因为玛丽把年幼的爱德华当成儿子对待，而伊丽莎白则与他们两人保持着兄弟姐妹的关系。然而，父亲去世后，爱德华继承了王位，他们之间开始出现裂痕。首先，伊丽莎白不得不处理与凯瑟琳的新丈夫托马斯·西摩的情爱。这在1548年引起了一场宫廷丑闻。西摩的意图被认为是叛国，而且据说伊丽莎白怀孕了，但年轻的公主否认了传言，这使审问她的人不知所措。他写道："她很聪明，只有用计，才能引她说出实情。"

一旦玛丽登上王位，这种做法会对她很有帮助，但并不是所有人都像玛丽一样擅长权力的游戏。西摩于次年被处决。

女王聪明绝顶，知道人们想要什么，对国王有什么期望。她似乎一直对此都很敏锐。

伊丽莎白算账算得怎么样？

虽然人们普遍认为玛丽一世去世时，英国国内状况很糟糕，但利安达·德莱尔解释称，伊丽莎白的财政状况也不尽如人意。玛丽一世去世时，英国负债22.7万英镑；而伊丽莎白则负债35万英镑。"玛丽的统治不是一场'灾难'。玛丽总被冠以'血腥玛丽'的称谓，人们很少称她'玛丽一世'，这都是性别和宗教偏见造成的。"德莱尔解释，"玛丽一世指定伊丽莎白为她的继承人。尽管这对姐妹感情不好，但王位继承还是和平交接。而伊丽莎白一世却一直不肯指定继承人。1562年，她自觉大限将至，便指定罗伯特·达德利做护国公，收入2万英镑。由于战争的代价和风险，尽管伊莉莎白不愿意参与战争，但与西班牙的冲突还是持续了很多年。她把商品垄断权赏给宠臣，然而很多农作物欠收。"德莱尔说，虽然1588年伊丽莎白成功击退了无敌舰队，"但人们忘记了战争仍在继续，国家和王室穷困潦倒，官员腐败使国家每况愈下，包括罗伯特·塞西尔等声名狼藉的高级官员在内"。16世纪90年代，人们吃不上饭，精英阶层开始担心可能会发生革命。

结论

伊丽莎白被迫处理一些她无法控制的情况，比如农业欠收和与西班牙的持续冲突。但事实上，她并不像许多人认为的那样，在财政方面创造了奇迹。

16世纪的借贷

在英国商人托马斯·格雷沙姆成名之前，都铎王朝从安特卫普交易所等欧洲大银行借钱。然而，这些银行收取了很高的利率。人们普遍认为，在欧洲四处借钱无助于改善英国的大国形象。钱也可以从独立的商人里借，比如霍雷肖·帕拉维奇诺。在伊丽莎白统治后期，英国政府被迫向他借钱。格雷沙姆之前帮助爱德华六世摆脱了大部分债务，并于1571年建立了皇家交易所。既然伊丽莎白可以在英国国内寻求贷款，那么她就可以施加更大的压力来达到目的，而如果议会支持，她就能得到更多资金。皇室的收入用来支付基本的管理费用，而议会可以增加战争基金。后来，女王开始逐步加大税收，但这引来一片骂声。

▲ 伊丽莎白女王一世开办皇家交易所

　　由于坚定的天主教教徒玛丽拒绝改变信仰，于是爱德华着手废除他两个姐姐的王位继承权，并把希望寄托在他的表妹简·格雷身上。然而，王子在他短暂的一生中健康状况不佳，他在契约签署之前就去世了，玛丽成为英国的新女王。就像爱德华要求玛丽改变她的信仰一样，新女王决定让她的妹妹也改变信仰。伊丽莎白不情愿地默许了，但新教教徒和天主教教徒都清楚，她真正效忠的仍然是她父亲的英国国教会，而不是教皇的天主教会。在玛丽统治期间，许多人策划的阴

▲ 这幅画作描绘了1558年伊丽莎白一世的加冕礼

谋都是为了让伊丽莎白登上王位。尽管这些阴谋没有得逞，但也几乎将玛丽置于死地。

1554年，玛丽宣布将嫁给西班牙国王菲利普时，托马斯·怀亚特以拥立伊丽莎白之名发动了政变。玛丽的报复残酷而迅速。她不仅处决了罪魁祸首，还处决了简·格雷。伊丽莎白声称自己对政变的事情一无所知。1555年，另一次叛乱未遂。一年后，伊丽莎白故技重施，但玛丽逐渐对她失去耐心，把她监禁在伦敦塔。同时，一些天主教支持者要求处决她。伊丽莎白前景不容乐观。几个月后，玛丽在政治上铤而走险。为了给丈夫传宗接代，也为了给英国生下一位天主教继承人，解决悬而未决的王位继承人问题，玛丽不顾一切宣布她怀孕了。但到1558年，事实证明，玛丽并非怀孕，而是得了绝症。她的健康状况迅速恶化，于同年11月17日去世。她临死前恳求伊丽莎白在继承王位后继续保持英国的天主教。但显然，她的愿望是不可能实现的。

伊丽莎白在加冕典礼上表现出对新教和天主教不偏不倚的立场。无数双眼睛盯着她，希望能看到明显的新教或天主教倾向，但伊丽莎白让他们失望了。取而代之的是，伊丽莎白在加冕典礼上表示，将把大英帝国的复兴作为国家的目标。新女王很清楚，如果她想顺利度过执政初期的艰难时刻，需要可靠而精明的顾问。她看中了威廉·塞西尔和罗伯特·达德利。塞西尔曾效忠于爱德华，在玛丽统治时期也没有离开，对伊丽莎白更是忠心耿耿。与之相对，对达德利的任命却是出于女王对他的偏爱，与他的政治能力毫无关系。他自幼与伊丽莎白交好，而女王对他的感情有增无减。甚至有流言说他们二人白天和晚上都在一起。

塞西尔与达德利的意见相左，同意议会多数人的观点，认为伊丽莎白应该尽快结婚。

法国和西班牙也在盯着英国。因此，女王

▲ 苏格兰女王玛丽的画像。她因密谋反对伊丽莎白一世被处死

为了自己和国家的安全，与这些大国之一缔结婚姻联盟是合情合理的。菲利普二世毫不掩饰他想娶伊丽莎白的想法，但女王却对玛丽的前夫毫无兴趣。有人建议可以把安茹的亨利视作配偶人选，可他还是个孩子。伊丽莎白宣称，自己为了守护大英帝国，终身不嫁。但在1560年，达德利的妻子艾米从楼梯上摔下来后突然去世。外界盛传，这是达德利为了与女王结婚而害死了自己的妻子。因此，伊丽莎白迫于压力，将他逐出宫廷。

1561年，伊丽莎白的表妹，苏格兰女王玛丽，从法国回到苏格兰。对多数天主教教徒来说，玛丽是真正的继承者。她不遗余力地迎合了那些要求建立天主教君主的呼声。她来得正是时候，因为此时伊丽莎白得了天花，濒临死亡。然而，女王很快就恢复了健康。达德利的丑闻随着时间推移慢慢被人们淡忘了。伊丽莎白让他做了护国公，重返宫廷，之后又撮合他和玛丽结婚，使众人大为震惊。

这充分显示了伊丽莎白精明的政治头脑。她很清楚，如果苏格兰拥有天主教继承人，权力就会扩大。而由她最爱的人和苏格兰女王玛丽结合，所生的继承人或许会使两个国家联合。然而，达德利拒绝了提议，而玛丽也没有兴趣嫁给她表姐的情人。

玛丽没有屈从这桩政治婚姻，而是选择了爱情，嫁给了亨利·达恩利勋爵。这也许会导致伊丽莎白与达德利爱火重燃，议会因此大为不安，尤其是雄心勃勃的诺福克勋爵。诺福克和达德利的矛盾日益激化。伊丽莎白清楚，展示自己权威的时候到了。"站在你面前的是你的情妇，而不是你的主人。"她对达德利说。这既是一个政治声明，也是一个个人声明。因为女王没有丈夫和继承人，所以形势对她不利。1566年，玛丽生下了儿子詹姆斯，但她整日郁郁寡欢。达恩利是一个暴力、酗酒的丈夫。人们都传言他残忍地杀害了妻子的秘密情人大卫·里吉奥。一年后，达恩利被发现死在一所房子的花园里。玛丽很快嫁给了博思韦尔伯爵，也就是传说杀害达恩利的那个人。此时，苏格兰军奋起反抗玛丽。由于被囚禁和被迫退位，玛丽最终逃到了英国。伊丽莎白同意庇护玛丽，但她的到来意味着天主教教徒多了一个名义上的领袖，并最终导致了一场叛乱。

北方的伯爵们建议诺福克迎娶玛丽。很快，北方叛乱开始了。随着叛军向南挺进，伊丽莎白把玛丽转移到考文垂，并召集了自己的军队。南方的伯爵们团结起来支持她，这使叛军大为震惊，并开始撤退。伊丽莎白迅速取得了决定性的胜利，700人被处决。诺福克被捕，但由于缺乏确凿证据，死刑被推迟执行，直到他被牵连进里多尔菲阴谋中。该阴谋企图推翻伊丽莎白一世，让西班牙的菲利普二世成为国王。伊丽莎白三次下令解除了对诺福克的死刑，最后才下定决心执行死刑。这也证明她有时是多么优柔寡断。

伊丽莎白在国内的地位并不稳固，但在国外却是绝对稳固的。教皇下令，任何谋杀英国女王的凶手都将得到宽恕，菲利普国王对此铭记于心。伊丽莎白不想冒险开战，就利用其他手段激怒敌人。她不声不响地资助了约翰·霍金斯；后来又资助了他的堂兄弗朗西斯·德雷克的海盗事业。1577年，他计划前往南美掠夺西班牙黄金。伊丽莎白与德雷克的法国大使弗朗西斯·沃尔辛厄姆会面。

这件事必须对谨慎的塞西尔守口如瓶。但女王明确表示支持德雷克："我很乐意为我所受到的各种伤害找西班牙国王报仇。"德雷克曾横渡麦哲伦海峡，并劫持了一艘载有价值20万英镑黄金的西班牙船只。他决定横渡太平洋，成为第一个环游世界的英国人。伊丽莎白为他的成就感到自豪。1581年，女王会见西班牙大使时，特意戴上了德雷克作为战利品送给她的十字架。她与德雷克在著名的金鹿餐厅共进晚餐，并授予他爵位。

海盗行径与1572年的事件形成了鲜明的对比。巴黎圣巴塞洛缪日大屠杀中，法国加尔文宗新教教徒遭到暗杀。此事震惊了英国。大使弗朗西斯·沃尔辛厄姆爵士被迫避难。伊丽莎白把他带回伦敦，让他做了间谍头目。沃尔辛厄姆提醒女王，苏格兰女王玛丽是个非常危险的人物。叛乱不仅使英国新教教徒感到震惊，同时也预示着信奉新教

女王的报复残酷而迅速，不仅处决了罪魁祸首，还处决了简·格雷。

宗教妥协达成了吗?

英国国教会保持中立。虽然伊丽莎白是新教教徒,但她并不像某些委员会成员那样。她在1558年引入了《至尊法案》,重申了英国与罗马的分离,确立了她作为教会领袖的地位。伊丽莎白深知将宗教强加于人的危险,因此允许天主教继续存在,但前提是秘密进行。然而,利安达·德莱尔提醒人们,应当看到伊丽莎白女王并非一味妥协,在适当的时候,她也会出台严酷的政策。"伊丽莎白的保守主义和实用主义给人一种宗教温和派的印象,与'狂热的'玛丽一世形成鲜明对比,"她解释。作为一个天主教国家的新教女王,伊丽莎白起初必须是温和的,但当她的统治稳固以后,她其实和玛丽一世一样,在政权面临威胁时,表现得冷酷无情。平息北方叛乱,数百名村民被处决,这种铁腕镇压远远超过玛丽一世。她后来对天主教徒的迫害也是残酷无情的。鲜为人知的是,她还焚烧异教徒,即再洗礼派教徒。被害人数虽然远远少于玛丽时期,但是因为再洗礼派教徒人数本来就不多。无论是新教教徒还是天主教教徒,如果谁敢公然违反英国国教会的法律,一律被处决。然而,欧洲的事态对英国女王有利得多。相比之下,伊丽莎白非常宽容。巴黎圣巴塞洛缪日大屠杀显示了欧洲天主教对新教教徒的憎恨,而她也比她的许多顾问宽容得多。

结论

在统治的动荡时期,伊丽莎白成功地保持了温和的中间立场。但如果她制定的规则被打破,她也会毫不留情地予以打击。

天主教 VS **英国国教会**

天主教

1 宗教仪式用拉丁语举行,而英国多数人并不懂拉丁语,这样就不能保证每个英国人都能理解宗教改革的内容,这与宗教改革的理想背道而驰。英语版祈祷书被列为禁书。

2 教堂的家具被恢复到以前的奢华状态。建筑物完全用天主教艺术品装饰。

3 重新引入天主教弥撒,法律禁止圣餐礼。

4 牧师是不允许结婚的。在新法实施之前,结婚的牧师有两个选择:离开家庭或失去工作。

英国国教会

1 牧师的形象变得简单。他们不允许穿罗马天主教的法衣,如白色法衣。

2 十字架阁楼是一个描绘耶稣受难的屏幕,在天主教教堂中很常见。所有的十字架阁楼都被移除。教皇不是教会的领袖。

3 主教的《圣经》被废除拉丁文版,恢复成英文版,并向广大读者开放。

4 有一个普遍的去除"迷信"的方法,如在圣餐期间做十字的标志。简约是清教徒所追求的。

的荷兰及其蓬勃发展的羊毛贸易将很快陷入危险境地。

"沉默的威廉"向伊丽莎白请求军事援助,但女王拒绝了,因为她不想让人看出她在干涉此事,也不想为西班牙的菲利普国王提供发动进攻的借口。沃尔辛厄姆建议发动战争,而塞西尔则倡导和平联姻。因此,伊丽莎白萌生了嫁给安茹公爵的想法,这比她最初的想法晚了约10年。那时,他是丑陋的青年,而她是美丽的女王。现在,她人老色衰,法国大使奉承她,安茹来信向她求婚,女王渐渐动了心。最终,二人见面。伊丽莎白似乎坠入了爱河,但人们真正关心的是英国人民会作何反应。

"1561年,伊丽莎白向苏格兰女王玛丽的使者表达了这样的焦虑:自己不能嫁给任何人,因为无论嫁给谁,都会引发政治集团或国家的动荡。尤其是看到苏格兰女王玛丽与达恩利和博思韦尔的两度灾难性的婚姻,这种焦虑进一步加深,最终使她放弃了结婚的想法。"《都铎王朝》的作者利安达·德莱尔解释,"伊丽莎白继续公开挑选丈夫,是为了满足国民的愿望,并生下一个无可争议的王位继承人。她当然希望这个愿望会实现。于是,她选择嫁给她的大英帝国。这是她从玛丽·都铎那里学到的经验。玛丽一世

伊丽莎白真的渴望进入新世界吗？

尽管印度的贸易扩张发生在伊丽莎白统治时期，但就探险而言，最令人难忘的是英国对殖民北美的尝试。西班牙人和葡萄牙人宣称对南美洲大部分地区拥有主权，建立了利润丰厚的贸易路线，但北美还没有被开发。伊丽莎白不愿资助探险航行的原因与她不愿资助战争的原因大致相同：探险耗资巨大而且危险重重。然而，她可以从宠臣那里得到财富支持的承诺。水手戴维·英格拉姆回到英国后，盛赞北美土地肥沃，民风淳朴。因此，地理学家理查德·哈库依特开始策划，由沃尔特·罗利领导一次真正的探险。女王得到了财富的承诺，再加上罗利的奉承，终于同意远征，希望建立一个以她的名字命名的殖民地：弗吉尼亚。第一批殖民者出征了，罗利紧随其后。罗利到达那里后，发现殖民计划失败了，殖民者们都急于离开那里。罗利又尝试前往切萨皮克湾建立殖民地，但由约翰·怀特领导的第一批殖民者已经返回了罗阿诺克。罗利带领第二批殖民者到达罗阿诺克后，发现第一批殖民者早已不知所踪。伊丽莎白感到很失望，斥巨资筹划的冒险赔了钱。而这几次探险只有一个目的，用德莱尔的话简单说就是"赚钱"。

结论

伊丽莎白时代以探险著称于世，这很大程度上是因为可以从中谋利。海盗冒险是有利可图的，但殖民却不是。

2.1585 年
罗利向女王报告了好消息，并派殖民者在弗吉尼亚州的罗阿诺克定居。但等他后来到达那里时，庄稼已经歉收，英国人都迫不及待地要离开那里。

3.1587 年
罗利试图在切萨皮克湾建立殖民地，但殖民者们已前往罗阿诺克。当罗利到达罗阿诺克时，150 名殖民者都已失踪，只剩下一具骨架。

1. 1584 年
沃尔特·罗利和理查德·哈库依特说服伊丽莎白资助他们探险，探索在美国东海岸建立殖民地的可能性。

女王集结军队，宣布将与他们并肩作战，击退任何胆敢踏上他们土地的人。

结了婚，而伊丽莎白却没有。因为无论她选择嫁给谁，都会有人反对，继而引发叛乱。

尽管她很想嫁给那个被她称为"青蛙"的男人，但英国人对他们的女王嫁给一个法国天主教教徒表示反感。一本谴责她们二人结合的小册子出现后，伊丽莎白下令砍掉了作者和印刷者的右手。她的枢密院被一分为二，因为妒火中烧的罗伯特·达德利强烈反对。伊丽莎白很伤心，但她同意弃权。她给了安茹1万英镑，让他继续在荷兰与菲利普作战，但从此没有再见他。安茹试图独揽大权，但计划失败。一年后，他就去世了。

1584年，"沉默的威廉"在自己家中被一名天主教狂热分子刺杀。很明显，军事干预不能再推迟了。1585年，女王同意派遣一支小队，这让那些不耐烦的议员们松了一口气。达德利在荷兰掌权，但事实证明，他非常无能，以至于领土都被菲利普的将军帕尔马公爵夺走了。玛丽现在比以前更危险。在弗朗西斯·沃尔辛厄姆的敦促下，伊丽莎白下令监禁她，因为沃尔辛厄姆觉得她应当被处决。于是，沃尔辛厄姆安排了一个仆人去服侍玛丽，但实际上他是个密探。这位仆人建议玛丽把信件藏在啤酒桶里，玛丽上当了。这样沃尔辛厄姆窥探了玛丽所有的秘密。托马斯·巴宾登写信给玛丽，打算暗杀伊丽莎白，并把王位让给玛丽，玛丽回信表示赞同。间谍头子沃尔辛厄姆设下的圈套非常有效，成功诱捕了不

▲ 苏格兰女王玛丽返回爱丁堡

▲ 伊丽莎白女王一世于1581年授予弗朗西斯·德雷克爵位

女王对玛丽被处决一事深恶痛绝。

知情的玛丽。

沃尔辛厄姆立即采取行动,下令处决同谋者。伊丽莎白一直不愿处决她的表妹,但她同意令其接受审判。法院判决玛丽被处死,人们并不感到惊讶。伊丽莎白为玛丽感到悲伤,至少为她的死感到悲伤。发出逮捕令的人被监禁,并被剥夺了头衔。

伊丽莎白不愿意签署死刑执行令,或者不愿意由她亲笔签署。不知伊丽莎白的悲痛有多少是发自内心的,但她对玛丽被处决这件事深恶痛绝。

"伊丽莎白不愿意让民众看到英格兰贵族被处决,比如诺福克与玛丽先后被处决。"德莱尔说,"但这并不代表女王对他们的死感到遗憾。她曾清楚地表示,她宁愿玛丽是被谋杀的,而不是被处死的。

"同样值得注意的是,她在下令处死出身卑微的叛国者时相当无情。北方叛乱后被处死的900多名叛国者就证明了这一点。该数字是亨利八世在更为严肃的朝圣之后处死人数的3倍,是玛丽一世在怀亚特起义之后处死的人数的10倍。"

玛丽的死给菲利普二世提供了宣战的理由。他的西班牙舰队与帕尔马公爵在荷兰的部队进行了协调,两支部队在开往英格兰之前进行了会面。

他们于1588年7月12日出发。他们的船只数量是英国的两倍,但英国船只更有优势:体积小,速度快,而且专门为携带枪支而设计,不为载人。英国船只在公海上智取西班牙舰队,并与他们进行小规模战斗。就在此时,伊丽莎白骑马迎接了她的军队。

西班牙大军压境,女王为鼓舞士气宣布她将与士兵并肩作战,击退任何胆敢进犯的人。这种哗众取宠的行为令人印象深刻,可能已经被载入史册,但其实没必要。西班牙无敌舰队失败了,伊丽莎白的胜利巩固了她的地位。"黄金时代"开始了,艺术和文学在英国空前繁荣。英国成为强大的国家,贵族们开始以极大的热情资助艺术。

尽管有一些附加条件,但那个时代著名的剧作家得到了赞助。莎士比亚的《理查二世》中,有一个暗示年迈的君主应该退位的场景,被要求删除。"伊丽莎白不喜欢戏剧。"德莱尔证实道,"因为戏剧常常被用来对她进行这样或那样的说教。"

女王的地位原本很稳固,但她遭受了毁灭性的打击,因为她最信任的两名顾问——达德利和沃尔辛厄姆去世了。达德利的继子埃塞克斯伯

▶ 苏格兰女王玛丽被处决

黄金时代的主要成员

议会和政府

威廉·塞西尔
1520年—1598年

塞西尔是一位精明的政治操盘手，他深知未来的艰难处境。他是伊丽莎白第一个任命的官员，对女王忠心耿耿，鞠躬尽瘁。虽然他主张女王结婚，与女王的意见相左，但女王清楚，塞西尔的价值无可估量。所以，即便他老弱多病、耳聋眼花，女王还是尽力挽留他。

罗伯特·达德利
1532年—1588年

达德利自幼与伊丽莎白交好，是她的初恋情人。他被任命为朝廷大臣主要是因为女王对他的爱恋，而不是因为他的政治才能。事实证明，他在朝廷任职期间一直没有摆脱谣言和丑闻。二人的关系摇摆不定，而又充满激情。

弗朗西斯·沃尔辛厄姆
1532年—1590年

玛丽去世后，新教教徒沃尔辛厄姆被允许返回英格兰，并很快成为伊丽莎白最宝贵的财富之一。作为一名杰出的间谍首领和政治家，他深知苏格兰女王玛丽会带来威胁，于是，他密谋策划推翻了玛丽。

皇室家族

亨利八世
1491年—1547年

亨利非常想要一个儿子来继承王位，但是王后安妮·博林给他生了女儿伊丽莎白，使他很失望。因此，伊丽莎白的大部分童年时光都没有父亲陪伴，但亨利会经常关心她的近况。后来当他见到女儿时，才发现原来女儿如此优秀。因此他决定恢复伊丽莎白和玛丽的继承权。

玛丽·都铎
1516年—1558年

尽管玛丽、伊丽莎白和她们的兄弟爱德华有不同之处，但他们孩提时代的关系还是比较亲密的。后来玛丽当了女王。她非常希望伊丽莎白改信天主教，并且不理解为什么伊丽莎白不改信。她差点要处死伊丽莎白，但还是放弃了，最后，仅要求她改信英格兰天主教。

凯瑟琳·帕尔
1512年—1548年

亨利八世最终娶了凯瑟琳·帕尔为第六任王后。凯瑟琳与伊丽莎白关系很好。亨利去世后，伊丽莎白又与凯瑟琳生活了一段时间。然而，凯瑟琳的丈夫托马斯·西摩对年轻的伊丽莎白比对他的妻子更感兴趣。于是，凯瑟琳帮助丈夫引诱伊丽莎白，但没有成功。不久后凯瑟琳便去世了。

探险家

约翰·霍金斯
1532年—1595年

霍金斯曾经得到一枚盾形纹章,但那时他是作为海盗而得到女王青睐的。在伊丽莎白的默许下,他策划并实施了对西印度群岛西班牙港口的一系列大胆袭击。但他在第三次航行后铩羽而归。此后一直在女王身边效力。

弗朗西斯·德雷克
1540年—1596年

弗朗西斯·德雷克对西班牙人没有好感,于是加入了堂兄约翰·霍金斯的探险。为了掠夺西班牙人的财富并交给伊丽莎白,他愿意环游世界。伊丽莎白对他的功绩很满意,并继续委任他袭击西班牙的港口。

沃尔特·罗利
1554年—1618年

罗利在宫廷里讨得了伊丽莎白的欢心,并很快又把目光投向了扩张帝国的宏图伟业。他决定在北美建立英国的第一个殖民地,并告诉女王,将以她的名字命名:弗吉尼亚。令他大为沮丧的是,罗阿诺克的殖民计划以失败告终。此外,英国人还经常误认为是他把土豆和烟草带到了英国。

敌人

西班牙国王菲利普二世
1527年—1598年

伊丽莎白的主要宗教威胁来自于这位西班牙国王。教皇本可以下令废黜伊丽莎白,但虔诚的天主教教徒菲利普却动用了军队。在妻子玛丽一世去世后,他向伊丽莎白求婚未果。于是,双方就成了死敌。

约翰·惠特吉夫特
1530年—1604年

宗教矛盾越来越难以处理。于是,伊丽莎白精心挑选了她的老牧师——坎特伯雷大主教。他很顽固,这一点从他在玛丽女王统治期间拒绝离开英国就可以看出。和伊丽莎白一样,他墨守成规,对那些公开偏离"正确"道路的人毫不留情地加以惩罚。

教皇庇护五世
1504年—1572年

作为罗马天主教的领袖,教皇庇护五世认为伊丽莎白既是英国女王也是教会领袖的地位,不仅是对他的宗教的侮辱,更是一种异端行为。他甚至在1570年4月27日发布了教皇诏书,宣布女王的臣民不用再对她效忠。

▲ 1588年8月8日,西班牙无敌舰队被英国火力舰打乱阵型

爵,年轻英俊又善于阿谀奉承,很快取代了其父在宫廷中的位置,成为女王的新宠。

1588年,罗伯特·达德利去世。这标志着旧秩序结束,但伊丽莎白仍然希望能够继续按照她的座右铭"永远不变"来执政。随着时间的流逝,她的亲信们相继去世,但女王始终没有让别人取代他们的位置,或许也是因为没有合适的人选。

这些迹象表明,女王是多么依赖于守旧派。她继续信任威廉·塞西尔,即使他几乎完全失聪,病情越来越严重。直到1598年塞西尔去世,伊丽莎白才同意任命罗伯特·塞西尔接替他父亲。当人们得知西班牙人试图重建无敌舰队时,埃塞克斯在加的斯率领了一支舰队,并在港口大肆屠杀西班牙人。埃塞克斯的成功令其名声大噪,这让伊丽莎白大吃一惊。女王唯恐埃塞克

斯功高盖主，于是打压他的气焰。但埃塞克斯置若罔闻，仍然不断扩大自己的影响力。女王对他在宫廷中的蛮横行径也感到越来越失望。甚至他曾一怒之下竟然拔出剑来对准女王，这使女王极为愤怒。

这一时期，艺术和文学也许曾经繁荣，并被认为是英格兰历史上的黄金时代。但人们往往忘记，即使西班牙无敌舰队战败，仍有起义频繁发生，如1598年的爱尔兰起义。而对于英国都铎王朝来说，爱尔兰一直都是个问题。英格兰试图将其价值观强加于别国，并将爱尔兰人视为英国领土上的佃户。由于叛乱是由西班牙支持的，因此，伊丽莎白必须要果断采取行动。

1599年年初，女王指派埃塞克斯率领军队出征。埃塞克斯认为再次证明自己的机会到了，但他却给英国带来一场灾难。他没有在战场上与

▲ 伊丽莎白时代船上的炮手。女王资助了许多私掠船

英国变成一个可怕的国家了吗？

伊丽莎白的外交政策显然是谨慎型而不是扩张型。她不顾一切地避免冲突，因为冲突代价高昂，而且结果总是无法预料。然而，她很容易被冒险的念头所征服。她喜欢约翰·霍金斯和弗朗西斯·德雷克的探险，这激怒了西班牙国王，但实际上并没有公开宣战。1562年，她同意在加来进行军事远征，却被凯瑟琳·德·美弟奇的军队镇压了，这一失败影响了她之后的军事决策。利安达·德莱尔指出："伊丽莎白没有像男性君主那样感到荣耀。""她理解匈牙利玛丽女王的格言：战争让女人无法有效治理国家。'她所能做的就是为别人犯下的错误承担责任。'"女王根据宗教来划分盟友和敌人。法国和西班牙在这些问题上明显反对英国，这就是英国大臣们渴望伊丽莎白嫁给法国或者西班牙国王的原因。甚至在1572年圣巴塞洛缪日大屠杀之后，伊丽莎白仍不愿公开卷入战争。她向荷兰人时断时续地提供援助，表明她不愿以任何公开的形式参与冲突。她先是向荷兰军队提供财政支持，然后是安茹公爵，最后在别无选择的情况下同意派遣英国军队。她在外交政策上的谨慎态度无疑为王国节省了一大笔钱。然而，西班牙无敌舰队驶往英国后，战争导致英国财政入不敷出。

结论

最终战胜无敌舰队是一个辉煌时刻，但伊丽莎白基本上没有卷入外国冲突。否则，她就会不断遭遇失败。

无敌舰队为什么失败

菲利普国王集结了无敌舰队，到荷兰与帕尔马公爵率领的地面部队会合。英国的前哨看到船来了，就通知了海军。天气对西班牙人不利，他们被吹离了航线。虽然西班牙船只的数量是英国舰队的两倍，但他们为了能够装载登上敌人船只的士兵，导致船只形体过于庞大。他们的新月队形很有名，但对较小的英国船只却没什么作用。英军向西班牙舰队派遣火力舰，西班牙人惊慌失措，四散奔逃。虽然他们重新组织了一次反击，但最终还是失败了。许多西班牙船只撞在了英格兰和爱尔兰海岸线的岩石上，被迫撤退。

6. 恶劣的天气
恶劣的天气使西班牙舰队无法组织起来，而英军则在追击他们。英军的舰队速度更快，效率更高。

3. 早期预警
无敌舰队出现在英吉利海峡以西。南海岸的警示灯点亮了，英国舰队驶入大海。据说，弗朗西斯·德雷克爵士第一个完成了他的"滚木球游戏"。

7. 船只失事
天气条件使西班牙舰队驶入北海。他们被迫沿英格兰东海岸撤退，越过苏格兰，南下越过爱尔兰。许多船只失事了。

4. 会合
无敌舰队驶往加来，与菲利普最尊敬的将军帕尔马公爵会合。然而，公爵没有按时到达。无敌舰队被迫等待。

2. 延误
恶劣的天气迫使菲利普停靠在科鲁纳港修理他的舰队。他被耽搁了一个多月。

5. 火力舰
英国海军向西班牙军舰派遣了火力舰。西班牙指挥官感到恐慌。他们分散在英军的火力线上，但损失并不大。

1. 无敌舰队扬帆远征
1588年5月28日，菲利普二世准备进攻英格兰。他集结了舰队，从里斯本出发。

泰隆对抗，而是秘密与其会面，并在没有女王授权的情况下擅自签订条约，而后返回英国。

埃塞克斯认为塞西尔在密谋对付他，于是急于为自己辩护。他以为他仍然是女王的宠臣，趁女王起床时冲进了她的卧室。眼前的女王，没有化妆，没有华丽的服饰，没有女王的威严，俨然是一位老妇人。女王岂能以如此面目示人？女王一气之下解雇了他。后来再次召见他时，又对其问责并撤了他的职。埃塞克斯非但没有接受命运，反而试图造反。他以为伦敦民众会支持他这位广受欢迎的战斗英雄，但伊丽莎白宣布他为叛徒，并派军队镇压。叛乱失败了，埃塞克斯被当作叛徒处决了。

虽然伊丽莎白统治的后期远非黄金时代，但她仍然可以在有需要时召集她的臣民。爱尔兰战争耗资巨大，却遭遇失败，而人口过多和歉收问题又引起了骚乱。女王随意把商品专卖权赏给宠臣的做法导致商品价格被垄断，因而遭到议会的猛烈抨击。女王被迫在1601年向议会许诺停止出售专卖权，并重申了她对大英帝国的热爱。她赢得了议会的支持，也迎来了农业大丰收，爱尔兰和西班牙也达成了停火协议。"伊丽莎白此时已年迈多病，的确不如年轻时那样威风八面，但还是很有威严。"德莱尔说，"她从登基时就以玛丽一世为榜样，注重迎合民众，因此很得民心。"

又一次平息叛乱后，这位50岁君主的健康状况每况愈下。虽然有过短暂的恢复，但之后便一病不起。

塞西尔的影响力越来越大，甚至超过了她，这让女王心情沮丧。她意识到时日不多，拒绝睡觉。最终，伊丽莎白于1603年3月23日去世。面对年轻有抱负的大臣，她也曾努力与时俱进。她始终是一位令人敬畏的政治家。她阴险狡诈又足智多谋，能够准确把握国内外现状，而且从未失去民心。

"那个形象不是为她而创造的。"德莱尔解释，"伊丽莎白从未忘记1553年的事件。当时

女王的笑容是那样温暖，话语是那样充满爱。她也很善于将这一切传递给人民，从而赢得了民心。

伊丽莎白的辉煌时刻

2. 1566 年
国会非常渴望看到女王结婚，但伊丽莎白向国会宣布，她决定嫁给大英帝国。

1550　　1555　　1560　　1565　　1570　　1575

1. 1559 年
伊丽莎白加冕为英国女王。每个人都想看她的宗教倾向，但女王在仪式上态度暧昧，没有让众人如愿。

3. 1569 年
北方叛乱被镇压。伊丽莎白残酷地惩治了那些叛军首领。

英国和平了吗？

在伊丽莎白统治初期，国家极不稳定。天主教教徒认为她是一个异教的私生女，没有资格继承王位，因此她必须向人民证明她有能力独立执政。国内外都在阴谋策划把她赶下王位。当苏格兰女王玛丽在英格兰避难时，她的天主教敌人终于有了可以团结的人。1569年，她第一次面对北方起义。威斯特摩兰郡和诺森伯兰郡把反叛的贵族聚集起来造反。但他们没有料到，女王会对他们强烈镇压。在女王晚年，埃塞克斯郡再次造反。城市遭遇饥荒，拥挤不堪，伊丽莎白的地位再次变得不稳固。"想象一下，如果1562年10月伊丽莎白死于天花，那么英国现在将是何样？"德莱尔问道，"伊丽莎白在位已近4年，只比她姐姐的在位时间短1年。如果她真像许多人担心的那样去世了，人们会如何纪念她？除了女王本人，没有人认为英国的宗教问题已经解决。她的一位主教称之为'模棱两可，平庸无奇的宗教悬疑'。在军事方面，玛丽一世因为失去了加来而被世人铭记。而伊丽莎白占领了勒阿弗尔，并试图将其作为讨价还价的工具收复加来，但最终失败。这场战役于1562年8月结束。英国损失了2000人。伊丽莎白这一系列努力全被世人忘却了。"

结论

伊丽莎白统治时期以频繁爆发叛乱和起义为特征，但这对都铎王朝的君主来说很正常。考虑到当时宗教并不确定，她迅速而果断地平息了那些叛乱。

反抗伊丽莎白

伊丽莎白登上王位后，立即面临来自天主教贵族的反叛威胁。这些人憎恨女王，因为她的姐姐玛丽一世所做的改革都被她推翻了。第一次大规模起义发生在1569年。当时北部的贵族们利用苏格兰女王玛丽返回英格兰的机会，试图推翻伊丽莎白。诺福克公爵不甘心被达德利伯爵排挤，与玛丽密谋结婚，而北方伯爵们则发动叛乱。这次叛乱迅速被平息，数百人被处决。

埃塞克斯伯爵是伊丽莎白的亲信，但他企图夺权。1601年，他被剥夺权力后，试图发动叛乱。他生性自负，高估了自己的声望，高估了民众对君主的不满，也高估了女王对昔日宠臣的宽容。面对公然的挑衅，伊丽莎白毫不犹豫地予以反击。她懂得什么时候该残忍，什么时候该怀柔。对于叛乱，她毫不留情，从不手软，迅速而无情地镇压了反抗者和叛国者。

5.1587 年
伊丽莎白被迫处决了苏格兰女王玛丽。这激怒了信奉天主教的西班牙。

7.1601 年
国内饥荒和授予宠臣垄断权，这两件事都使女王备受争议。这时，伊丽莎白向愤怒的议会发表了她的"黄金演讲"，并赢得了他们的支持。

4.1577 年
弗朗西斯·德雷克环游世界后，带着从西班牙国王那里偷来的财富乘船归来。

6.1588 年
西班牙无敌舰队驶向英国，但被彻底击败。伊丽莎白在马背上发表了她著名的蒂尔伯里演讲。

▲ 1603年，伊丽莎白女王在临终之时

普通民众支持都铎姐妹，而政治精英支持简·格雷。她也没有忘记1554年。玛丽在伦敦市政厅发表了一篇演讲，对抗怀亚特叛乱，鼓舞伦敦市民。玛丽谈到她嫁给大英帝国，并把她的加冕戒指描述成结婚戒指，把她对臣民的爱描述成对孩子的母爱。这些也是伊丽莎白对人民反复说的话，是伊丽莎白统治的核心思想。

"此外，伊丽莎白有一种敏感，能够想民众之所想。甚至她的敌人也承认她'魔法的力量'。女王的笑容是那样温暖，话语是那样充满爱。她也很善于将这一切传递给人民，从而赢得了民心。伊丽莎白的人民永远不会忘记她。在她去世后，詹姆斯一世继位。但人们依然非常怀念都铎王朝，怀念都铎王朝最后一位君主，也是最耀眼的明星，伊丽莎白女王。"

伊丽莎白的统治并不是如传言中经常被描述的黄金时代。在她统治时期，英国面临着严重的内忧外患。她时而冷酷无情，时而优柔寡断，时而又冒进冲动。在她的统治期间，英国经历了饥荒、叛乱和战争。然而，她对国家鞠躬尽瘁，倾听民声，并尽力满足人民的愿望，这些都是毋庸置疑的。她一生都在走钢丝，最后能安详地寿终正寝，作为一位女王，这本身已经是很了不起的了。英国民众爱她，她也爱民众。在人们心目中，她曾经是，也将永远是英国的黄金女王。

1632年—1654年

瑞典女王克里斯蒂娜

她是一位因宗教信仰而放弃王冠的女王、一个有教养的女冒险家,还是一个不负责任的人?

瓦萨家族的克里斯蒂娜·亚历山德拉是一位传奇人物。在17世纪,或者可以说在任何时代都是如此。瓦萨王朝的创始人是古斯塔夫,他是现代瑞典的缔造者。古斯塔夫使其国家摆脱了丹麦的统治,赢得了独立,建立了瓦萨世袭王朝,全面实施经济和社会改革,创建了瑞典现代常备军。同时,他也是波罗的海事务的主要参与者。他还把宗教改革引入瑞典。大约在同一时间,英国的亨利八世与罗马断交,没收了教堂财产。古斯塔夫也与之同步,但他更进一步信奉了路德宗神学。古斯塔夫的长子艾立克继承了他的王位。艾立克是个疯子,挑起了一场贵族叛乱,因此死于狱中。古斯塔夫的次子约翰三世继承了他的王位。在他的统治下,瑞典宗教纷争不断,与亨利八世的子孙统治时期的英国如出一辙。约翰的妻子是波兰—立陶宛天主教家族成员。在她的影响下,约翰如同时代的人抱怨的那样,"把许多迷信和教皇式的仪式灌输进教堂"。

他的儿子西吉斯蒙德于1592年继承了他的王位,成为波兰—立陶宛的国王。时局变得更加严峻。西吉斯蒙德在波兰期间,允许弟弟查理在国内担任摄政王,但这两兄弟在宗教问题上水火不容,结果导致内战,西吉斯蒙德被废黜。西吉斯蒙德在1598年的战斗中战败。实际上,他那时就已不再统治国家,而查理一直独揽大权。直到1604年,查理才正式登基。7年后,查理去世。他把一个信仰新教的国家传给了他的儿子。

新国王古斯塔夫二世,史称古斯塔夫斯·阿道尔弗斯,像其祖父一样,是一位英雄的国王。他17岁加冕,一生大部分时间都在军事战争中度过。他因打败了丹麦和俄国而被忠实的追随者称为"北方雄狮"。1630年,他开始了最伟大的事业。

他参加了政治—宗教冲突——三十年战争

克里斯蒂娜
瑞典，1626年—1689年

简介 克里斯蒂娜一生都是一位话题女王，也是一位艺术爱好者。她因皈依天主教、拒绝结婚及与男性的亲密关系而被传出丑闻。

（1618—1648）。法国、西班牙、神圣罗马帝国、荷兰共和国和大多数欧洲小国之间的这场最具破坏性的对抗是一系列残酷的争斗。在进行了22年之后也没有任何结果。古斯塔夫带领训练有素的军队，帮助新教和法国对抗哈布斯堡王朝。他在3场决定性的战役中取胜，但在1632年的卢岑战役中阵亡。他唯一的孩子克里斯蒂娜成为了瑞典的女王。那时，她还未满6岁。

▲ 由塞巴斯蒂安·鲍登创作的女王肖像画

古斯塔夫为权力的和平交接做了很好的准备。他为女儿聘请导师，使她接受与王子同等的教育。他让议会发誓支持女儿。他还安排女儿和她的表兄查理（比她大4岁）一起上课，因为查理是王位的下一位继承人。克里斯蒂娜学业优秀，头脑灵活，对许多学科都如饥似渴。她精通古典文学，会说几种现代语言。她还有一位非常能干的导师，教她如何治国理政。不过，古斯塔夫给女儿留下的最珍贵的礼物，是多年来为他勤勤恳恳服务的大法官。阿克塞尔·奥克森斯蒂耶纳被同时代的人誉为"取之不尽的好建议"，甚至是"本世纪最伟大的人"。在男人的世界里做一位女王，克里斯蒂娜并不缺少明智的建议，但她都会采纳吗？

在政务方面，这个问题最重要的答案出现了。1645年，三十年战争中的主要将领各执己见，陷入僵局。于是他们聚集起来，决定通过谈判来解决分歧。奥克森斯蒂耶纳认为，如果战争持续下去，瑞典会从中受益，于是他派儿子率领国家代表团。但是克里斯蒂娜却派了自己的代言人，奉命不惜一切代价实现和平。奥克森斯蒂耶纳抱怨，如果当时允许他采取更强硬的政策，那么瑞典在1648年的停战条约中将获得更多利益。此时，克里斯蒂娜已指定由马格努斯·加布里埃尔·德·拉·加迪接替奥克森斯蒂耶纳担任首席顾问。加迪的才能更多地体现在增强君主制的辉煌而非行政管理方面。

1649年，女王正式宣布她无意结婚，并提名查理为她的继承人。这引起了更大恐慌。她对婚姻有一种情感上的反感，并曾研究过天主教的独身教义，这对她很有吸引力。克里斯蒂娜此时已经亲政，加冕礼在1650年举行。她想成为什么样的统治者呢？

这个问题不容易回答，她的行为无疑令众多观察家感到困惑。她读过前任女王的历史，是伊丽莎白一世的崇拜者。然而，与英国女王不同的是，她并不依靠女性气质来达到自己的目的。她经常穿男式服装，即使穿女式服装，她也不会对那些"华而不实的东西"大惊小怪。有一次，一个芭蕾舞团被带进宫廷，其任务之一就是教女王优雅的举止。奥克森斯蒂耶纳自豪地谈起了克里斯蒂娜，"她一点也不像个女人"。然而，这个意志坚强的"假小子"也有虚荣、轻浮的一面。她在艺术品、书籍、手稿、科学仪器、音乐、戏剧，以及任何她喜欢的事物上挥金如土。

如果说，她对自己的国家有远见的话，那

这个意志坚强的"假小子"也有虚荣而轻浮的一面。她在艺术品、书籍和手稿等事物上挥金如土。

▲ 佩拉吉的历史场景：古斯塔夫斯·阿道尔弗斯让议会宣誓效忠他的女儿克里斯蒂娜

就是让瑞典成为一个"现代"国家，在文化上与荷兰、法国、意大利和其他经历了17世纪艺术和科学革命的国家平起平坐。在欧洲时髦的沙龙里，瑞典被认为是一个寒冷、落后的国家，住着粗鲁、不懂世故的人。克里斯蒂娜热衷于主宰宫廷，希望与巴黎、维也纳、伦敦或罗马的任何一个宫廷相抗衡。在瑞典，很少有学者能满足这个年轻女子对知识的渴求。她一有机会就进入财政部，派人去欧洲搜罗最新的学术论文，把一流的思想家引入宫廷。这是一个充满宗教争论的时代。哲学家、神学家、神秘主义者和科学家自由地讨论上帝的存在、宇宙的本质及天主教和新教的传统教义。

勒内·笛卡尔、布莱斯·帕斯卡、巴鲁克·斯宾诺莎、托马斯·霍布斯、约翰·洛克，以及后来的戈特弗里德·莱布尼茨和艾萨克·牛顿等都是学术辩论的巨人。他们追求真理，议题相当广泛，包括犹太神秘主义（卡巴拉）、占星术和炼金术。这些辩论让克里斯蒂娜很兴奋。例如，她听说有一份秘密流传的地下手稿——《三

▲ 特瑞克罗纳城堡，克里斯蒂娜在此长大，并在统治期间居住于此

骗子论》，她也必须有一份。这篇煽动性的文章谴责摩西、穆罕默德和耶稣的教导，显然不适合作为基督徒统治者的枕边书。

学者参与这样的猜测是一回事，而在位君主受到他们的影响是另一回事。他们不能自主选择宗教信仰，或者，如果选择了，至少要承担后果。到17世纪下半叶，国家宗教已经固定下来。欧洲诸国承认天主教、路德宗、加尔文宗或英国国教。根据宪法，统治者有义务支持国家教会。1714年，英国女王安妮去世，膝下无子，于是王位传给了与她血缘最近的新教继承人，尽管她的56位亲戚（全部是天主教徒）之前都有世袭权。

据人们所知，可能是因为正统的路德宗不妥协，导致克里斯蒂娜脱离了路德宗，而且她父亲就是为了维护路德宗而死在卢岑。16世纪40年代，瑞典教会当局分为两大阵营：温和派和强硬派。他们就教义和礼拜仪式的问题展开了激烈的争论。神职人员对宗教改革的呼声充耳不闻，思想自由的女王对他们顽固的保守主义也失去了耐心。她还发现，路德宗高级官员对她奢侈的生活方式很挑剔，这并不符合她的品位。她的思想开始转向天主教。1650年，她通过葡萄牙大使向罗马发送了秘密信息，其中提到了皈依天主教的可能性。这使耶稣会学者保罗·卡萨蒂率领代表团抵达瑞典。

了解克里斯蒂娜改变宗教信仰的背景很重要。她是在一个激进的路德宗氛围中长大的，知道拥护改革派和继承父亲的遗志是她责无旁贷的事。她的主要职责是结婚以确保王朝和新教的继承。但在思想上，她并没有迷信瑞典的官方宗教思想。广泛的阅读使她对路德宗的教条产生了怀

哲学家之死

作为克里斯蒂娜的私人教师和学术界名人，笛卡尔是死于一场重感冒还是谋杀？

勒内·笛卡尔（1596—1650）是17世纪伟大的理性主义哲学家。他确信，人类能够解开宇宙运行的秘密，也能够清楚认知人类在宇宙中的地位。但他进一步说："在弄清真相之前，我决不相信任何事情。"意在暗讽宗教启示和教会教条都是假的。笛卡尔是那个时代的一位学术界名人，而克里斯蒂娜求贤若渴，打算邀请这位思想家来瑞典为她答疑解惑。克里斯蒂娜想知道，在与教会有分歧的情况下，如何信仰上帝，因此，她真心希望能在笛卡尔的哲学里找到答案。值得注意的是，女王对他的新书《灵魂的激情》特别感兴趣。这本书探讨了如何对人类情感进行理性控制。她邀请笛卡尔到瑞典建立一家科学学院，并做她的私人教师。

1649年，笛卡尔很不情愿地来到了这里，并于年底开始给女王上课。当时北方正值严冬，而克里斯蒂娜用她一贯的高压手段对待这位著名的客人，宣称她只能每周接见他3次，而且每次必须在凌晨5点。这对笛卡尔来说尤其困难，因为他不习惯早起，还要连续工作到中午。因为不适应这里的严寒气候，笛卡尔很快就病倒了。

1650年2月1日，笛卡尔患了感冒，病情迅速恶化。仅仅两周后，他就死于肺炎。他真的是病死的吗？最新研究表明，笛卡尔可能是被一位天主教神父毒死的，因为他担心这位哲学家可能会使克里斯蒂娜背离罗马天主教。

▲ 1650年，哲学家笛卡尔向博学的女王阐释他的观点

疑，也许她对所有的宗教教条都产生了怀疑。作为哲学家，她可以在多方面都质疑神学；而作为女王，她却应该赞同神学。不仅如此，人们还期望她树立一个清醒的道德榜样。孩童和青少年时期所享有的自由正在离她远去，她已是一个风华正茂、意气风发的年轻女子。那么，她是同性恋吗？

她的男性气质很明显，至少与一个女人有过亲密的关系。但她也沉迷于与多名男宠的冒险，这使她的臣民感到愤慨，同时也是她有男女之情的证据。她对分娩很是厌恶，也许因此她从不允许任何感情过分发展。

无论克里斯蒂娜的性取向是哪种，这都使她感到压力重重。1651年，她精神崩溃，时常失去判断力，这清楚地体现在阿诺德·梅塞纽斯

▲ 克里斯蒂娜肖像，塞巴斯蒂安·鲍登作。这幅画作现藏于西班牙普拉多博物馆

> 这位思想自由的女王对神职人员顽固的保守主义很不耐烦。

▲ 在克里斯蒂娜统治下成长起来的瑞典外交官加布里埃尔·德拉加德

伟大的收藏家

克里斯蒂娜收集了大量精美绝伦的艺术和文学作品。

克里斯蒂娜拥有罗马最多的、最好的艺术收藏品,因她早在多年前就开始积累了。在三十年战争期间,瑞典军队掠夺了欧洲的几座大宫殿。仅布拉格一地,就有472件艺术品被送往斯德哥尔摩。女王为此建造了一座新翼楼来收藏这些艺术品。很快,她又找了一些代理人为她购买其他艺术品,并形成了自己的艺术品位。她在给一位代理人的信中写道:"这里有德勒和其他德国大师,我不知道他们的名字,除了我,没人会那么欣赏他们,但我愿意用全部这些艺术品换拉斐尔的一幅画。"正是南方阳光明媚的艺术吸引了她,尤其是威尼斯画派。她退位时,带走了最喜欢的40件艺术品。定居罗马后,她别墅的画廊里布满画作、挂毯、书籍、手稿和古典雕塑。这些都是她不失时机地从各处买来的。查理一世被推翻后,他的很多珍宝被洗劫一空,从英国运到这里。拉斐尔祭坛画是从一所资金紧张的女修道院获得的。克里斯蒂娜喜欢肖像画,但最打动她的是威尼斯的大师,如提香和丁托列托。她收藏的委罗内塞作品是迄今为止世界上最全、最好的。她几乎没有收藏什么宗教作品。这并不奇怪,因为她质疑宗教。

▲ 《维纳斯阿纳迪奥涅》是克里斯蒂娜珍视的艺术作品之一。提香作

身上。梅塞纽斯是一名间谍、一个不安分的阴谋家,曾在监狱里被关押很多年,被女王释放后,他平步青云。他报答女王的方式居然是称呼她为"耶洗别",就是"荡妇"的意思,并四处散布她的下流故事。克里斯蒂娜盛怒之下下令立即处决了梅塞纽斯和他17岁的儿子。没过多久,女王又解雇并流放了她长期以来的宠臣马格努斯·德拉·加迪。毫无疑问,梅塞纽斯罪有应得。女王的这两位男宠招致广泛诟病,影响了她的声誉。女王听说有一位号称是医生兼哲学家的法国人皮埃尔·博尔德洛特到了斯德哥尔摩,于是召他进宫给自己治病。此人的医术竟然包括让女王接触色情文学。博尔德洛特是个浪荡公子。他遵循弗朗索瓦·拉伯雷的享乐主义原则——"做你想做的事"。面对沮丧和疲惫的年轻女王,他不用常规的治疗方法,如放血疗法,而是建议女王放松自己,尽情享乐,抛开一切束缚。他只是简单地说了几句克里斯蒂娜爱听的话,然后就带着女王送他的礼物回法国去了。他的"医嘱"缓解了克里斯蒂娜生活中的紧张情绪,让她做了长期以来一直想做但又不敢付诸行动的事。1654年2月,她将大批宝藏运往安特卫普。1654年2月,她向议会宣布退位,让她的表兄继位。

6月中旬,她带着一长列的马车和大车,以及250多名随从离开。她安排了一笔经费,供她在外期间过得舒舒服服。她没有透露她皈依天主

▲ 克里斯蒂娜皈依后，与教皇克莱门特九世参加宴会

教的想法，以免影响日后谈判。当她抵达安特卫普后，在12月24日的一个仪式上成为天主教教徒。这件事在事发后又保密了将近一年。

但她的宗教转向又有多彻底呢？在她漫长的一生中，她既不是虔诚的天主教教徒，也不是虔诚的路德宗教徒。在她的第一次圣餐礼上，她拿变形论开玩笑（认为牧师祝福的面包和酒变成了基督的血肉）。她认为从哲学角度来看这是胡说八道。

当然，她所选择的天主教教堂风格比正统的新教更有吸引力。她喜欢巴洛克风格的天主教教堂的装潢，如绘画、建筑、雕塑和音乐。但克里斯蒂娜的道德思想并没有追随天主教教义。虔诚的天主教教徒和瑞典路德宗教徒同样对她的行为感到震惊。很可能，她最喜欢的是自由。在她的欧洲之旅中，她坚持自己一贯的行事作风，受到国王的款待，与伟大的思想家辩论，参观许多年轻贵族"大旅行"行程中的文化中心。正如克里斯蒂娜的传记作者所说，罗马教会吸引了她，因为"这毕竟是在罗马"。

具有讽刺意味的是，逃离瑞典并摆脱公职的重担并没有给她带来她所渴望的彻底自由。作为一个普通人，她不再受到皇室特权的保护，她觉得很难接受这一点。例如，她在外国宫廷作客时，因为一时冲动而引起抗议，对此她真的感到很惊讶。发生了什么事？只是因为她下令立即处

▼ 1666年至1668年，瑞典女王克里斯蒂娜写给红衣主教德西奥·阿佐利诺的其中的一封信

▶ 红衣主教德西奥·阿佐利诺和克里斯蒂娜的关系非常亲密

决了一个使她不高兴的仆人。即使在斯德哥尔摩，对梅塞纽斯的惩罚也只是表面上的法律制裁。克里斯蒂娜悠然地前往罗马，受到了罗马教皇亚历山大七世的热情款待。他也是一位学者和鉴赏家。她住进了梵蒂冈的一个供她使用的侧厅。她的皈依被认为是一次伟大的天主教政变。宴会、戏剧表演、焰火表演和其他庆祝活动持续了一个多月。她在罗马度过了余生的大部分时间，最终定居在特拉斯提维尔的科西尼宫。这是一座富丽堂皇的宫殿，其设计师多纳托·布拉曼特也是圣彼得大教堂的设计师。这座宫殿是罗马社会生活的主要焦点和旅游景点之一。克里斯蒂娜建立了一个文学沙龙，后来发展为历史悠久的阿卡迪亚学院。在那里，罗马的鉴赏家和游客欣赏音乐、诗歌，进行学术辩论。她建立了这座城市的第一个公共剧院，举办奢华的派对。她还赞助年轻的学者和艺术家。

但她与梵蒂冈的关系紧张。起初，她得到了热烈欢迎，但随后，她的幻想破灭了。教皇亚历山大认为克里斯蒂娜行为古怪，道德败坏，非常可耻，拒绝接纳她。他怀疑她与红衣主教德西奥·阿佐利诺的关系超出友谊，并把她描述为"一个没有王国的女王、一个没有信仰的基督徒、一个没有羞耻的女人"。她与阿佐利诺的继任者克莱门特九世相处得更好，但下一任教皇英诺森特十世认为她对公共道德构成了威胁，并关闭了她创办的剧院。克里斯蒂娜是一位崇尚自由的思想家，不可能成为任何教会的支持者。1685年，她得知路易十四废除了南特敕令（该法令给予法国新教徒一定程度的宽容）后，向教皇提出强烈抗议。

克里斯蒂娜·瓦萨是一位话题女王。她特立独行，声名狼藉，语不惊人死不休。她（毫不夸张地说）犯下谋杀罪却逍遥法外，为自己开脱，称自己是"狂野的北方人"。没有明确的道德准则来约束她，而她也不想为自己的出格行为做任何弥补。她甚至漫不经心地尝试了几次重登瑞典女王的宝座。没有一个教会承认她是虔诚的信徒。然而，在她去世后，即1689年，他们为她举行了隆重的葬礼。她被安葬在圣彼得大教堂，历史上仅有3位女性被安葬在此。

1643年—1715年

路易十四

"太阳王"既是一座闪亮的灯塔,又是一股危险的破坏力量

路易虽是法国历史上在位时间最长的君主,但他在人生中前20年几乎没有任何权力。从4岁开始,他就一直在他的导师——红衣主教朱尔斯·雷蒙德·马扎林的庇护之下成长。这位意大利教皇与年幼的国王关系稳固,监督他的教育,并强化了两项重要的原则:一是,法国贵族很危险,必须加以控制;二是,国王应该拥有至高无上的权力。这些也是路易早期生活中的另一位关键人物,他的母亲,奥地利的安妮王后所遵循的原则。

在路易的童年时代,一场被称为"弗朗德"的内战在法国各地暴发。在这场冲突中,被剥夺公民权的贵族、巴黎最高法院的立法者和法国人民联合起来,推翻了安妮王后和她的首席部长。马扎林征收重税是为了减缓巴黎人口的增长和保持全法步调一致。但这激怒了人民。法国与西班牙之间的三十年战争浪费了法国最鼎盛的13年,法国对这场冲突的持续投入导致财政严重入不敷出。

面对危急的局势,安妮和马扎林迅速采取了行动,目标只有一个,巩固权力,为路易亲政铺平道路。法国很快与西班牙签署了《威斯特法利亚和约》,正式承认欧洲其他国家的主权。这是一个皇家自决权的联盟,所有国家都正式承认每个统治者拥有控制自己王国的权力。条约实际上粉碎了法国议会和贵族的权力,但这一巩固路易未来的大胆举动几乎将国家分裂。

在接下来的5年里,年轻的国王发现自己被笼罩在阴影里。国家处于内战之中,而他是王室的关键人物,因此在安全方面不断受到威胁。在动乱期间,他曾多次被偷运出巴黎,有时甚至

> 据目击者称,路易临终前说:"我死了,但我会尽力让国家不死。"

路易十四

法国，1638年—1715年

简介 在路易十四统治的72年里，法国参加了3次主要的欧洲战争。路易相信战争胜利会使他万分荣耀，因此，在和平时期就为下一次战争做准备，这消耗了很多国力。1682年5月，他亲自主持，将路易十三建造的狩猎小屋改造成奢华而庄严的凡尔赛宫，并将宫廷迁至此地。

▲ 路易十四和他母亲的关系极其亲密,但他由奶妈抚养,如上图所示的朗格德拉·吉罗迪埃夫人

被迫像贫民一样过着隐居的生活。领导起义的是反对马扎林和安妮的前线军。这些叛军根本没有想过把路易从王位上赶下来。在年轻的国王成年后,起义失败了。

1661年马扎林去世,路易终于亲政,并开始形成自己的统治风格。他对马扎林的继任者、腐败的财政部长尼古拉斯·福凯进行了长达3年的审判,将其投入监狱,然后宣称自己是首席部长。这让巴黎的每一位部长和政客都感到震惊。他曾向臣民公开声明:"我是国王,我的统治是绝对的。"

这种自信是路易真实性格的反应,他是一个在任何事情上都把自己视为中心的人。这种品性在他统治的早期表现为自私和蔑视他人。他公开废除了由马扎林和他母亲制定的许多政策。路易是一位真正的改革派君主。他渴望监督国家的方方面面。他也是一个放荡不羁的人,恣意地纵情于酒精和女人之中,但他很早就证明了自己是一个精明的人,大臣们哄骗不了他。

在接下来的10年里,路易以前所未有的热情进行了法律改革。1665年,福凯下台后,他任命让-巴蒂斯特·科尔伯特为财政总监,并通过一种更有效的税收方式监督削减国家债务。另一个令人惊讶的举动是他决定让所有的贵族免税。这在多数人看来是荒唐的,但却是政治天才的招数。国王的目的是让贵族们沉溺于博取国王的宠幸,没有时间去管理地方,渐渐地他们就会丧失统治地方的权力。

路易不愿向他的任何大臣妥协,尤其是那些在他小时候与马扎林和安妮王后敌对的人,但这位充满自信的君主也明白需要建立一种平衡。他知道巴黎的大臣们认为自己可以凌驾于国王之上。他看透了他们的想法,因此把政治权力的中心转移到了凡尔赛宫。一个简单的皇家狩猎行宫,路易把它改造成了豪华的宫殿,足以与欧洲任何一个地方相匹敌。最终,真正的权力中心从巴黎转移到凡尔赛。路易实际上是围绕着自己重新塑造了这个王国。

他还做出了另一个有争议的决定,而以往许多法国国王都忽视了这一点——支持法国快速形成的中产阶级。路易在巴黎建造荣军院国家酒店,利用皇室影响力来认可和保护那些为家族做出巨大牺牲的人。在这方面,他作为法国国王首开了先河。不管这是政治上的表演,还是出于路易个人的同情心,这一举措使得越来越多的新兴

他对作家、诗人、画家和作曲家实施的皇家保护开启了艺术的黄金时代。

资产阶级成为强有力的国王支持者。

路易酷爱雕塑、戏剧和文学,因此改革也延伸到文化领域。在他统治期间,路易给予法兰西学院皇家资助,并利用它把凡尔赛变成了欧洲的文化中心。他对作家、诗人、画家和作曲家的支持开启了艺术的黄金时代。很快,从时尚到舞蹈编排等一切影响了整个欧洲大陆。路易想成为太阳王——所有光的来源。他的努力得到了回报。

在路易的统治前期,他渴望将自己和他的王国确立为欧洲的主导力量,这是他作为法兰西国王的行动准则。因此,这位法国君主不愿意被《威斯特伐利亚和约》牵制,虽然和约终结了三十年战争,但法国在英格兰、西班牙和神圣罗马帝国的压制下已经太久。法国需要重新振作起来,而这意味着战争。

作为一个好战的君主,路易的阴暗面逐渐显现。他出资派遣法国军队参与了西班牙所属荷兰的独立战争(1667—1668),试图为法国争取更大的权益。英格兰、瑞典、西班牙和神圣罗马帝国联合反对他。最终,这次行动证明是战术上的失败,但却为他树立了高大光辉的形象。因在前线指挥战斗,他作为众所周知的"太阳王",在士兵和人

> 路易在20多岁时掌握了王权。他知道王权在巴黎的政治影响力正在减弱,所以他把法国的权力中心移置凡尔赛。

▼ 路易十四与凡尔赛宫及其近臣关系密切。他喜欢这种寓言画

▲ 路易十四的半身像、雕像、肖像和壁画数量很多。这不仅反映了他自高自大,也可以看出他在17世纪法国艺术复兴中扮演了重要角色

民心目中的形象更加高大。

为了在欧洲确立更高的地位,路易再次发动了战争。事实证明,这次荷兰战争(1672—1678)更有成效。这场战争几乎使法国破产,但它使法国拥有了新的领土,并在欧洲政治舞台上证实了法国的崛起。同样的欲望驱使他参加了大联盟战争(1688—1697)。在这场战争中,路易想获得更多的领土,然而欧洲所有的大国都反对他。

路易十四在其晚年性格发生了某种转变,这使王国的状况也随之改变。他生来笃信天主教,但后来他的宗教倾向更加激进。他下令使天主教教育占据主导地位。法国是一个新教国家(在路易所有的战争中,法国都属于贫穷的国家),但是君主政体是绝对的,所以路易在宗教领域实行了与其他领域同样的改革。他废除了祖父亨利四世在1598年颁布的南特法令,该法令给予法国新教教徒(胡格诺派)信仰自由和其他权利。随后,他将新教教堂夷为平地,并发动了一场恐怖运动,将成千上万的新教教徒驱逐出境。

1715年9月1日,路易十四在凡尔赛宫死于坏疽,将王国留给他的继承人——安茹公爵路易。令人难以置信的是,路易十四的统治

> 路易的遗体被安葬在巴黎郊外的圣丹尼斯大教堂。但在他去世的80年后,被革命者挖出,并被销毁。

他统治了72年，令人难以置信。他是欧洲历史上在位时间最长的君主，并给这个王国留下了深刻的印记。

期长达72年，是历史上欧洲统治最长的君主。在这漫长的72年中，路易十四给这个王国留下了深刻的印记。他振兴了法国，重建了经济，巩固了法国作为欧洲军事强国的地位。他是金碧辉煌的"太阳王"，但他也失去了民心，因为他强行进行宗教改革，统一宗教信仰。而在他那个时代，人们从感情上还不能接受。

如果说路易十四只有一件事做错了，那就是他过于强势，不允许自己有丝毫懦弱。从巩固他的绝对统治到不必要的领土战争，"太阳王"总是随心所欲地塑造法国。

▲ 路易十四和他之前的许多国王一样，为了以法国的名义获得或收回土地不得不与其他国家进行战争

叶卡捷琳娜二世

俄国，1729年—1796年

简介 她本是普鲁士公主，原名索菲娅·安哈尔特－泽布斯特。1745年，她嫁入罗曼诺夫家族。1762年，她参加了推翻丈夫彼得三世的政变。虽然她的统治以充满丑闻的私生活为标志，但她仍然是一位精明能干的统治者。

1762年—1796年

叶卡捷琳娜二世

这位势不可挡的俄罗斯统治者是如何利用女性魅力、弥天谎言和军事力量征服一个帝国的

她以"叶卡捷琳娜二世"的名字被载入史册，这要归功于她对祖国的贡献和奉献。作为俄罗斯帝国最伟大的领袖之一，叶卡捷琳娜见证了俄国版图空前的扩张、一系列军事上的成功及俄国启蒙运动的到来。她的统治期被认为是俄罗斯的黄金时代，但却充斥着丑闻、阴谋和许多不为人知的真相。

她出生于1729年，是安哈尔特-采尔勃斯特公国的公主。虽是德国王室成员，但家境贫寒。俄国女皇伊丽莎白写信给索菲娅的母亲，替她的侄子及继承人荷尔施泰因公爵彼得求婚。索菲娅决心掌握自己的命运，于是她学会了一口流利的俄语，这给伊丽莎白留下了深刻的印象。她认为索菲娅是俄罗斯王位的完美人选。

相比之下，她的未婚夫与皇帝的标准相去甚远。彼得在德国出生长大；14岁时被带到俄罗斯。他讨厌这个国家。

与索菲娅不同，他甚至拒绝皈依俄罗斯东正教。而索菲娅在1744年就皈依，并接受了新名字"叶卡捷琳娜"。一年后，这对夫妇在圣彼得堡成婚。叶卡捷琳娜在回忆录中回忆起这场婚礼时说："我的内心几乎没有幸福，只有雄心壮志。"

叶卡捷琳娜认为伟大的使命在等待着她。相反，她的丈夫变成了一个终日与酒为伴的醉汉，兴趣是和孩子一样玩玩具士兵。他们互相轻视，几年的婚姻生活都不美满。叶卡捷琳娜不想浪费生命，她告诉自己，她要成为"俄罗斯的主权女皇"。

叶卡捷琳娜感到非常孤独，没有人爱，因此变得绝望。结婚多年，她没有子嗣。伊丽莎白一直紧盯着她，派人监视着她的一举一动。她开始了一系列的风流韵事，首先是与谢尔盖·萨尔蒂科夫，一个英俊的浪子和法院成员。对此，伊丽

她的统治期被认为是俄罗斯的黄金时代,但却充斥着丑闻、阴谋和许多不为人知的真相。

莎白实际上是鼓励了他们俩,希望她能怀孕。

叶卡捷琳娜终于在1754年生下了期待已久的继承人保罗。时至今日,关于谁是孩子父亲的问题仍然存在争议,但叶卡捷琳娜在她的回忆录中暗示是萨尔蒂科夫,尽管这可能只是出于对彼得的怨恨。无论如何,她实现了自己的目标,巩固了自己作为未来皇帝母亲的地位。

然而,伊丽莎白把她的孩子抱走并亲自抚养,使得叶卡捷琳娜几乎看不到自己的孩子。叶卡捷琳娜悲痛欲绝。她和萨尔蒂科夫的恋情也随着后者被驱逐而结束。与此同时,彼得的行为变得越发愚蠢,也令周围的人感到担忧。这时他的妻子决定履行自己的职责,她不能容忍俄罗斯在自己丈夫手中瓦解。她开始策划让丈夫下台。

伊丽莎白于1761年去世,彼得成了彼得三世,叶卡捷琳娜成了皇后。但这还不够,她想要独揽大权。在伊丽莎白的葬礼上,彼得做出了孩子气的举动,他竟然创造了一个游戏来缓解自己的无聊,这使得人们对叶卡捷琳娜的支持与日俱增。叶卡捷琳娜利用了这一点,隆重哀悼已故的皇后,这为她赢得了许多崇拜者的支持。

彼得的行为不可原谅。他错过了自己的加冕礼,退出了俄罗斯当时正占上风的七年战争,归还了从普鲁士夺取的所有土地。他的这些行为被认为是对那些在战争中牺牲或受伤的士兵的不尊重,使得他和军队变得疏远。彼得蔑视教会,渴望对俄罗斯传统盟友丹麦发动战争。这两点加深了人们对他的不满。他夸耀情妇伊丽莎白·沃伦佐娃,声称他的愿望是和叶卡捷琳娜离婚,并剥夺他们儿子的王位继承权。

1762年4月,叶卡捷琳娜的处境更加艰难。彼得在国宴上当众羞辱叶卡捷琳娜,说她是个傻瓜,这让她忍不住哭了起来。那天晚上流传着这样的传言:皇帝被激怒了,喝得酩酊大醉,下令逮捕他的妻子。幸运的是,叶卡捷琳娜的叔叔、荷尔斯泰因的格奥尔格·路德维希王子设法劝阻了他,使他没有做出冲动的行为。但这成为了压倒骆驼的最后一根稻草,叶卡捷琳娜知道她和她的儿子极度危险。

她知道发动政变需要一个有权势的人支持。她开始与格里高利·奥尔洛夫交往。他是伊兹梅

▲《圣谕》,也被称为《伟大的指导》,概述了叶卡捷琳娜对俄罗斯未来的看法

▼ 叶卡捷琳娜在废黜彼得三世时穿着军服

▲ 彼得和叶卡捷琳娜是荷斯坦公爵和公爵夫人

洛夫斯基卫队的一名中尉。早在一年前她就注意到了这名军官。叶卡捷琳娜非常明智，选择了奥尔洛夫做她的新情人。

他和他的兄弟阿列克谢一样，在帝国卫队中拥有很强的政治影响力，可以号召士兵转向自己阵营。

奥尔洛夫也不仅是为谋求政治地位才与皇后交往，他们深深地爱上了对方。因此他决心要看着他的爱人登上俄罗斯的王位。

然而，叶卡捷琳娜夺权之路上出现了一个障碍，她怀了奥尔洛夫的孩子。在此之前，虽然叶卡捷琳娜和彼得很少在一起，但她还可以勉强声称他是孩子的父亲。但现在，他俩之间实际上已经断绝关系，尽管没有人可以完全肯定他们之间是否还存在秘密的联系。叶卡捷琳娜不能允许任何人走漏消息，否则她就会失去那些宝贵的支持者。她把怀孕的秘密藏在宽松的裙子下，瞒过了身边的每个人。1762年4月，她秘密产下一名男婴，并在远离宫廷的地方把他抚养长大。

很快，彼得去了奥拉宁鲍姆。他要为与丹麦的战争做准备，而叶卡捷琳娜则住在附近的蒙帕尼西尔宫。她的支持者们做好了准备，其中包括奥尔洛夫兄弟、一些卫兵和伊丽莎白的妹妹达什科娃公主。

甚至是尼基塔·帕宁，由伊丽莎白委任的皇子保罗的老师也支持叶卡捷琳娜。帕宁控制着皇子，如果皇后想要合法接管政权，他的支持对皇后来说至关重要。

彼得没有理会即将发生政变的谣言，但在6月27日，一名密谋者被捕。由于担心政变暴露，

6月28日凌晨，叶卡捷琳娜几乎来不及穿衣服，就爬上一辆早已等候在那里的马车，直奔圣彼得堡。她先去拜访了伊兹梅洛夫斯基团，这个军营里都是她的忠诚卫士。团长拉祖莫夫斯基多年来一直深爱着叶卡捷琳娜。他们宣誓效忠于她，而那些反抗的人则被逮捕。叶卡捷琳娜前往冬宫，宣誓成为俄罗斯的新统治者，人们为之震惊。

至于彼得，当他到达蒙帕尼西尔时才意识到情况严重，但那里空空荡荡，叶卡捷琳娜早就走了。绝望中，他向分居的妻子恳求，希望能和情妇沃伦佐娃回到他的家乡荷尔斯泰因公国。答案是否定的。彼得醉得不省人事，而叶卡捷琳娜在冬宫外做好了准备，身穿男式制服，骑上马，逮捕了她的丈夫。

彼得被捕。叶卡捷琳娜给了他一份退位的文件，他被迫签了字。彼得被关押在罗普沙，由阿列克谢·奥尔洛夫负责看守。一个多星期后，在押的彼得被杀。一天后，叶卡捷琳娜才发表声明，称彼得死于"痔疮绞痛"。

彼得的尸体血迹斑斑，伤痕累累，很可能是被阿列克谢亲手勒死的。阿列克谢写信告诉叶卡捷琳娜彼得的病情。他语气不祥地说："我担心他今晚会死，但我更担心他会活过来。"

人们怀疑叶卡捷琳娜弑君，她也担心这会成为她执政的污点。她和彼得的死有关吗？这无法证明。但是显然她那时的地位并不稳固。叶卡捷琳娜想要独揽大权，但她的一些同谋者，帕宁和达什科娃，希望她代表年幼的儿子摄政。但叶卡捷琳娜不愿让步，坚持在1762年9月举行了盛大的加冕典礼，对外宣告她完全掌控了国家大权。

他到达蒙帕尼西尔时，发现那里空空荡荡，叶卡捷琳娜早已离开。他这才意识到情况的严重性。

女皇的约会
谁是女皇的完美情人?

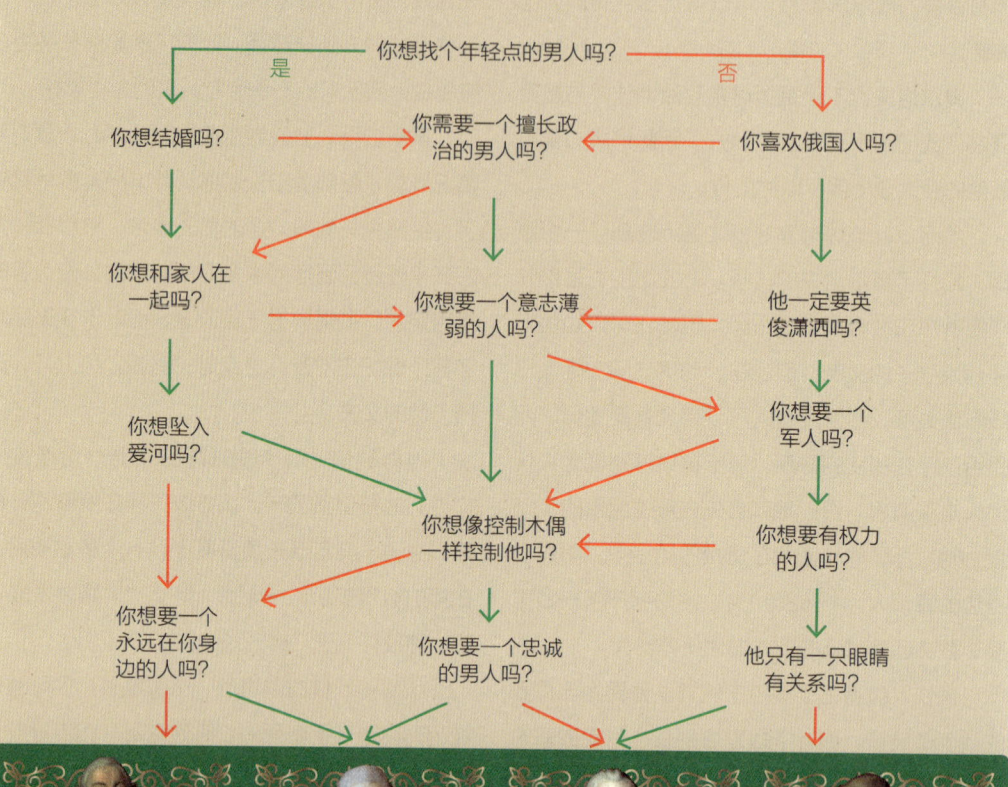

你想找个年轻点的男人吗? — 是 / 否

你想结婚吗?
你需要一个擅长政治的男人吗?
你喜欢俄国人吗?
你想和家人在一起吗?
你想要一个意志薄弱的人吗?
他一定要英俊潇洒吗?
你想坠入爱河吗?
你想要一个军人吗?
你想像控制木偶一样控制他吗?
你想要有权力的人吗?
你想要一个永远在你身边的人吗?
你想要一个忠诚的男人吗?
他只有一只眼睛有关系吗?

彼得三世

叶卡捷琳娜冷酷幼稚的丈夫憎恨他的第二祖国俄罗斯。在他统治的短短几个月里,就设法颠覆了军队、教会和贵族。叶卡捷琳娜和彼得互相鄙视,他甚至要和他的妻子离婚,让情妇取代她。叶卡捷琳娜在 1762 年废黜了她的丈夫。很快,他便离奇去世。

斯坦尼斯瓦夫·波尼亚托夫斯基

叶卡捷琳娜爱上波尼亚托夫斯基时,她还是公爵夫人,他们有一个私生女安娜。波尼亚托夫斯基在七年战争期间被迫离开俄罗斯宫廷后,与叶卡捷琳娜的恋情被迫结束了,但他们还保持联系。在叶卡捷琳娜的支持下,波尼亚托夫斯基被选为波兰的国王,但叶卡捷琳娜只把他当作傀儡。

格里高利·奥尔洛夫

奥尔洛夫是叶卡捷琳娜推翻丈夫的首要支持者,并在 1762 年的政变中发挥了重要作用。10 多年来,他一直是叶卡捷琳娜的宠臣。他们还生了一个私生子——阿列克谢。后来叶卡捷琳娜发现奥尔洛夫与其他女人有染,一怒之下,将其逐出宫廷。

格利高利·波将金

叶卡捷琳娜和波将金曾经有过一段短暂但非常炽热的恋情。与奥尔洛夫一样,波将金在政变中支持叶卡捷琳娜,并最终取代奥尔洛夫成为叶卡捷琳娜的最爱。在他们的关系结束后,波将金仍一直陪伴在叶卡捷琳娜身边。此后的 20 年中,他都是宫廷里最有权势的人,直到他 52 岁去世。

叶卡捷琳娜年轻时接触了启蒙运动，并梦想实现俄罗斯的现代化。她与当时一些最著名的法国哲学家，如伏尔泰和狄德罗有过交流。她本来有机会成为开明的领袖，然而，此时俄罗斯一片混乱。因为糟糕的行政体制和落后的经济，萎靡不振的俄国只能活在其他强国的阴影下。俄国需要彻底的革新。

叶卡捷琳娜想要引进更好的教育系统，建设新的城市，发展俄罗斯文化，甚至废除农奴制。她写了《圣谕》，也被称为《伟大的指导》。这是一篇重要的作品，她花了两年才完成。灵感来自西方哲学家的原则，并形成了叶卡捷琳娜关于完美政府的想法。1767年，不同社会阶层的500余人组成了立法委员会，叶卡捷琳娜把《圣谕》提交给了立法委员会。

表面上，叶卡捷琳娜宣扬启蒙思想是复兴俄罗斯的一种方式，实际上，她强化了俄国的专制君主制。

立法委员会没有取得任何成就，在1768年宣布解散。立法委员会是叶卡捷琳娜一直用来招摇撞骗的虚伪面具，她想让全世界都认为她是一位开明的领袖，但事实正相反。最明显的例子就是农奴制。有一段时间，叶卡捷琳娜可能考虑过彻底改革或废除俄罗斯的农奴制。但国家经济过于依赖属于贵族们手中的农奴，叶卡捷琳娜最终选择了贵族的支持。除了略微改善农奴的权利之外，叶卡捷琳娜在统治期间并没有做任何事情来改善农奴的处境。

尽管如此，她还是实现了自己的目标。她致力改善俄罗斯的教育，使之与西方接轨。她在全俄建立了学院、图书馆和学校。除了农奴外，所有的孩子都可以免费上学，课程也被标准化。此外，叶卡捷琳娜还倡导妇女教育，甚至于1764年在圣彼得堡建立了斯摩尼年轻贵族女子学院。

作为一个狂热的艺术赞助人，她个人收藏的艺术品规模是当时欧洲最大的。她积累了数千件杰作，于1764年在圣彼得堡建立了艾尔米塔什博物馆。它于1852年开始对公众开放，至今仍是一座艺术和文化博物馆。她还引进西方文学，鼓励外国艺术家和建筑师来促进俄罗斯的文化发展。作为一名肩负使命的女性，女皇甚至派遣俄罗斯学者到国外学习西方文化和各种社会生活方式，并在他们回国后大力传播。

在外交事务上，与前任相比，叶卡捷琳娜取得了巨大的进步。在其统治期间，她用头衔、金钱和权力厚待她的情人们，对斯坦尼斯瓦夫·波尼亚托夫斯基更是如此。他们在1755年有过一段风流韵事。当时这位波兰人是英国驻俄罗斯使节的秘书，但在七年战争期间波尼亚托夫斯基被迫离开后，这段风流韵事便结束了。他曾希望重新点燃他们的爱情之火，但叶卡捷琳娜觉得这太危险，并告诉他，"你可能会让我们都丧命"。

但是，当波兰的王位在1763年空出时，叶卡捷琳娜向波尼亚托斯基许诺会将王位给他。这是扩张俄罗斯帝国的绝佳机会。1764年，在俄军的威慑下波尼亚托斯基成为了波兰国王。很快，波尼亚托夫斯基就试图在波兰推行一系列改革，但这些改革并不在叶卡捷琳娜的计划中。

她需要波兰处于弱势地位，她的前情人应该是她的傀儡，而不是独狼。1768年，波兰爆发叛乱，部分原因是受俄国影响。叶卡捷琳娜以恢复控制为借口入侵了波兰。

她对波兰的统治关系到普鲁士、奥地利和奥斯曼帝国，后者在1768年爆发的俄土战争中遭受了一系列的失败。这些损失使欧洲向有利于俄国的方向转变，这无疑使叶卡捷琳娜很高兴。然而，1770年至1772年，莫斯科暴发了淋巴腺鼠疫，并由此引发了骚乱，这促使叶卡捷琳娜寻求休战，以获得喘息。

为了重新平衡欧洲的势力，俄罗斯、奥地利

和普鲁士都同意作为波兰的邻国瓜分波兰，而没有与波兰国王讨论。结果，叶卡捷琳娜为她的帝国获得了大约9.2万平方千米的领土，几乎相当于整个今葡萄牙的面积。它是波兰3个分区中最大的一个，这导致波尼亚托夫斯基在1795年下台。一年后，叶卡捷琳娜去世。波尼亚托夫斯基在俄罗斯度过了生命中的最后几年，靠女皇提供的养老金生活。

叶卡捷琳娜在1774年俄土战争中战胜了土耳其人，这使得她与奥斯曼帝国的关系高度紧张。随着领土扩大，为便于管理，她在俄罗斯南部建立了一个省，被称为新俄罗斯，今乌克兰的一部分。她在1783年吞并了前土耳其领土克里米亚。这时，第二次冲突爆发了。在1787年到1792年的冲突中，土耳其人再次惨败，叶卡捷琳娜对克里米亚的统治得到了巩固。这是她统治时期最伟大的军事成就之一。

在波兰和第一次土耳其战争期间，奥尔洛夫作为叶卡捷琳娜的情人继续统治着宫廷。政变后的10年间，奥尔洛夫获得了土地和贵族头衔，并因处理莫斯科鼠疫骚乱而获得赞誉。叶卡捷琳娜曾考虑嫁给他，后来她意识到这样的举动会引发很大的争议。叶卡捷琳娜也担心奥尔洛夫的权力过大，但实际上，他对叶卡捷琳娜的统治毫无影响。她知道他在政治上太无能，无法处理这些事情，于是选择咨询帕宁。

奥尔洛夫与叶卡捷琳娜的关系引发了阴谋和嫉妒，尤其是帕宁。1771年，帕宁策划了一场阴谋，使叶卡捷琳娜发现了奥尔洛夫的种种不忠行为。叶卡捷琳娜感到又愤怒又伤心，于是将奥尔洛夫赶出了宫廷，从此再也没有眷顾他。

在与奥尔洛夫保持关系的同时，叶卡捷琳娜与格里高利·波将金的关系变得亲密起来。他们在政变的晚上相遇。叶卡捷琳娜为了报答他的忠诚，把他提升为自己卧房的主人，这样他们就可以经常见面了。从那以后，波将金就爱上了叶卡捷琳娜。与宫廷里其他男人不同的是，他不怕奥尔洛夫。

▲ 1772年，描绘叶卡捷琳娜战胜土耳其人的寓言画

启蒙运动的笔友

叶卡捷琳娜与那个时代的许多伟人通信。

伏尔泰

叶卡捷琳娜和法国哲学家伏尔泰从未谋面,但他们互相通信很多年。虽然伏尔泰以抨击法国君主的奢侈而闻名,但他赞赏叶卡捷琳娜的"开明的暴君"的角色定位,称她为"北方之星"。一些人认为叶卡捷琳娜的这些信件不过是公共形象的宣传,目的是帮助她在欧洲塑造积极的姿态。但早在叶卡捷琳娜还是一位公主时,她就是伏尔泰的忠实读者。所以她在和自己青少年时期的偶像聊天时感到受宠若惊也是合乎情理的。

丹尼斯·狄德罗

另一位法国思想家丹尼斯·狄德罗最为世人所熟知的是与他人共同创立了《百科全书》(百科全书是启蒙思想的代表作),并在其中做出了重大贡献。女皇听说他需要资金,就买下他的图书馆。她还任命他为图书馆看守人,直到他去世,并提前支付了他25年的薪水。1773年,狄德罗觉得有必要亲自向叶卡捷琳娜道谢,他想当面告诉女皇应如何更好地治理俄罗斯。但叶卡捷琳娜不想见他,并为此斥责了他。但她仍继续以狄德罗的恩人自居,直到他1784年去世。

冯·格林男爵

冯·格林男爵和弗雷德里希梅尔基奥因与让·雅克·卢梭相识而经常出入巴黎进步文学圈。他为那些热衷于追逐18世纪法国时尚的外国君主和贵族撰写了一份文化通讯。叶卡捷琳娜和格林也的确保持了26年的私人通信。她赞助了一些格林偏爱的建筑师;格林则给她提供一些欧洲宫廷秘闻的花絮。尽管两人都是德国血统,但他们总是用法语互相写信。

波将金太大胆了,一有机会就公开宣布他对叶卡捷琳娜的爱,而她也乐享其中。也许是因为奥尔洛夫的背叛让她心怀恐惧,她变得犹豫不决,不敢去追求幸福,但她并没有阻止波将金。叶卡捷琳娜看到波将金从政的才华,开始为他设计辉煌的政治道路。

在眼睛严重受伤后,波将金突然离开了宫廷。叶卡捷琳娜非常想念他。一年半后,1767年,她要求他回到自己身边。她先是任命他为军需官,然后提拔他在立法委员会中管理其他民族事务,这是很重要的职务。第一次俄土战争爆发后,波将金不顾一切地想去前线。叶卡捷琳娜虽然舍不得他离开,但还是允许了。奥尔洛夫被逐出王宫后,叶卡捷琳娜找了一个年轻的新情人亚历山大·瓦西奇科夫来分散自己的注意力。但是叶卡捷琳娜对他的兴趣很快就消退了,赏赐给他一笔可观的养老金和一些土地就把他打发了。随后,她的心思又回到了波将金身上。由于他战功卓著,他成了一位战斗英雄。

1774年年初,波将金再次从宫廷中离开,叶卡捷琳娜终于接受了他的爱情。波将金回到她的身边,他们的恋情开始了。此时的叶卡捷琳娜已40多岁,波将金比她小10岁。波将金军事经验丰富,成了一位顾问,也是第一个分享叶卡捷

▲ 叶卡捷琳娜为权力而战,不肯放手

琳娜琳权力的情人。她不断提拔波将金,让他担任新俄罗斯总督,授予他在该地区绝对的权力。

这对情人在写给彼此的无数情书中已表明他们秘密结婚了。在给波将金的一封信中,叶卡捷琳娜称他为"我亲爱的、可爱的天使、我的挚友、我的丈夫";而在另一封信中,她告诉他,她将"永远做他真正的妻子"。他们是否真的结婚还不确定,但考虑到信件的性质和波将金在宫廷上的影响力,这是有可能的。

不幸的是,他们伟大的爱情并没有持续多久。叶卡捷琳娜和波将金都充满激情,但由于妒忌和不安全感,他们的关系变得冷淡。1775年,叶卡捷琳娜又有了新欢。与之前的情人不同的是,波将金没有从她的生活中消失。他在余生里仍在叶卡捷琳娜的生活和政治上保持着影响力。事实上,因为他对叶卡捷琳娜控制力太强,外面谣言四起,说是他给叶卡捷琳娜安排了新情人。

她的丑闻暴露在公众面前,但叶卡捷琳娜的力量并没有因此而减弱,她也不为此而感到羞耻。

第二次俄土战争期间,波将金到国外担任指挥官。这时,叶卡捷琳娜发现了一位虚荣的年轻军官柏拉图·祖波夫。他22岁,比当时已60岁的女皇小近40岁。他们的恋情始于1789年,叶卡捷琳娜深爱着他。女皇依赖她的小情人,也许是因为她年事已高,而祖波夫的升迁速度远远快于她以前的任何一个情人。当然,与年轻男孩的这段感情再次让年迈的女皇遭到嘲笑。

1791年10月,噩耗打破了叶卡捷琳娜的幸福生活——波将金在与土耳其人谈判和平条约时死在了国外,这使叶卡捷琳娜悲痛欲绝。在前几年里,他一直是她的支柱,而现在她不得不独自生活。

> 奥尔洛夫和叶卡捷琳娜的关系激起了其他人的嫉妒,尤其是帕宁。

在她生命的最后5年里,女皇把全部精力都放在了祖波夫身上。他在叶卡捷琳娜的决策中扮演了关键的角色。这让贵族们嫉妒他,鄙视他。宫廷上下无法理解叶卡捷琳娜对他的迷恋。在1796年4月的俄波冲突中,祖波夫甚至说服女皇弃用经验丰富的将军,任命他的兄弟指挥军队。虽然这是一个明智的决定,年轻的祖波夫带着胜利的荣耀凯旋而归。但不可否认的是,叶卡捷琳娜不再是30年前篡夺王位时的她了。

叶卡捷琳娜于1796年11月去世。她死后,出现了各种关于她肆无忌惮的荒谬故事,旨在诋毁她的功绩和名誉。

▲ 围攻奥恰科夫是波将金指挥的第二次俄土战争中的一场关键战役

— 1837年—1901年 —

维多利亚女王

维多利亚女王是如何使一座岛屿成为一个庞大的日不落帝国的

1901年1月22日，人类历史上最大的帝国——大英帝国的君主大限将至。维多利亚女王在怀特岛奥斯本的住所里奄奄一息，回顾她长达63年的统治。最初，大英帝国是一系列分散的岛屿，被广阔的平原和不可逾越的海洋隔开；后来才逐渐发展成为世界上最伟大的国家。是她见证了这一切。大英帝国侵占了印度，攫取了那里的财富，因此，印度也被称为"女王王冠上镶嵌的一颗闪闪发光的宝石"。帝国无情地践踏了整个非洲，牺牲了成千上万名英国士兵，杀戮了无数奋起反抗的当地人。这一切源于基督教的价值观和贪婪的殖民企图。在弥留之际，维多利亚女王留下了一个世界，一个被她所建立的帝国永远改变了的世界。

加冕当天，年轻的维多利亚公主迈上威斯敏斯特大教堂的台阶。谁也没有料想到，这个女人将统治一个如此强大的帝国。当时的英国民众对君主制越来越失望。女王的祖父、疯狂的乔治三世没能保住英国在美洲的利益；叔叔乔治四世夫妇关系恶劣；王室滥用资金，入不敷出。这一切都玷污了君主制的声誉。维多利亚年仅18岁，身高仅约1.5米。对于17世纪拥有巨大扩张野心的英国来说，她似乎不是一个合格的守护者。但这位蓝眼睛的女人有着银铃般的声音和钢铁般的意志。

大英帝国之所以能征服世界，是因为它同时具备军事实力、聪明才智和壮志雄心。

维多利亚女王
英国，1819年—1901年

简介 维多利亚从1837年6月20日起到1901年1月22日去世，在位63年，是英国历史上在位时间第二长久的女王。英国的工业革命和经济发展，特别是英国史上最大的领土扩张，都得益于她的统治。

埃及

埃及在陷入经济衰退时,将苏伊士运河一半股份卖给了英国。这引发了民众起义,并引发了1882年英埃战争。英国最终获胜,并控制了埃及。埃及为英国和印度之间提供了一条重要的贸易路线,从此,不必再绕道非洲,走那条既漫长又危险的路了。

加拿大

经过7年战争,1763年,英国从法国手中夺取了加拿大。除了大英帝国吹嘘的资本外,加拿大还是一个资源丰富、人口稀少的国家。加拿大为其提供了充足的木材、矿石和毛皮。

南非

19世纪初,英国人控制了好望角,并在此建立了殖民地。南非的荷兰殖民者感到他们的领土处于危险之中,于是两个大国发生了一系列军事冲突,史称"布尔战争"。最终,布尔人臣服于英国。南非是通往印度的中转站,盛产黄金和钻石。

关于本杰明·迪斯雷利,你可能不知道的5件事

1. 迪斯雷利的父母是意大利犹太人。他是英国第一位有犹太血统的首相,尽管他接受洗礼时是基督徒。

2. 迪斯雷利因早期的许多商业活动都失败了,负债累累,导致精神崩溃,他花了几年时间才恢复。

3. 他第一次发表演说时,在议会受到嘲弄。后来他宣称,"总有一天,你们都要听我的"。

4. 迪斯雷利以善于阿谀奉承而著称。当同僚问他如何应对维多利亚女王时,他回答:"首先,要记住她是个女人。"

5. 他提出了许多有利于穷人的法案,如1877年的为穷人提供了住房的《工匠居住法案》,以及《公共卫生法》。

当时世界上最伟大的帝国

到1901年,大英帝国统治了世界上很多地区。

维多利亚时期的大英帝国是如何成为世界最大帝国的

- 1838年皮特凯恩群岛
- 1842年租借中国香港
- 1848年印度
- 1853年阿曼停战（特立尼达和多巴哥）
- 1857年亚丁湾（也门）
- 1862年英属洪都拉斯（伯利兹）
- 1868年博川兰德（博茨瓦纳）
- 1874年斐济
- 1878年塞浦路斯
- 1878年西南非洲（纳米比亚）
- 1881年北婆罗洲（沙巴）
- 1884年巴苏托兰（莱索托）
- 1884年英属索马里兰（索马里兰）
- 1884年巴布亚新几内亚
- 1885年尼日利亚
- 1885年肯尼亚
- 1887年马尔代夫群岛
- 1888年英属东非（肯尼亚）
- 1888年文莱
- 1888年库克群岛（新西兰协会）
- 1888年冈比亚
- 1888年沙捞越（马来西亚）
- 1889年罗德西亚（津巴布韦）
- 1889年特立尼达（特立尼达和多巴哥）
- 1890年坦噶尼喀（坦桑尼亚）
- 1891年马拉维
- 1894年乌干达
- 1898年苏丹
- 1899年科威特

印度

印度长期以来被东印度公司控制。1858年，《印度政府法案》颁布，印度正式成为大英帝国的殖民地。其被称为"王冠上的宝石"，是大英帝国中最有价值的一块土地，因为印度盛产香料、珠宝和纺织品，贸易利润丰厚。然而，印度最重要的供给是人力，这为英国的军事力量做出了巨大贡献。

澳大利亚

18世纪末，詹姆斯·库克船长登上澳洲大陆标志着英国开始入侵澳大利亚。由于欧洲带来了疾病，又占据了大片土地，使澳大利亚原住民人口锐减。同时，澳大利亚也变成了一个流放地。作为惩罚，成千上万的英国罪犯被流放到那里。1851年，澳大利亚发现了黄金，欧洲移民纷纷涌向那些沙滩，寻找财富，其中很多是英国人。

失去一生的挚爱不仅改变了她，也改变了大英帝国的命运。

她的统治期是英国历史上最长的统治期，直到被伊丽莎白二世超越。她的崛起标志着大英帝国的新黎明。

维多利亚登上王位时，世界正发生巨大变化。英格兰小而分散的乡村正被人们抛弃，城市成为成片的大都市。高耸的混凝土烟囱从地面升起，机器的嗡嗡声响彻各地。这一切意味着蒸汽时代已经来临。工业革命使英国从一个位于欧洲边缘的古老海上国家，变成了一个制造业巨人。铁路和轮船拉近了海外领土与英国本土的距离，也为贸易和商业带来了前所未有的机遇。

正是维多利亚深爱的丈夫阿尔伯特启发了女王和她的臣民如何打造大英帝国。阿尔伯特对机械和发明很着迷，他在水晶宫组织了一场宏大的展览。水晶宫是一座能够展现现代创造力飞速发展的殿堂。来自世界各地的发明在这里展出，但最重要的是向世界展现英国的发明，因此英国的相关展品占了一半展览空间。在维多利亚女王、政府及大多数英国人看来，这是英国国力的象征，能清晰地展现出大英帝国的形象，也滋养了民族至上的思想。这个伟大的展览证明，大英帝国不仅在过去是强大的，此时乃至未来仍是一个有力量、有创造力、有无限野心去征服世界的国家。

为大英帝国铺平道路的机会始于1857年的印度兵变。从1757年起，印度一直由一家私营

东印度公司

东印度公司最初只是伦敦商人经营的一家小企业，通过进口香料赚钱。1600年，伊丽莎白一世授予该公司皇家特许状。1601年，詹姆斯·兰开斯特领导了该公司的首次航行。该公司在印度定居点建立了贸易前哨，这些定居点后来慢慢发展成商业城镇。该公司稳步扩大贸易地区，声称拥有从亚丁到槟榔屿的重要贸易港口。随着控制范围扩大，该公司成为历史上最强大的私营企业，并建立了自己的军队，由孟加拉邦第一任总督罗伯特·克莱夫领导。凭借强大的军事实力，该公司通过直接统治和与印度王子结盟的方式控制了印度。东印度公司最终占据了世界贸易总额的半壁江山，专门生产棉花、丝绸、茶叶和鸦片。

▲ "兰开斯特"是伊丽莎白时代的一个商人的名字和一艘私掠船的名字

▲1899年，第二次布尔战争中的莫德河战役开战前的阿盖尔人和萨瑟兰高地人

企业——东印度公司统治。后来的兵变表明，印度人民对公然不尊重他们的信仰和习俗很不满。该公司无视印度的种姓制度，发行了必须用嘴才能打开的涂有牛油和猪油的新子弹，这对穆斯林和印度士兵是极大的冒犯，使印度人民看到了他们每天所遭受的不公正待遇。于是，动乱如滚雪球般发展成大规模的暴动和骚乱。虽然叛乱最终被平息，但叛乱导致了该公司解散，权力移交给英国政府，并创建了维多利亚所说的"皇冠上的宝石"——英属印度帝国。

维多利亚女王举行了盛大的仪式，欢迎印度加入大英帝国。她承诺将尊重印度的习俗和宗教，将"为悲伤与血腥的过去蒙上一层面纱"。把自己塑造成一位慈母、一位坚持和平与正义的斗士、一位诚实政府的领导者。这些理想形象很大程度上是受到她丈夫的启发。阿尔伯特向她灌输了亚瑟王的卡梅洛特的愿景——一个公正非暴政统治的帝国，强者为弱者服务，正义压倒邪恶，没有压迫和血腥，只有贸易、教育和福利。他对维多利亚的影响是巨大的。但在1861年12月14日，他因疑似伤寒的疾病而去世，帝国就此而转向了一个全新的方向。

阿尔伯特在温莎城堡的蓝色房间里去世，女王悲痛欲绝。失去了一生的挚爱不仅改变了她自己，也改变了大英帝国的命运。她穿上黑色丧服，丧服后来伴随她终生。她给阿尔伯特蒙上了面纱，开始为她的王国，一个要统治世界的王国，寻求一条新的道路。

本杰明·迪斯雷利是议会中一个崭露头角的人物，他支持女王。这位雄心勃勃、桀骜不驯的保守党领袖对皇权和荣耀非常狂热。迪斯雷利受到帝国冒险故事的启发，认为英国应该成为拥有

▼ 一幅大力宣传苏伊士运河的英国营销海报。在大英帝国的发展中，水路是一个重要的因素

维多利亚女王是如何统治全世界的

海洋优势
1889年,英国采用了"双动力标准",要求皇家海军的军力应至少相当于世界上仅次于它的两支海军军力的总和。这一政策确保了英国在海上的统治地位,并在全世界建立了一系列海军基地。海军的规模和力量达到了预期目标,能够打败任何潜在的竞争者。这确立了英国海洋统治者的地位。

工业革命
英国是第一个利用蒸汽动力的国家,也是第一个经历工业革命的国家。这使低成本商品在世界各地大规模生产。它为英国军队提供了一系列资源,如步枪、蒸汽船和火车,使其能够击败任何敌人。医学的进步也使得英国探险者可以深入偏远地区而不用担心热带疾病。

民主思想探索之路
撇开土地掠夺不谈,大英帝国倡导以新教改良世界。英国认为自己是文明的代表,希望把文明传播到世界各地,带去和平、秩序和稳定。大英帝国秉承这种理念,认为自己在做善事。因此,大卫·利文斯通到非洲是去传播上帝的话语,传播大英帝国的文明。

利用竞争优势
西班牙、法国、荷兰和奥斯曼帝国等世界强国逐渐衰落,而英国的国力达到顶峰。国家间的混战导致欧洲各国国力衰落,而英国此时相对和平。英国正是利用这段时间不断对外扩张。任何出现的威胁,如俄罗斯,只是点燃了英国新的征服全世界的热情。

强大的领导地位
几乎整个19世纪,英国仅由一位君主统治,那就是维多利亚女王。她的统治时间打破了纪录,给大英帝国带来了稳定,并给世人留下了大英帝国不可征服的印象。虽然维多利亚确实参与了政府事务,但她只是象征性地参与,没有实权,这确保了英国政治的稳定。其他国家都在忙于应对国内的运动,而此时,英国却在享受长久的和平。

权力和威望的帝国。自由党领袖威廉·格拉德斯通是他最大的政敌。但格拉德斯通对帝国前景的看法与阿尔伯特观点一致。他认为,大英帝国应该拥有崇高的道德目标,不走征服之路,而走商业之路,与世界分享帝国的道德愿景。

还没等维多利亚女王从悲伤中走出来,这两位充满激情和斗志的政客就已经在议会展开了角逐,因为他们对帝国的未来发展持相反的观点。失去了丈夫的支持,女王感到无能为力,无力承担肩负的巨大责任。她发觉自己的观点太保守了。

格拉德斯通的自由主义改革危险而又不可预测;而迪斯雷利温文尔雅、腼腆、直率而又充满自信。迪斯雷利善于阿谀奉承,敏锐又机智,重新激起了她对政治的兴趣,并迷住了她,就像阿尔伯特那样。他承诺,未来的帝国可以非常强大。然而,格拉德斯通的自由主义和阿尔伯特对卡梅洛特城的追求并没有完全消失。维多利亚女王极力向英国人民灌输新教。在这种信仰的指引下,英国人民认为,教化全世界人民是英国的职责,甚至是英国民众的职责。他们相信英国的事业不仅是出口贸易,还有宣扬道德和正义的福音价值观。

为了追求这个崇高的目标,许多传教士把注意力转向了非洲。人们对这个"黑暗大陆"知之甚少,但普遍的看法是,这是一个被部落战争蹂躏的异教崇拜之地。有一位传教士引起了英国人的注意——大卫·利文斯通。他高大、英俊、英勇,代表了英国人认为他们国家所代表的一切。作为一名医疗传教士,利文斯通在欧洲大陆的大胆冒险引起了英国公众的极大兴趣。利文斯通在茂密的丛林中与凶猛的野兽博斗,同时受多种疾病困扰,因此他成为帝国基督教理想的英雄代表。

利文斯通与非洲黑帮团伙奋力抗争,推动英

工业革命使英国从古老的海上国家变成了制造业巨头。

国对外扩张。利文斯通和英国公众憎恶非洲盛行的奴隶制,因为这种做法在1833年已被整个帝国废除。女王和政府联合起来支持利文斯通,试图寻找一条合适的贸易路线,并希望这样能帮助非洲人民找到一条摆脱奴隶命运的谋生之路。但利文斯通这次失败了。于是,他遭到了严厉的抨击。主张帝国主义的迪斯雷利对此幸灾乐祸。他的阿谀奉承完全赢得了女王的欢心。君主和政府为了同一个目标团结起来,那就是对外扩张。

正当另一个国家苦苦挣扎之时,大英帝国的绝佳机会出现了。埃及的统治者伊斯梅尔帕夏挥霍无度,不仅举行奢华庆典,还与埃塞俄比亚进行一场耗资巨大的战争,此时正面临着严重的债务危机。绝望之下,他提出将苏伊士运河的股份卖给英国。运河不仅是贸易港口,而且是通往印度的捷径,穿过埃及,渡过红海,省去了环绕非洲的漫长旅程。埃及统治者的这一提议使英国对其他国家的控制力和影响力大为增强,所以迪斯雷利敦促维多利亚接受。女王立即采纳了他的建议。于是,苏伊士运河落入英国之手。

英国控制了印度后,成为世界上最强大的国家,世界上四分之三的贸易都是由英国船只运

"乔治王子号"战列舰结构图

大英帝国对海洋的统治。

坚固的框架
这艘船的骨架是最重要的。19世纪70年代至80年代的铁甲战列舰被无畏级战列舰所取代。无畏级战列舰是用坚硬的钢铁建造的,并由硬化的钢铁盔甲加固。

意志坚定的船员
"乔治王子号"上有672名军官和士兵。这比该航线以前的船都要少,以前的船需要800至900人才能操作。

动力系统
"乔治王子号"由两个3倍膨胀蒸汽机驱动,最高时速可达16节①。发动机由8个圆柱形燃煤锅炉提供动力,速度惊人,但缺点是燃料消耗很多。

领先的蒸汽动力
蒸汽动力作为一种辅助推进系统出现于19世纪30年代。第一艘专门建造的蒸汽战列舰是法国的"拿破仑号"。无论风向如何,其时速都能达到12节。不久,英国也制造出蒸汽战列舰,挑战了法国的实力。英国制造了18艘新船,并将41艘改为蒸汽动力。

火力
前弩级战舰可以装载不同用途的各种枪支,有4门重型慢射炮。虽然操作困难,但能够穿透敌船的装甲。"乔治王子号"还装载了一个由12门40口径的速射火炮组成的二级炮台。

坚固外壳
该船由22.9厘米的哈维装甲加固。虽然重量轻,但可以为其提供同等级别的保护。与以往任何战列舰相比,前弩级战舰采用了更轻的垂直主装甲带,但并没有降低防护效果。炮台、指挥塔和甲板也由厚钢板保护。

---
① 1节为1.852千米/小时。

▲ 可能是利文斯通博士的一幅画像

中东地区。

英国的军事实力再次得以展示，并证明了自己的强大，大英帝国精神在民众中沸腾了。帝国继续在非洲大陆稳步扩张，并遭遇了非洲最强大的国家——祖鲁王国。英国人很自负，低估了对手，认为他们只能挥舞长矛，因此一再挫败。后来，多亏了1.6万名英军增援，英国才得以获胜，终结了祖鲁作为独立国家的历史。凯旋的军队原以为他们的英勇事迹会再次受到赞扬，没想到英国人的看法又一次改变了。

格拉德斯通，被维多利亚称为"半疯狂的煽动者"，宣扬他对祖鲁的大屠杀和对他们家园的疯狂破坏。维多利亚被激怒了，但公众站在了格拉德斯通一边。政府权力再次易手，这令女王大为沮丧。然而，无论英国是否由自由党领导，整个欧洲的注意力都牢牢地集中在非洲。因为此时，各国开始争相在非洲建立殖民地。在欧洲列强拓展新领土的疯狂行动中，可以说，是一个人的行为决定了维多利亚帝国的最终命运。

在穆罕默德·艾哈迈德的领导下，革命席卷了苏丹，各部落奋起反抗腐败的统治者。这场战斗逼近苏伊士运河，使维多利亚感到不安，敦促格拉德斯通动用驻扎在那里的英国军队保卫苏伊士运河，但遭到这位自由党领袖的拒绝。为了争取时间，他派查尔斯·戈登将军去敦促士兵撤离，并确保忠诚的平民的安全。

戈登与利文斯通一样，是一位民族英雄。他勇敢大胆，受人欢迎。辉煌的军旅生涯使他在英国公众眼中是一位耀眼的老骑士。但同时，戈登也是一个狂野而难以捉摸的人。他到达苏丹后，

输的，但这种垄断地位受到威胁。沙俄帝国一直在稳步地向东南扩张，逐渐接近维多利亚的"珍宝"——印度，这令英国十分不安。中东大部分地区由土耳其人控制，但他们正忙于应对叛乱。土耳其人对待基督教臣民的残暴令人震惊，但由于俄罗斯支持叛军，英国别无选择，只能支持土耳其人。俄国支持英国反对的一切——无知、奴役和征服。英国公众在很大程度上支持国家的选择。因为不想与世界上最强大的国家发生战争，俄国同意和平谈判。迪斯雷利施展了个人魅力和谈判技巧，从某种程度上促使俄国同意停止进驻

英国人相信，英国的事业不仅仅是出口贸易，还有宣扬道德和正义的价值观。

▲ 1851年举办的万国工业博览会增强了英国的民族自信

被该地区盛行的奴隶制吓坏了，于是决定在战场上与马赫迪人决一死战。由于兵力有限，戈登很快发现自己在喀土穆城被包围，继而被打垮。他向政府求援，但政府却置之不理，这令崇拜他的公众义愤填膺。公众的愤怒持续了8个多月，最终迫使格拉德斯通采取行动，但为时已晚，国家的英雄戈登已经死了。

自由主义的愿景一度被认为是不可能实现的。格拉德斯通在选举中落败，他的道德影响力也随之消失。英国帝国主义复兴的十字军精神找到了代言人，他将带领帝国走上一条黑暗而危险的道路，他就是塞西尔·约翰·罗兹。这个人从英国到非洲，在一个棉花农场工作。大量攫取的钻石资源让他暴富，但他并不满足，他想要整个非洲。在权力与欲望的驱使下，罗兹希望在非洲各地建立英国殖民地。不为人民的福祉，也不为传播基督教价值观，只为利润和生意。

罗兹坚韧不拔而又狡黠无比，终于实现了自

▼ 维多利亚年轻时的画像与她传统的朴素形象相去甚远

主要竞争对手

与英国争夺领土的3个国家。

俄国

英国在扩张，俄国也在扩张。100年来，俄国向东部和南部扩张，缩小了英国和俄国在中亚的差距。英国很快就认识到，应该保住印度，因为印度的商品和人力资源都很丰富。英国和俄国争夺伊朗、阿富汗等地，史称"大博弈"。俄国企图入侵阿富汗，但始终没有采取行动。有鉴于此，英国对阿富汗予以军事介入，但事实证明，这大可不必。

德国

从1850年开始，德国以惊人的速度进行工业化，从一个农业国家转变为一个高度城市化的国家。10年间，德国海军大规模扩军，成为唯一能够挑战英国海军的军事力量。虽然19世纪末的德意志帝国只有几个小殖民地，但这个新统一的国家在亚洲和太平洋地区缓慢地进行殖民扩张。威廉二世上台后，采取了与英国类似的"阳光下的国家"的激进政策。这在一定程度上导致了第一次世界大战爆发。

法国

英国的宿敌法国在19世纪初失去了大部分殖民地。然而，法国领导人在1850年力图恢复其声望，寻求在北非、西非及东南亚占有土地。普法战争中，法国虽战败但仍然不遗余力地对外扩张，在中国和整个非洲获取土地。与大多数竞争对手不同，法国在"一战"后继续扩张，一直延续到20世纪30年代。

己的目标。罗兹横扫非洲大陆，他的每一次血腥行动都得到了英国政府的支持。罗兹把"将全世界变成英国"作为自己的目标。他有一句名言："如果有上帝的话，我想他希望我做的就是尽可能多地把非洲地图涂成英国的颜色。"他贪婪的殖民之路让英国陷入了布尔战争中。

人们在南非北部的德兰士瓦发现了黄金。罗兹担心这会促使布尔人与德国人结盟，从而切断英国进军欧洲大陆北部的路线。于是他策划了一场起义来推翻布尔人的领袖，但事情并没有按他的计划进行。与之前征服的那些光着身子、挥舞长矛的人不同，布尔人有枪，而且聪明又勇敢。他们进行了顽强的反击。

> **君主和政府为了同一个目标团结起来，那就是对外扩张。**

▲ 创作于1892年的一幅漫画，画中描绘了塞西尔·罗兹宣布从开普敦到开罗的电报线路和铁路计划

令人痛心的史实

4.58亿人

统治着世界上**23%**的土地

1301万平方英里的土地属于大英帝国

皇家海军拥有**113**艘军舰

63年21天，维多利亚女王的统治时期

165000名罪犯被送往澳大利亚

英国在一年内总共运送了**7010000**件货物（1881年）

这场战争激起了整个欧洲的愤怒。人们认为这是对一个独立国家的无端攻击。但在英国却正相反，英国人完全相信自己的崇高使命，认为自己是正义的，而布尔人是邪恶且顽固的。越来越多的英国士兵加入这场战争。他们认为这场战争是短暂而光荣的，但后来英国人损兵折将，伤亡惨重，包括维多利亚的孙子也丧命于此。英国人逐渐对战争失去了信心。

英国援军不断进入该地区，形势开始慢慢好转。罗兹逐渐走出失败的阴影，最终取得了胜利，布尔成了英国的殖民地。帝国壮大了，但也付出了代价。英国民众认为罗兹在战争期间的一些行动太过分了，其中，包括建立第一批集中营。起初对基督教的崇高追求变成了对权力的贪婪和残酷的争夺。罗兹死后，他那冷酷无情的帝国主义思想和他一起被埋葬于干旱的非洲。

维多利亚女王去世了。她终于脱下了40年来一直穿着的黑色丧服，换成了一袭白衣。鲜花撒在她身上，结婚面纱戴在她头上，她已经准备好与生命中最亲爱的人相聚。然而，她留下了另一件东西——她所孕育的帝国。

▲ 戈登将军组织了一场为期一年的苏丹保卫战。但就在苏丹沦陷、戈登将军被杀的两天后，一支增援部队赶到了苏丹

▲ 创作于1876年的一幅讽刺漫画。该画讽刺了维多利亚女王和本杰明·迪斯雷利之间的关系

越来越多的士兵阵亡。这使英国人逐渐丧失了征服非洲的信心,不再相信自己战无不胜。

▲ 维多利亚女王的官方照片,拍摄于1893年

1930年—1975年

海尔·塞拉西一世

尽管有人反对海尔·塞拉西一世，
但还是有更多人认为是他鼓舞了埃塞俄比亚人民，
甚至有人认为他就是上帝的化身。无论如何，
这位被称为"犹太之狮"的国王是非洲最重要的人物之一

1966年，成千上万的人聚集在牙买加金斯敦的帕利萨多斯机场，焦急地等待着他们的"万王之王""犹太之狮""全能之王"的到来。数十名虔诚的拉斯特法里教徒从各地赶来，只为一睹他们眼中的"地球之神"的风采。这位"地球之神"是一位非洲帝王。他远渡重洋，访问这个加勒比海小国。机场上欢迎的鼓声和欢快的歌声响彻云霄。带有狮子标志的飞机着陆滑行时，等候的人们便抑制不住激动，涌向飞机。官员们呼吁人们保持冷静。几分钟后，终于在飞机舱门出现了一个身影，那是一位身材矮小的老人。他一身戎装，走出来迎接欣喜若狂的人群。他就是海尔·塞拉西。

虽然在后来的政治生涯中，海尔·塞拉西与

> 他是埃塞俄比亚最后一位皇帝。在他被废黜后，埃塞俄比亚陷入了混乱。

世界各国的领导人往来频繁，甚至被人们当作神一样崇拜，但他出生时的环境却非常简陋。他出生在埃塞俄比亚埃杰萨戈拉的一个简陋土屋里，原名特法里·马科内。他的父亲拉斯·马科内是埃塞俄比亚哈拉尔总督，也是曼涅里克二世的亲密顾问。父亲去世后，17岁的特法里被任命为哈拉尔总督。他与国王关系密切。国王在这个年轻人身上看到了巨大的潜力。

1913年，曼涅里克二世的女儿佐迪图成为女皇，年仅21岁的特法里被推举为摄政王，并成为女皇的法定继承人。他与女皇政见不同：女皇信奉保守主义，而他是改革的坚定支持者。在他的努力下，埃塞俄比亚成功地加入了国际联盟。国际联盟是在1923年第一次世界大战之后成立

> 像许多埃塞俄比亚的传统领导人一样,他因是所罗门国王的直系后裔而获得了权力。

海尔·塞拉西一世

埃塞俄比亚,1892年—1975年

简介 他的原名是特法里·马科内,头衔是"拉斯"(相当于杜克)。这个名字让人们联想到拉斯特法里运动。持这一信仰的人相信这位埃塞俄比亚皇帝是地球上的神,甚至是耶稣基督的代表。为了增加其象征意义,他的皇室名字意为"三位一体的力量"。

第二次意大利—埃塞俄比亚战争

1935年10月3日，意大利宣称受到越境袭击，并以此为借口入侵埃塞俄比亚。实际上，墨索里尼是想加强对东非的控制。19世纪，意大利曾被这个非洲国家击败，墨索里尼想一雪前耻，恢复意大利的骄傲与荣耀。此外，墨索里尼还打算占有埃塞俄比亚丰富的矿产资源。塞拉西最初的战略是将他的军队后撤，避免与意大利军正面交战，并试图通过谈判实现和平。随着战争的继续，眼看意大利军要占领埃塞俄比亚全境，塞拉西只能选择逃离，前往英国。塞拉西后来在国际联盟的演讲中提到，意大利军对平民使用化学武器，通过恐吓使其投降，甚至将其全部消灭。在占领埃塞俄比亚5年后，意大利军被英国军队、埃塞俄比亚抵抗军及其盟友击败后被迫撤出。此时第二次世界大战刚刚爆发，意大利法西斯与纳粹德国结为盟友。1941年，塞拉西终于回到了祖国。

> 他在过去和现在都被拉斯特法里信徒尊为先知，甚至被认为是耶稣基督的转世。

决定性的时刻
在国际联盟发表演讲
1936 年 6 月

塞拉西在日内瓦对国际联盟发表了著名的演讲，谴责了意大利入侵埃塞俄比亚，这使他在世界舞台上的地位更加显赫。作为联盟中的一员，埃塞俄比亚希望得到其他国家的支持。塞拉西解释，这也是为防止意大利威胁欧洲。他谴责意大利使用化学武器，包括芥子气和意大利空军喷洒的其他有毒物质。这些武器会造成毁灭性的后果，自第一次世界大战结束后就被禁止使用。塞拉西呼吁联盟采取行动保护他的国家，并警告说，如果对意大利的暴行无动于衷，类似的命运也会降临到欧洲其他各国。

大事年表

1892年
● **出生于埃杰尔萨戈罗**
塞拉西原名特法里·马科内，出生在埃塞俄比亚的一个泥棚里。他是其父拉斯·马科内唯一的合法继承人。他的父亲是哈拉尔总督，也是曼涅里克二世的顾问。
1892 年 7 月 23 日

● **成为摄政王**
曼涅里克二世去世后，因没有男性继承人，皇帝的女儿佐迪图继承了皇位，特法里成为摄政王。
1913 年

● **加冕为皇帝**
佐迪图于4月2日去世，特法里继承了王位。他采用了新头衔"海尔·塞拉西"，意即"三位一体的力量"，为其官方称谓。
1930 年 11 月 2 日

● **墨索里尼入侵**
为了扩张帝国，加强对非洲的控制，意大利入侵了埃塞俄比亚。这场短暂的战争持续到 1936 年 5 月，意大利军队攻进了亚的斯亚贝巴。
1935 年 10 月 3 日

● **流亡英格兰**
意大利占领埃塞俄比亚后，塞拉西逃到英国。他买下了萨默塞特郡巴斯附近的费尔菲尔德庄园，在那里度过了5年。
1936 年 5 月 2 日

● **东非战役**
在英国和其他军队的帮助下，意大利军被击败，埃塞俄比亚重获独立。海尔返回祖国，开始改革。
1941 年 1 月

的国际组织。他推行的重大改革是逐步将国家权力向中央集中，剥夺地方统治者的权力。1930年，佐迪图女皇去世，特法里继承王位。他的官方头衔是"海尔·塞拉西"，意即"三位一体的力量"。这个名字很快就传遍了世界。

塞拉西在登上王位的前几年中，推进教育改革，促进教育现代化，使他的国家进一步走向世界舞台。可是他没有预料到，一场可怕的危机正向埃塞俄比亚袭来。自20世纪20年代以来，法西斯主义在意大利萌芽；到30年代，法西斯独裁者贝尼托·墨索里尼完全控制了意大利。墨索里尼被称为"领袖"，试图建立一个新的罗马帝国，恢复意大利人昔日的荣光。此外，他还觊觎着非洲丰富的矿产资源。19世纪末，意大利曾几次试图入侵埃塞俄比亚，但都以失败告终。1934年，这个欧洲强国再次发动进攻，并取得成功。

> 1936年，塞拉西在国际联盟的演讲中警告，欧洲将面临一场灾难，第二次世界大战即将到来。

1935年10月3日，意大利军入侵开始；不到一年，埃塞俄比亚就被占领了。

因为战败，塞拉西选择了逃离埃塞俄比亚。这一举动招致了许多批评的声音。他通过被法国控制的邻国逃到英国。同年6月，他在国际联盟向52个成员国发表演讲，世界各国才充分了解到这场战争的恐怖。在这次著名的演讲中，他说自己本以为联盟的使命是保护弱小的国家，但是联盟完全不作为。他还谈到意大利军队在入侵时犯下的滔天暴行。"意大利军队攻击的目标不仅是敌方士兵，"他说，"他们还攻击、恐吓和屠杀无辜的人。"他说意大利一直在使用化学武器，甚至包括第一次世界大战结束后被禁止的有毒气体，这令人震惊。他警告联盟，即将再次发生世界大战："我决定亲自证明意大利对我国人民犯下的罪行，并警告欧洲，如果在法西斯面前屈服，整

决定性的时刻

加勒比海之旅
1966 年 4 月 21 日

塞拉西在抵达牙买加金斯敦进行国事访问时，受到了数千名狂热群众的欢迎，其中许多人是拉斯特法里运动的成员。20 世纪 30 年代兴起的这场运动的成员认为，埃塞俄比亚皇帝是神，甚至是耶稣基督的转世。在短暂的访问期间，塞拉西在牙买加议会两院进行了演讲，并向金斯敦战争纪念碑献上了花圈。无论他走到哪里，都会引起骚动，那些人虔诚地将他作为上帝信奉。不过，对塞拉西是否认为自己是神，还存在争议。

1975年

● **25 周年纪念**
塞拉西庆祝登基25周年，并在同年颁布新宪法，赋予人民更多自由，同时不削弱自己的权力。
1955 年 11 月 2 日

● **一次失败的政变**
在塞拉西访问国外期间，对政府不满的学生团体、皇家卫队和军队试图组织政变推翻皇帝。
1960 年 12 月 14 日

● **被废黜**
皇帝年事已高，无法维持自己的统治，被军队领导的政变推翻了统治。埃塞俄比亚开始了革命。
1974 年 9 月 13 日

● **去世**
海尔·塞拉西在被革命军事政府关押期间去世，享年 83 岁。他的死因至今仍存疑点。
1975 年 8 月 27 日

塞拉西在战败后选择了逃离埃塞俄比亚。

个欧洲将面临灾难。"20世纪30年代后期，塞拉西流亡至英国，住在巴斯附近的一所小房子里，成为反抗意大利侵略者的象征。很快，欧洲在1939年再次陷入战争。1940年墨索里尼对英国和法国宣战，加入了希特勒的阵营。随着英国军队及其盟友将意大利赶出非洲大部分地区，也就是后来众所周知的"东非战役"，意大利在非洲的入侵之旅宣告结束。非洲、埃塞俄比亚和英联邦联合部队解放了埃塞俄比亚。1941年，塞拉西重新回到亚的斯亚贝巴，夺回了王位。

回国后，塞拉西更坚定地将国家权力集中在自己手中，并进一步实现基础设施现代化，这让他在日后付出了高昂的代价。1950年，他创办了亚的斯亚贝巴大学，并于1955年颁布了新宪法，进一步扩大了投票权。他仍然对政府进行严密的控制，包括总理在内的所有实权人物都由他亲自任免。这些政策取得了一种特殊的平衡：一方面，国家取得了现代化进展；另一方面，所有的行政权力都牢牢地掌控在塞拉西手中。

60岁的塞拉西已经是一位老人，但他仍要面对动荡的政局。在塞拉西进行外事访问时，一群对政府不满的学生，连同塞拉西的保镖，企图发动政变并接管政府。虽然策划者们由于计划不周失败了，但这次政变动摇了政府的统治，使国家陷入混乱。改革后形成的知识分子阶层开始反对塞拉西。

但塞拉西并没有被吓住，仍然继续开展外交活动，并于1963年建立了非洲统一组织。这个组织旨在团结非洲国家，结束殖民统治。塞拉西在世界各地进行了多次国事访问。他曾多次访问美国。美国是他非常钦佩和依赖的盟友，但最难忘的一次或许是于1966年对牙买加的访问。

从1930年塞拉西加冕成为皇帝的那一刻起，他在牙买加的虔诚追随者就成立了一个组织——拉斯特法里。这个组织以塞拉西为膜拜对象，并用他加冕前的名字"拉斯·特法里"作为组织名称。拉斯特法里崇拜塞拉西，视他为地球上的真神，认为他是非洲国王所罗门的后裔。当塞拉西统治埃塞俄比亚时，这片土地也被认为是神圣的。许多拉斯特法里信徒相信那里是他们的锡安，是他们应该返回的圣地。1966年，塞拉西对牙买加的短暂访问使这些人对他的崇拜达到了巅峰。随后，鲍勃·马利出现，雷鬼音乐流行。短短几年，加入拉斯特法里运动的人数激增。

塞拉西在国外的声望或许很高，但是在国内，情况截然不同。塞拉西一直致力于教育和机构改革，培养了许多进步青年。他们受到20世纪60年代自由主义思潮影响，迫切希望推动社会进步，渴望获得更多自由。1974年，军队中的革命派发动了政变，并在9月迫使塞拉西退位。次年8月，革命政府宣布塞拉西去世。虽然他的统治谈不上完美，但"犹太雄狮"推动了20世纪埃塞俄比亚和整个非洲的巨大变革。他被一些人当作神膜拜，被当作埃塞俄比亚的象征，为世人所铭记。

> "拉斯特法里"这个词实际上来源于塞拉西以前的头衔和名字——拉斯·特法里。

海尔·塞拉西时代的生活

国际联盟

国际联盟成立于第一次世界大战之后,由52个成员国组成。该联盟的目标包括保护其成员免受侵略,以及阻止非法交易。不过第二次世界大战的爆发证明这个组织的效率低下。

意大利殖民主义

20世纪20年代,墨索里尼逐渐崛起,成为意大利的法西斯独裁者。他试图建立新罗马帝国。除了恢复意大利的自尊,墨索里尼还相信,占领矿产丰富的非洲可使意大利摆脱经济困境。

拉斯特法里运动

拉斯特法里运动兴起于20世纪30年代,主要范围在牙买加。其融合了犹太复国主义的基督教神学和吸食大麻的仪式。拉斯特法里参与者认为,海尔·塞拉西是世上的神。

马克思主义的传播

共产主义和马克思主义是20世纪出现的最具影响力的政治意识形态。尽管它们在埃塞俄比亚传播的速度较慢,但随着时间推移,左翼、社会主义和进步的理想越来越受人们欢迎。

非洲统一组织

非洲统一组织由海尔·塞拉西在埃塞俄比亚首都亚的斯亚贝巴建立。其旨在加强非洲各国之间的联系,形成反对外来侵略和殖民主义的统一战线。但该组织最终于2002年解散。

▲ 埃塞俄比亚皇帝海尔·塞拉西在埃塞俄比亚亚的斯亚贝巴的书房里

1936年

爱德华八世

1936年，爱德华八世宣布退位，与美国社交名媛沃利斯·辛普森结婚。这震惊了全世界

20世纪30年代后期，英国处于最黑暗的时刻。希特勒及法西斯暴徒在欧洲各地挥舞着军刀，四处践踏人们的权利。意大利和西班牙已被独裁者压迫，不久战争就会席卷欧洲大陆上最后的自由国家。时代需要英国人坚定信念，少说空话，勇敢面对邪恶力量，以保卫国家。而此时，温莎公爵爱德华正坐在法国昂蒂布的别墅里。他刚刚退位不久。

爱德华从小就已接受要成为大不列颠国王的预备教育。英国最好的导师向他一对一授课，此外，他还在知名军校中学习，但他却很郁闷。他的父亲乔治后来加冕为国王乔治五世，但对爱德华和他的两个兄弟姐妹来说，父亲专横跋扈，有时甚至令人毛骨悚然。乔治对子女进行军事化教育：孩子们必须永远准时，穿着整齐，举止得体；如果孩子们做得不好，就会受到严厉的惩罚。爱德华身材矮小，生性腼腆。对于他来说，这种日子很残酷。

爱德华12岁时，乔治就觉得他需要接受军事教育，为日后当国王做准备。于是，爱德华被送到怀特岛奥斯本的海军学院。爱德华生性腼腆，很难与其他男孩打成一片，总是受欺负。1909年，他通过了达特茅斯军官学校的海军考试。少年时代的爱德华依然很内向。在学员训练期间，父母在白金汉宫为他举办了一场派对，可他却在日记中写道："我不得不跳舞。我讨厌跳舞，这使我非常紧张。"19岁的爱德华不喜欢皇室循规蹈矩的生活，一直努力寻找自己的位置。

显然，爱德华缺乏方向感。正当迷茫之际，

> 他的传记作者称，爱德华的童年生活很不幸，保姆会故意伤害他。

沃利斯·辛普森是爱德华的情人。众所周知,爱德华曾有多名情妇。

爱德华八世
英国,1894年—1972年

简介 爱德华从来没有真正想过当国王,但父亲去世使他不得不面对这个问题。不幸的童年造就了一个追求快乐的人。他努力将快乐与王室职责结合起来。但他与沃利斯·辛普森的风流韵事使他失去了王位。

第一次世界大战给了这个年轻人一个证明自己的机会。爱德华想率领军队到前线服役，他渴望有所作为。但事与愿违，陆军大臣基钦纳勋爵拒绝了他的要求，声称这对年轻人来说太危险。然而爱德华仍然坚持去前线，最后还是不顾一切地去了。

他在寄回英国的信中表达了对军人的钦佩之情："我非常希望能使参加战斗的士兵尽可能感到舒适一些……他们在战壕里待的时间太长了，太可怜了……他们真是太了不起了。"

战争让爱德华感到前所未有的自由。他可以用旅行做借口，与其他同龄人见面，而不用在乎官方出访时的那些繁文缛节。

停战之后，这种刚刚获得的自由仿佛随着步枪和刺刀一起消失了。1919年，他评论："我和男人交往时……我发现了自己的男子气概。"但他的父亲很快就打击了他刚刚建立起的自信。他严厉地说："别以为你可以和普通人一样。"

爱德华怀念战争期间的那种自由，而眼前的生活，如国家出访和正式宴会，都令他感到窒息。他在大学里虚度光阴，学业一无所成，后来又环游英联邦国家。他本来以为这些活动可以实现他的冒险愿望，但他很快发现，他在国外和在国内一样，都像一个囚犯，每走一步都受到严密监视。他感到非常失落和沮丧，转而愤怒，开始表现出许多英国贵族所固有的偏执和轻蔑。他对澳大利亚土著居民感到震惊，说他们是"我见过的最恶心的生物"。而他也逐渐成为一个狂热的反共产主义者。

> 爱德华获得了飞行员执照，并建立了第32皇家中队，用于皇家的官方飞行活动。

他在政治方面不断犯下致命的错误：1937 年访问德国时，竟然还与希特勒合影。

决定性的时刻
英联邦之旅
1919 年 8 月 5 日
战争结束后，爱德华花了 5 年周游英联邦国家。在国外代表他的父亲进行了许多公关活动，包括向加拿大冰球联盟展示威尔士亲王杯，以及访问政治敏感城市魁北克，在那里他受到了热烈欢迎。他的魅力和外貌对他很有利，在所到之处非常受欢迎。然而，并不是所有的访问都那么顺利。在一次澳大利亚之行中，他称土著人，"是我见过的最恶心的生物"。

决定性的时刻
皇室家族会见沃利斯
1934 年 11 月
1934 年，爱德华与沃利斯·辛普森的恋情达到了高潮。爱德华邀请辛普森参加了白金汉宫的一个晚会。爱德华的父亲原本把她的名字从邀请名单上划掉了，但爱德华对此置之不理，坚持邀请了她。乔治发现后，勃然大怒，厉声表示反对。辛普森随后被暂时免除了所有的王室职责。这使爱德华和他父亲的关系越发紧张，也使人们更加怀疑在乔治去世后爱德华是否会退位。

大事年表

1894年
● **爱德华出世**
爱德华·温莎出生在伦敦里士满公园的白洛奇，父母是约克公爵乔治和公爵夫人玛丽。他被封为约克的爱德华王子。
1894 年 6 月 23 日

● **达特茅斯的王子**
按照英国皇室惯例，爱德华加入了海军，成为达特茅斯海军学院的军官学员。他在那里度过了 2 年，成为了一名海军军官候补生。
1909 年 9 月

● **威尔士亲王和法定继承人**
爱德华七世去世后，爱德华的父亲成为了大英帝国的国王。爱德华随即成为威尔士亲王，王位的下一位继承人。
1910 年 6 月 23 日

● **战争**
第一次世界大战爆发，爱德华加入了掷弹兵卫队。他要求去前线服役，但遭到陆军大臣基钦纳勋爵的反对。
1914 年 7 月 28 日

● **《时代》报道**
《时代》发表了一篇报道，称爱德华表示他将退位。虽然官方否认这一说法，但这一报道暴露了爱德华的真实想法。
1929 年 4 月 29 日

在这段不愉快的日子里，1931年，他遇到了一个改变他一生的女人，沃利斯·辛普森。爱德华以前的那些风流韵事都是转瞬即逝的，但在沃利斯身上，他发现了其他女人没有的，一种坚强独立的性格，天马行空，无视繁文缛节。他很快就被她迷住了。据观察人士说，他一见到这个女人，就失去了"所有的理智"。他慷慨地送给她珠宝、黄金，她想要的任何东西。爱德华似乎终于找到了一个能赋予他生命意义的人。然而，爱德华身为威尔士亲王，必须面对一个复杂的问题：沃利斯是个已婚妇女。她答应做爱德华的情妇，离开她的第二任丈夫，但这并不能消除英国皇室对她的反感。更糟糕的是，她没有皇室血统，只是美国巴尔的摩的社交名媛。1934年，爱德华的父亲发现儿子对这个女人动了真情，想和她天长地久，勃然大怒，勒令爱德华与她一刀两断。

1936年1月20日，乔治五世驾崩，沃利斯的地位受到质疑。她会成为王后吗？回答是斩钉截铁的：绝对不会。她离过两次婚，在英国当权派中显然不受欢迎。她对爱德华施下的咒语、她的狡诈手段、她对新国王的阴谋控制……一时间，谣言四起。问题变得日益严重，尤其是英国正面临另一场世界大战。国家需要坚强的领导力，不能摇摆不定，但爱德华却对此不以为然。他就是想娶沃利斯，其他一切都是次要的。此外，他还认为阿道夫·希特勒将获胜，世界终将和平。所以，在他看来，没有什么可担心的。

爱德华支持希特勒的绥靖政策，这并不罕见，因为爱德华年轻，血气方刚，而英国当权派的许多成员当时也都是30多岁。但问题在于，人们认为纳粹党通过沃利斯影响国王。虽然其真实性颇具争议，但许多有权有势的人都是这么认为的。一位美国大使评论："这里的很多人怀疑辛

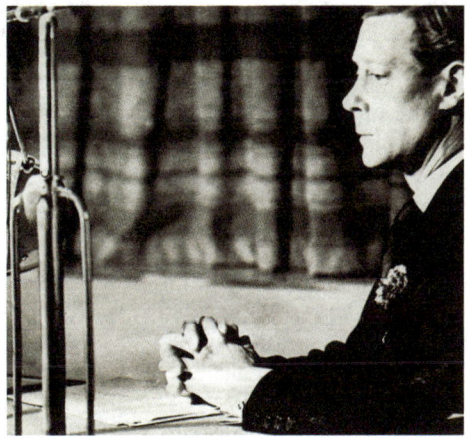

▶ 爱德华准备在1936年宣布他将放弃王位

决定性的时刻

退位
1936年12月10日
爱德华向首相斯坦利·鲍德温明确表示，一旦沃利斯的第二次离婚办妥，他就会与她结婚。鲍德温告知爱德华，如果他仍然希望成为国王，内阁和议会是不会接受他与沃利斯的婚姻的。爱德华发现他的个人生活和他作为君主的责任是无法调和的。于是，他决定退位，并在贝尔维德尔堡，当着他的弟弟约克公爵阿尔伯特的面，签署了法案——他弟弟将继承王位。

● **巴哈马总督**
爱德华和沃利斯，也就是温莎公爵和公爵夫人结婚的消息，让英国政府很难堪。为了缓解这一尴尬局面，爱德华被任命为巴哈马总督。
1940年8月18日

● **退休**
随着战争的胜利，欧洲建立了新的世界秩序。法国再次成为英国公民的安全之地。爱德华和沃利斯在那里舒舒服服地安享晚年。
1952年11月

1972年

● **继承王位**
乔治五世去世，爱德华继承了王位。政府内部也得知他打算很快与沃利斯结婚。
1936年1月20日

● **暗杀**
一个叫乔治·麦克马洪的人拿枪指着爱德华，但他很快就被警察制服。他交代，他为一个境外大国工作。尽管这从未被证实。
1936年7月16日

● **与沃利斯结婚**
爱德华和沃利斯在法国的康迪城堡举行了婚礼。虽然一些社会名流参加了婚礼，但王室成员没有参加。
1937年6月3日

● **访问德国**
爱德华和沃利斯不顾英国政府的劝阻，前往纳粹德国，受到阿道夫·希特勒的热烈欢迎。据报道，他几乎要行纳粹礼。
1937年10月

● **公爵之死**
爱德华在睡梦中平静去世，享年77岁。他的遗体被空运回英国，伊丽莎白女王二世出席了葬礼。他被安葬在弗罗格莫尔的皇家墓地。
1972年5月28日

秘密关系

希特勒与20世纪30年代英国王室之间的秘密关系始于1935年。当时希特勒利用萨克斯—科堡和哥达公爵查尔斯·爱德华作为英王室的亲善大使。查尔斯似乎说服了爱德华，说希特勒是反对共产主义的唯一防线。1937年，爱德华决定访问德国，希望加深与希特勒的关系。访问之前，爱德华与鲁道夫·赫斯和马丁·鲍曼在巴黎爱德华酒店秘密会面。赫斯把自己对这次会议的印象告诉希特勒，"公爵为他的德国血统感到骄傲""没有必要在入侵英国时牺牲一个德国人的性命，公爵和他聪明的妻子会履行诺言的"。赫斯满心希望爱德华能在英国重新掌权，并说服民众寻求和平。随后，爱德华访问德国。战争还在持续，胡佛在给美国总统罗斯福的一份秘密备忘录中称："温莎公爵签署了一项协议。如果德国获胜，赫尔曼·戈林将任命温莎公爵为英国国王。"虽然爱德华似乎不太可能同意这一点，但他一定与纳粹保持着联系，所以才会流传这样的传言。

普森夫人实际上是德国间谍。"当时的情况看起来很糟糕，英国国内政治气氛非常紧张，甚至导致爱德华险些被暗杀。当时一名似乎为某个秘密外国势力工作的枪手企图枪杀他。爱德华回到白金汉宫后，希特勒第一个打来了慰问电话。

1936年11月，爱德华告诉首相斯坦利·鲍德温，他要娶沃利斯。鲍德温拒绝了这一提议。他表示，英国内阁无法接受国家元首与一位离过两次婚的女人结婚。沃利斯期待着完美的婚姻，而爱德华也不想放弃她。他别无选择。12月11日，他宣布："没有我深爱的女人的帮助和支持，我无法肩负起作为国王的重任，履行我的职责。"他放弃了王位，把王位传给了他的弟弟阿尔伯特，伊丽莎白女王二世的父亲。

爱德华和沃利斯进退两难。他们被授予官方头衔——温莎公爵和公爵夫人，但他们本应获得的公职薪水却被冻结。爱德华再一次陷入了深深的沮丧之中。此时，他的国外朋友热情好客，于是他们在法国的康迪城堡结婚了。他成了一位愤愤不平、忘恩负义的客人，电话账单越积越多，而且拒绝支付任何费用。他在政治方面不断犯下致命的错误：1937年访问德国时，竟然还与希特勒合影。

1940年，为了避免王室陷入更加尴尬的境地，温斯顿·丘吉尔任命温莎公爵担任巴哈马的总督。爱德华识破了这一举动的真实意图——让他远走他乡，以免在英国影响王室形象。他履行了自己的职责，努力改善岛上工人的生活条件。但他仍然痛恨自己的处境，与王室的关系也越来越疏远。

战争结束后，公爵与沃利斯的关系尘埃落定。他们也满足于这种平静的生活。他在位于法国巴黎第四环城公路的别墅（后被称为温莎别墅），度过了余生。虽然他过着优越的生活，但这却不是他想要的。最终，他放弃了与生俱来的权力，而选择了心爱的女人。

爱德华八世时代的生活

大英帝国
像加拿大、澳大利亚和新西兰这样的自治地区管理自己的事务，但仍然在英国的君主制下与英国保持政治联系。缅甸和印度等其他国家作为殖民地被直接统治。

极端主义时代
大萧条引发了社会动荡，在欧洲的自由政府和公民之间造成了信任鸿沟。这导致出现了左翼与右翼的极端主义政府。

君主制的角色
随着大众媒体出现，英国和整个英联邦的君主制的角色也在改变。君主仅仅每年召开一次议会是不够的，王室应该树立一个榜样。

殖民时期的动荡
20世纪30年代，许多英属殖民地爆发了独立运动。这些运动中最知名的是来自印度圣雄甘地的自由组织。此时，英国政府还在固执地支持它在印度的帝国，而英国民众已经开始怀疑这是否值得。

英国，一个日渐衰落的大国？
毫无疑问，20世纪30年代的英国在全球依然拥有强大的影响力，但是面对法西斯的威胁时，政府不愿武装军力，准备战争。这标志着英国国力衰落，逐渐失去军事霸权的地位。

1953年—2022年

伊丽莎白二世

伊丽莎白二世女王在位近70年。
至今,她仍是历史上最受欢迎的君主之一

伊丽莎白二世女王也许未曾带领军队参加光荣的战斗,也没有在王国的偏远角落镇压叛乱,但她依然是有史以来最受欢迎、最受爱戴的统治者之一,其统治时间也是英国有史以来最长的。在她的统治时期没有谋杀的阴谋,没有篡位的皇室宗亲,因此,她漫长的任期似乎不那么引人注目。但在20世纪后半叶和蓬勃的21世纪,伊丽莎白二世仍然坚定履行着自己的职责。两次世界大战之后,世界发生了翻天覆地的变化。英国及其许多联邦国家都经历了显著的历史变迁,君主和王室的角色也随之发生了巨大变化。

60多年过去了,伊丽莎白二世作为国家元首,仍然需要面对身为君主的危险、挑战和利益。入侵、阴谋和叛乱的威胁虽然已不如以往,但取而代之的是讽刺、丑闻和公众舆论的压力。她还是所有英国君主中游历最广的一位。她通过自己的不懈努力,与世界各地数百个慈善机构合作,在英国君主中是史无前例的。

世人后来谈到她的统治,疑惑不解,为什么伊丽莎白公主小时候从未想过会成为国王呢?伊丽莎白出生于1926年4月21日,是约克公爵阿尔伯特亲王的女儿,在当时的王位继承顺序中排名第三,仅次于她的叔叔威尔士亲王和她的父亲。然而,按照王室的传统,她叔叔的儿子应继承她叔叔的王位。所以,无论如何,伊丽莎白继承王位的可能性都是微乎其微的。

但是对于年轻的公主来说,这些琐事无关紧要。她与父亲、母亲伊丽莎白·鲍斯-莱昂夫人

> "二战"后,年轻的伊丽莎白攒下了配给券,准备做婚纱。

1976年,女王通过互联网先驱阿帕网,发出了她的第一封电子邮件。

伊丽莎白二世

英国,1926年—2022年

简介

在英国都铎王朝最后一位女王伊丽莎白一世统治时期,宗教纷争激烈,西班牙无敌舰队入侵,局势异常严峻。伊丽莎白二世女王虽然与她同名,但没有经历那样的血雨腥风,她长达60余年的统治同样令人难忘。"二战"后,女王加冕。她必须处理很多复杂因素之间不稳定的关系,诸如国内政治格局、不断发展壮大的英联邦国家,乃至如何实现君主的目标。

多灾之年

> 1992年对伊丽莎白二世来说是多灾多难的一年。

在伊丽莎白二世漫长的统治时期内，有几个充满挑战的年份，其中，1992年是最糟糕的一年。尽管这一年是女王登基40周年，但这一年中的政治问题和令人震惊的灾难把这位一向坚定的女王推到了风口浪尖。伊丽莎白二世将这段时期命名为"恐怖之年"（很可能是参考了约翰·德莱顿的同名诗歌，该诗描述了1666年伦敦遭受大瘟疫和大火的情景）。

这一切始于1992年3月。她的次子，约克公爵安德鲁王子与其妻子约克公爵夫人萨拉·弗格森离婚。这对夫妇发表了一份官方声明，称他们是友好分手的。但人们普遍猜测，事实并非如此。几个月后，公爵夫人和她的情人赤裸上身的照片出现在小报上。一时间流言四起。这对英国王室来说是一件非常尴尬的事。

一波未平，一波又起。一个月后，另一名皇室成员又爆出负面新闻。女王的女儿安妮公主于1973年嫁给了首位女王的龙骑卫队中尉，马克·菲利普斯。这似乎是另一个童话般的皇家婚姻，吸引了公众的目光。然而，这对夫妇在1989年决定分手，理由是菲利普斯多年来忙于军事，疏于家庭。1992年4月，这对夫妇正式离婚，引得媒体纷纷报道。

1992年6月，情况变得更糟。记者安德鲁·莫顿出版了关于威尔士王妃戴安娜的传记——《戴安娜：她的真实故事》。书中充斥着对戴安娜与查尔斯王子日益恶化的关系等耸人听闻的描述。例如，早在20世纪80年代中期，这对夫妻童话般的婚姻就已经破裂。尽管他们仍然是夫妻，却公开与各自的情人约会。戴安娜与詹姆斯·休伊特少校幽会；查尔斯与卡米拉·帕克-鲍尔斯私通。书中还详细描绘了戴安娜企图自杀等耸人听闻的细节。这让女王及整个皇室家族在此后几年中都非常尴尬。

最糟糕的是，女王最喜欢的居所之一，同年也在一场大火中被严重破坏。11月20日，即女王发表市政厅演讲的前4天，温莎城堡失火，整个建筑遭到严重破坏。女王在演讲中称这一年是"可怕的一年"。事故造成的破坏非常严重。在后来的5年中，仅修复就花费了约3650万英镑。火灾由聚光灯照在窗帘上导致。火势在几分钟内蔓延到整个城堡。虽然没有造成严重的人员伤亡，但为了资助城堡的修复工程，皇家行政部门不久就被迫开放了白金汉宫。

▲ 作为51年以来的首位女性君主，伊丽莎白深知自己在瞬息万变的世界中面临诸多挑战

和祖父乔治五世关系密切。伊丽莎白出生时，国王的健康状况每况愈下。但据说，伊丽莎白定期探望他，与他嬉戏。这比任何药物都更能使他振奋。她的这一积极影响甚至被媒体报道，可见媒体是多么关注王室动态。尽管如此，伊丽莎白仍然享受作为王室成员的荣耀和特权，而不用承受成为法定继承人或假定继承人的压力。然而，谁也没有料到后来的事态发展。

1936年1月20日，乔治五世终因败血症恶化而去世，王位传给了他的长子威尔士亲王，即爱德华八世。很明显，加冕为国王的他，从一开始就不是一个传统意义上的国王。众所周知，这位新国王对宫廷礼仪和政治人物向来反感。他甚至打破常规，从圣詹姆斯宫的一扇窗户后观看了自己的即位宣言。站在他身边的是沃利斯·辛普森，一位美国社交名媛。41岁的国王对她展开了马拉松式的追求。爱德华与辛普森的关系使王室和政界出离愤怒，但爱德华依然决定在几个月后向辛普森求婚。

来自王室其他成员和议会的压力越来越大，迫使爱德华不得不在王位与爱情之间做出选择，因为自己爱上的这个女人不可能成为名正言顺的王后。爱德华，这个永远的叛逆者，选择了爱情，放弃了王冠。他在1936年12月10日退位，在位仅326天。这个意外的决定把爱德华的弟弟，伊丽莎白的父亲，推上了王位。伊丽莎白的父亲于1937年5月12日加冕，史称乔治六世。于是，这位11岁的公主不再是一个无忧无虑的孩子了，她成了英国王位的假定继承人。（假定继承人是王位的第一顺位继承人，但如果发生意外，他可能会被他人取代。而与假定继承人处于相同地位的人，基本没有机会继承王位。）

伊丽莎白十几岁时遇到了希腊和丹麦的菲利普亲王。两人开始了一段马拉松式的恋爱长跑。菲利普定期与她见面，因为当时他正在皇家海军服役。最终，这对年轻夫妇于1947年7月9日宣布订婚。她对未婚夫的选择引起了一些王室成员的不满。菲利普的经济地位很低，他的家庭与德国的纳粹党也有姻亲，但他从希腊东正教改信英国国教，加上他母亲姓蒙巴顿，在诋毁他的人看来，这些缓和了紧张的态势。同年11月20日，两人在威斯敏斯特教堂完婚。尽管这对夫妇收到了来自世界各地的数百份礼物，但伊丽莎白不愿

> 女王有两个生日：一个是官方生日，于6月举行阅兵仪式；另一个是真正的生日——4月21日。

▲ 尽管乔治六世既是公爵又是国王，肩负着皇室的责任，但他与两个女儿的关系依然亲密

伊丽莎白二世时代的生活

▲ 伊丽莎白二世在位60多年。她已经成为英国的文化象征

帝国联邦
在她统治期间,王国从大英帝国发展成为英联邦。这一转变是大英帝国非殖民化成为一个政府间组织的结果。该组织由53个被承认为平等成员国的国家(大部分是前英国殖民地)组成。

权力的转移
英格兰国王或女王对王国逐渐失去实际权力,王室绝对权威的时代已经成为过去。伊丽莎白二世与议会的宪法协议限制了她对政策和立法的影响力。

世界各地旅行
伊丽莎白二世仍然是英国历史上游历最广的君主之一。作为英联邦的首脑,她于1958年飞往加拿大,并在那里召开了第23届议会。这只是英国承认其成员国半自治的方式之一。

登基25周年纪念
1977年,伊丽莎白二世为庆祝登基25周年,和菲利普亲王访问了36个郡。还没有哪位君主在如此短的时间内访问过英国这么多个地方。

媒体的狂热
公众对王室的兴趣一直很浓厚。但在20世纪80年代,媒体对王室的关注发生了惊人的转变。媒体无休止地报道女王是如何反对首相玛格丽特·撒切尔的政策的,指责首相的政策经常不受欢迎。王室和政府分裂的谣言更是甚嚣尘上。

将婚礼办得过于奢华。

国王乔治六世的健康每况愈下,而此时,伊丽莎白和菲利普的两个孩子出生了。查尔斯王子出生于1948年11月14日;安妮公主出生于1950年8月15日。尽管伊丽莎白很享受她作为母亲的新角色,却不能经常陪伴自己的孩子,因为她必须代表国王去欧洲访问那些正从"二战"创伤中恢复的国家。1952年2月6日,国王因多种癌症去世。就这样,这位25岁的公主成为了王国的新君主。

1953年6月2日,伊丽莎白在威斯敏斯特大教堂加冕,并为已故国王举行了一年多的全国哀悼。在首相温斯顿·丘吉尔和她母亲的建议下,伊丽莎白选择保留她的姓氏温莎(而不是她丈夫的姓)作为她的王室头衔。她被正式加冕为英国、加拿大、澳大利亚、新西兰、南非、巴基斯坦和锡兰(今斯里兰卡)的女王伊丽莎白二世。

后来人们所称的"联邦"是伊丽莎白还没出生时就已经形成的一个概念。但正是在她的统治下,英联邦的规模不断扩大,使英国拥有有史以来的最大版图。后来,许多海外国家开始渴望从英国独立,新女王接受了这个提议。女王加冕后,她和时任爱丁堡公爵的菲利普亲王开始了为期半年的英联邦之旅。此时的欧洲仍处于"二战"后物质、经济和政治复苏中的状态,伊丽莎白的到访仿佛产生了一种类似护身符的作用。她甚至会到更远的地区访问,她也是首位同时访问澳大利亚和新西兰的英国在位君主。

1956年,伊丽莎白经历了她的第一次政治失策。英国试图与法国共同控制埃及的苏伊士运河。但这一尝试在很短时间内就失败了。英国被迫撤退,因为美国试图通过外交手段缓和局势。这对当时的保守党政府来说是件尴尬的事,因为

> 尽管女王经常旅行,但她却没有护照。因为护照由国王签发,所以女王本人当然就不需要了。

有传言说伊丽莎白从一开始就反对入侵埃及。虽然英国首相安东尼·伊登否认了这种说法,但这件事足以动摇他的地位。他很快就辞职了。当时,保守党政府还没有出台正式的法律程序,在议会任期中期任命新首相。

这个任务落到了伊丽莎白的头上。她经过深思熟虑,任命哈罗德·麦克米伦代替伊登。但这一决定,连同苏伊士运河的惨败,招致了国会议员、贵族和媒体对其诸多批评。这清晰表明,君主作为独断者的日子已经成为历史。

伊丽莎白拥有哪些政治权力?虽然议会在基础设施方面拥有从国王手中获得的自治权,但国王或女王仍然拥有一些行政权力(大部分是

▲ 伊丽莎白成为女王后,不知疲倦地周游世界进行国事访问,如1965年的德国之行

▲ 70多年来，女王的母亲一直是指引她方向和鼓舞她的源泉，直到2001年母亲去世

礼仪性的）。伊丽莎白有权在大选前开放和解散议会，也有权在任何时候就国家问题咨询首相。这并不代表伊丽莎白作为女王只是一个有名无实的首脑。议会通过的所有法案必须由伊丽莎白女王批准后才能生效，即所谓的皇室批准。这是一个政治程序，自1707年形成以来，一直执行至今。甚至女王每年在议会发表的演讲（不要与女王的圣诞致辞混淆）也至关重要。因为这意味着在新的一年里王室享有批准立法的权力。

20世纪60年代至70年代是英国和英联邦的变革时期，20多个国家获得了独立；而80年代则喜忧参半。尽管面临失业率上升的问题，全英上下还是团结一致，于1981年庆祝伊丽莎白的长子查尔斯王子与戴安娜·斯宾塞的结合。这是一场奢华的婚礼，而聪明年轻的准王妃也为王室的公众形象带来了一缕清新的空气。但不幸的是，马岛战争于次年爆发，严重打击了公众的乐观情绪。女王的次子安德鲁王子也参加了皇家海军在南大西洋的战斗。

退位
1936年1月20日至12月1日

1936年对王室来说是动荡不安的一年。1月，国王乔治五世（伊丽莎白的祖父）去世。王位随后传给了他的长子阿尔伯特，也就是后来的爱德华八世。然而，未被加冕的爱德华在不到一年的时间内选择了退位，他的弟弟（伊丽莎白的父亲）约克公爵成为了乔治六世。因为她的父亲在位，伊丽莎白在10岁时便成为了王位的第一顺位继承人。在这期间，伊丽莎白公主被正式称为"假定继承人"。

加冕
1953年6月2日

她的父亲乔治六世于1952年年底去世。这位26岁的假定继承人加冕成为伊丽莎白女王二世。尽管有随夫姓的传统，但根据法律，伊丽莎白将保留她的姓——温莎，而不是菲利普的姓——蒙巴顿。当时，菲利普抱怨："我是一个父亲，但孩子又不能随我的姓。恐怕在全国也找不出第二个像我这样的人了。"为了安抚他，1960年，"蒙巴顿-温莎"这个名字被用来称呼那些没有皇室头衔的男性后代。

大事年表

1926年
● 出生

伊丽莎白原名伊丽莎白·亚历山德拉·玛丽·温莎。年轻的公主是约克公爵乔治（后来的乔治六世）和伊丽莎白·鲍斯-莱昂的女儿。
1926年4月21日

年轻人的爱情

1934年和1937年，年轻的公主会见了希腊和丹麦的菲利普亲王。1939年，在达特茅斯皇家海军学院第三次见面时，13岁的伊丽莎白说她爱上了这位18岁的王子。
1939年7月22日

与菲利普结婚

经过近15年的爱情长跑，伊丽莎白在威斯敏斯特教堂与菲利普结婚。此时，由于第二次世界大战造成了全球灾难，由此而引发的紧张局势仍在加剧，因此，菲利普的德国亲戚被禁止参加婚礼。
1947年11月20日

查尔斯王子出生

在伊丽莎白的第一个儿子查尔斯出生的前一个月，她的父亲乔治六世宣布，她的任何一个孩子都将保留王子或公主的头衔。
1948年11月14日

尽管20世纪80年代是英国的鼎盛时期，但90年代对伊丽莎白和王室其他成员来说充满了挑战。1992年年底，一场大火对温莎城堡造成了灾难性的破坏，毁掉了许多无价的王室传家宝，甚至连女王的演讲手稿也在一年后在《太阳报》上公开发表。更糟糕的是，查尔斯和戴安娜破裂的婚姻成为了英国和国际媒体经常报道的话题。戴安娜的传记《戴安娜的真实故事》也使王室压力倍增。书中称威尔士王妃与詹姆斯·休伊特少校之间的风流韵事仍在继续。戴安娜王妃一直热衷于慈善事业，广受好评。1993年，查尔斯王子和戴安娜王妃最终分手。这使得皇室生活饱受诟病。即便戴安娜于1997年在车祸中不幸去世，这种批评也一直在持续。

在过去的15年里，英国王室广受欢迎。2002年，女王的母亲和伊丽莎白二世的妹妹玛格丽特公主相继在两个月内去世。公众对女王表示了同情和支持。同年夏末的登基50周年庆典就是最好的反映。然而，女王并没有因为个人感情而影响她的皇室职责。她随即开始对英联邦各地进行访问，参加大规模的庆祝活动，这使媒体大为震惊。10年后，女王的登基60周年钻石庆典进一步巩固了民众与王室之间的和谐关系，全英各地都在庆祝女王登基，并为伦敦举办2012年奥运会兴奋不已。女王是英国历史上在位时间最长的君主，她也深知自己在现代国家关系中的地位。她并不关心历史对自己的评价，而是一心想着如何为国家服务。虽然几代年轻的王室成员不断吸引着媒体的目光，但他们始终没有盖过女王的风头，伊丽莎白二世依然是大不列颠王国的标志性人物。

2022年9月8日，女王伊丽莎白二世去世，终年96岁。

> 伊丽莎白二世是英国在位时间最长的君主。维多利亚女王以63年216天位居第二。

她很清楚自己在现代国家关系中的地位。

● 爱德华王子出生
安德鲁出生4年后，伊丽莎白生下了第三个儿子——爱德华。这位年轻的王子出生时是王位第三顺位继承人，但在2015年，他的继承顺序排在第八位，被称为威塞克斯伯爵。
1964年3月10日

登基60周年
2012年6月2日—5日
2012年夏天，伊丽莎白庆祝她作为大不列颠王国的女王整整60周年。伊丽莎白在即位日的致辞中说："在这特殊的一年里，我一如既往、全心全意地为国家服务。我希望我们都能记住团聚的力量及家庭、友谊和睦邻友好的号召力。"作为庆祝活动的一部分，女王和菲利普亲王在全英各地进行巡回访问。他们的子女和孙辈将代表女王出访英联邦各地。1个月后，2012年奥运会和残奥会分别于7月27日和8月29日正式开幕。

2019年

● 安德鲁王子出生
1960年年初，即女王在位近7年时，伊丽莎白在白金汉宫的比利时套房里生下了她的第二个儿子——安德鲁王子。3个月后他接受了受洗。
1960年2月19日

● 登基25周年
1977年，伊丽莎白庆祝了她登基的第一个重要纪念日。君主的禧年是纪念他们被宣布为国王或女王的日子，而不是他们加冕的日子。庆祝活动和派对在整个英联邦持续了一整年。
1977年

● 查尔斯与戴安娜结婚
一场广为人知的求婚后，查尔斯王子和戴安娜·斯宾塞在圣保罗大教堂举行了婚礼，吸引了英国和全世界的目光。他们有两个儿子——威廉王子和哈里王子。
1981年7月29日

● 戴安娜去世
戴安娜的去世如她的婚礼一样牵动着英国民众的心。威尔士王妃戴安娜的去世广受公众关注。尽管伊丽莎白二世在1995年要求戴安娜和查尔斯离婚，但戴安娜仍然非常受公众爱戴。
1997年8月31日

● 登基50周年
2002年，伊丽莎白迎来了即位50周年。尽管英联邦各地都在庆祝，但庆祝活动喜忧参半，因为女王的母亲和妹妹玛格丽特公主在几个月前相继去世。
2002年

图片所属

页10	© Alamy
页33	© Alamy, Getty Images, Joe Cummings, National Geographic
页39	© Alamy
页49	© Alamy, Kevin McGivern, Kym Winters
页57	© Getty
页79	© Alamy, Joe Cummings, Corbis
页87	© Look and Learn; Getty; Alamy
页101	© Alamy, freevectormaps.com, Nicholas Forder, Joe Cummings
页109	© Courtesy of the Mary Rose Trust
页113	© Joe Cummings; Look and Learn; Alamy
页122	© Alamy
页156	© Joe Cummings; Mary Evasn; Look and Learn; Alamy
页177	© Alamy
页211	© Alamy; Getty; Corbis
页215	© Alamy
页225	© INTERFOTO / Alamy; Classic Image / Alamy; AF archive / Alamy; Pictorial Press Ltd / Alamy; Ploppy / Alamy